WESTEND

CHRISTIAN REDL

Das Leben hat kein Geländer

WESTEND

Mehr über unsere Autor:innen und Bücher:
www.westendverlag.de

Die Deutsche Nationalbibliothek verzeichnet diese Publikation in
der Deutschen Nationalbibliografie; detaillierte bibliografische Daten
sind im Internet über http://dnb.d-nb.de abrufbar.

ISBN 978-3-86489-399-5
© Westend Verlag GmbH, Frankfurt / Main 2023
Umschlaggestaltung: Buchgut, Berlin
Satz: Publikations Atelier, Dreieich
Druck und Bindung: Pustet, Regensburg
Printed in Germany

Für Martina

To begin with the beginning
Dylan Thomas

1

Deutschland 1948. Ein strenger Winter hatte sich über das Land gelegt und die Erinnerung an den Krieg begann langsam zu verblassen.
Niemand sprach mehr über ihn und fast hätte man glauben können,
er wäre nie grausame Wirklichkeit gewesen.

Eine hochschwangere Frau verließ leise ihr Zimmer auf der Säug-
lingsstation des Kreiskrankenhauses der Stadt Schleswig, huschte
unbemerkt über den Flur und stieg die Treppen hinauf in den vierten Stock des alten Gebäudes. Oben angekommen, hüpfte sie die
Stufen hinunter bis ins Erdgeschoss, wiederholte das Ganze noch
einmal und eilte dann zurück in ihr noch immer warmes Bett.

Nachdem seit nunmehr über zwei Wochen ihre hoffnungsfrohe
Erwartung täglich aufs Neue enttäuscht worden war, sorgte ihr be-
herzter Einsatz im Treppenhaus nun doch dafür, dass ich endlich
meinen sicheren Bau verließ und das Licht der Welt erblickte. Eine
Ärztin durchschnitt meine Nabelschnur und bettete mich in die
Arme der erschöpften Frau, der ich mein Leben verdankte und die
sichtlich erleichtert schien, ihre scheinbar ewig währende Schwangerschaft glücklich überstanden zu haben. Der Oberarzt der Station
wurde gerufen, er eilte herbei, trat an das Bett meiner Mutter, beugte
sich über sie und sagte: »Na schauen Sie doch nur, liebe Frau Redl,
was für ein schöner Soldat.«

Nachdem wir aus dem Krankenhaus entlassen worden waren,
brachte meine Mutter mich zu meinem Vater. Herbert Redl war
Lehrer in Hollingstedt, einem kleinen Dorf in der Nähe von Schleswig. Meine Eltern kannten sich noch nicht lange. Unwägbare Umstände einer sehr bewegten Zeit hatten sie zueinander finden lassen
und ich war jetzt ihr erstes gemeinsames Kind.

Mein Vater war schon einmal verheiratet gewesen – mit einer
Frau, die während des Krieges an der Ruhr erkrankt und im Alter
von nur 28 Jahren gestorben war. Sie hinterließ ihm einen Sohn und

eine Tochter mit Namen Wolf und Monika. Aus Furcht vor der täglich immer näher heranrückenden Roten Armee hatten beide Kinder Anfang 1945 aus Stargard, ihrer Heimatstadt in Pommern, fliehen müssen, und gemeinsam mit ihren beiden Großmüttern verschlug es sie in den Norden Deutschlands, in das bereits erwähnte Hollingstedt. Dort fanden sie Aufnahme in einem Flüchtlingsheim.

Schon bald nach Kriegsende begann mein Vater mit der Suche nach seinen Kindern und schon bald gelang es ihm, sie mit Hilfe des Suchdienstes des Deutschen Roten Kreuzes ausfindig zu machen. Es kam zu einem tränenreichen, herzzerreißenden Wiedersehen der Überlebenden, die sich fest aneinanderklammerten und fortan alles taten, um den Alptraum der zurückliegenden Jahre aus ihrem Leben zu verbannen.

Glückliche Umstände hatten es ermöglicht, dass sie eine Wohnung im alten Schulhaus von Hollingstedt beziehen konnten. Mein Vater stand jetzt als Witwer und Ernährer einer mutterlosen Familie vor. Neben dem normalen Unterricht, den er als Dorfschullehrer zu absolvieren hatte, gab er Nachhilfestunden in Englisch und erteilte darüber hinaus Klavierunterricht für musikalisch hoffnungslos unbegabte Töchter wohlhabender Bauern, welche seine meist vergeblichen Bemühungen mit reichlich Obst, Eiern und Speck vergüteten.

Meine Mutter stammte aus Danzig. Mit ihrer einjährigen Tochter Gisela auf dem Arm war auch sie in den letzten Kriegstagen vor dem Donner der russischen Kanonen in Richtung Westen geflohen. Unmittelbar vor ihrer Flucht im Januar 1945 hatte sich ihr damaliger Mann – ein fanatischer Anhänger Hitlers – aus Furcht vor der Rache der russischen Soldaten mit einer Zyankalikapsel das Leben genommen. Derart tragisch zur Witwe geworden, setzte sie auf ihrem Weg in die Freiheit nun alles daran, noch einen Platz auf der damals schon legendären »Gustloff« zu bekommen. Die aber war bereits seit Tagen überbucht und überladen mit verzweifelten Menschen, die auch alle ihre Heimat verlassen mussten – sodass meine Mutter und ihre Tochter keinen Platz mehr auf dem Schiff bekamen. Dieser schicksalhaften Entscheidung verdanke ich vermutlich mein Leben.

Die »Wilhelm Gustloff« war im Auftrag der NS-Organisation »Kraft durch Freude« nach Beginn des Zweiten Weltkriegs als Lazarettschiff unterwegs und wurde am 30. Januar 1945 vor der Küste Pommerns durch ein sowjetisches U-Boot versenkt. Mehr als 4000 Menschen kamen um ihr Leben.

Nachdem sie der Katastrophe, die einem Massenbegräbnis in der Ostsee glich, also entgangen waren, gelang es den beiden Vertriebenen nur wenige Tage später doch noch, einen Platz auf einem der nachfolgenden Schiffe zu ergattern, mit dem sie zu guter Letzt und unversehrt die Küste von Schleswig-Holstein erreichten. In Hollingstedt wurden sie dann von der örtlichen Verwaltung bei freundlichen Bauersleuten einquartiert. Dem schon betagten Ehepaar war Nachwuchs versagt geblieben – umso mehr freuten sich die beiden Alten über das kleine Flüchtlingsmädchen Gisela, das sie als unerwartetes Geschenk betrachteten und in ihr Herz schlossen wie ein eigenes Kind.

Dass man in Hollingstedt Englisch lernen konnte, weckte das Interesse meiner Mutter, die eines Tages dann als Schülerin in der Klasse meines Vaters saß. Es dauerte nicht lange, da hatte der Lehrer Herbert Redl ein Auge auf seinen Neuzugang geworfen. Man verabredete sich und kam sich an einem lauen Sommerabend auf dem Tanzboden einer alten Scheune näher. Der Krieg war vorbei, beide waren jung und beide sehnten sich nach einer besseren Zukunft. Da sie als Alleinerziehende dasselbe Schicksal teilten, kamen sie zu dem Entschluss, sich gemeinsam mit ihren jeweiligen Kindern in neuer Konstellation zu einer amtlich beglaubigten Familie zu vereinigen und zu heiraten – was ein knappes Jahr später zu meiner Geburt führte.

*Das Leben der Eltern ist das
Buch, in dem die Kinder lesen.*
Augustinus Aurelius

2

Mein Vater, meine Mutter, Oma Grete, meine drei Halbgeschwister und ich als Jüngster der Familie schauten nun einer ungewissen Zukunft entgegen. Oma Wiedenhaupt, die Mutter der früh verstorbenen ersten Frau meines Vaters, wohnte nicht bei uns, hatte aber die unangenehme Angewohnheit, ihre Verwandtschaft in Hollingstedt in regelmäßigen Abständen stets unangemeldet zu besuchen. Immer in tiefes Schwarz gekleidet, sah sie aus wie eine von bösen Gedanken zerfressene Vogelscheuche, die mit ihrem hässlichen Aussehen und ihrer keifenden Stimme Angst und Schrecken zu verbreiten wusste. Bei jeder ihrer familiären Heimsuchungen bestand sie als Erstes darauf, sich mit meinen Halbgeschwistern Wolf und Monika ins Schlafzimmer zurückzuziehen, wo sich die zwei dann auf den Boden knien mussten, um gut eine Stunde lang um ihre tote Mutter zu weinen.

Oma Wiedenhaupt duldete keinen Widerspruch. Als mein Vater es einmal gewagt hatte, sie darum zu bitten, den armen Kleinen die Trauertortur doch ab und an zu ersparen, fiel sie ihm derart barsch ins Wort, dass er zusammenzuckte und sich schuldbewusst zurückzog. Für meine bedauernswerte Mutter, die das Schicksal nicht nur mit der undankbaren Rolle einer Stiefmutter bedacht hatte, war es besonders schwer. Denn sie war ja zusätzlich noch die unerwünschte Schwiegertochter der Mutter der verstorbenen Frau ihres Mannes, weshalb Oma Wiedenhaupt sie als lästigen Fremdkörper betrachtete, den sie um nichts auf der Welt zu akzeptieren bereit war. Da meine Mutter aber nun mit deren Sohn verheiratet war, blieb der bösen Frau nichts anderes übrig, als sie mit inbrünstigem Hass und immerwährender Verachtung zu erdulden.

Bevor sich die verheulten und übermüdeten Kinder ins Bett legen durften, um endlich zu schlafen, mussten sie sich noch ein weiteres Mal dem Willen der Großmutter unterwerfen und sich furchterregende Geschichten über böse Stiefmütter anhören – die alles Hexen seien und in einem anständigen Hause nichts zu suchen hätten

Die von Oma Wiedenhaupt vergifteten Kinder Wolf und Monika begannen nun ihrerseits, ihre Stiefschwester Gisela zu traktieren. Denn die war ja, wie sie gerade gelernt hatten, die Tochter einer Hexe. Gisela setzte das ungeheuer zu und sie tat von nun an alles, um nur nicht weiter aufzufallen. Die familiären Machtverhältnisse entwickelten sich schon nach kurzer Zeit des gemeinsamen Zusammenlebens so zuungunsten meiner völlig überforderten Mutter, dass die sich nicht einmal mehr traute, ihr eigenes Kind in Schutz zu nehmen – aus Angst davor, es zu bevorzugen.

Unser in bester Absicht geknüpfter Familienverbund stand somit unter keinem guten Stern. Immer wieder kam es zu Missgunst und bösartigen Unterstellungen. Warum das so war, wurde nie hinterfragt, sondern verdrängt und stillschweigend hingenommen. Mich, den Jüngsten, mit den meist prallen und immer viel zu großen Windelpaketen in der Hose, hatten alle gern. Ich war ja nur das unschuldige Kind der lebenden Elternteile – und demzufolge unberührt von den Problemen unserer Allianz. Monika, die es nie versäumte, der gänzlich eingeschüchterten Gisela bei jeder sich bietenden Gelegenheit zu verstehen zu geben, dass sie als ihre nicht leibliche Schwester in ihrer Familie nichts zu suchen habe und es besser für sie gewesen wäre, wenn irgendjemand sie adoptiert hätte, fuhr mich tagelang im Kinderwagen spazieren, ausdauernd und voller Begeisterung. Schon als Kind sah sie sich als zukünftige Mutter und mein Dasein verschaffte ihr eine anscheinend willkommene Gelegenheit, sich auf die ersehnte Rolle vorzubereiten.

Oma Grete, die sanfte und nachsichtige Mutter meines Vaters, hielt sich bei all dem Hin und Her klug zurück, versuchte immer die

Ruhe zu bewahren und ersparte sich jeden Kommentar. Nur manchmal, wenn die familiären Konflikte die sich streitenden Parteien erschöpft zum Verstummen gebracht hatten, schüttelte sie den Kopf und seufzte still in sich hinein. Aber für mich war Oma Grete immer da, dachte sich Geschichten aus, die sie mir erzählte, und in ihrer Nähe fühlte ich mich wie in eine andere Welt versetzt. Die andere Oma, die immer nur kam, um häuslichen Unfrieden zu verbreiten, starb irgendwann im Laufe der fünfziger Jahre – wann, wo und wie, auch darüber ist nie gesprochen worden … Meine Eltern schienen einfach nur froh zu sein, dass sie uns endlich in Ruhe ließ.

3

Ferdinand Redl, Oma Gretes Mann und Vater meines Vaters, mein Großvater also, war Sohn verarmter österreichischer Bauern. Im Sommer 1896 hatte er sich zu Fuß auf den Weg von Wien nach Hamburg gemacht. Er suchte das Abenteuer und wollte zur See. Der bescheidenen Verhältnisse wegen, in denen er aufgewachsen war und denen er unter allen Umständen entfliehen wollte, musste er auf sein festes Schuhwerk vertrauen, denn eine Zugfahrt konnte er sich nicht leisten. Die Sehnsucht nach fernen Ländern, vor allem aber die Aussicht auf ein irgendwann besseres Leben, ließen ihn die Strapazen seiner Wanderung jedoch tapfer ertragen. Nach nur acht Wochen hatte er den Hamburger Hafen erreicht und schon kurz darauf war es ihm gelungen, als einfacher Matrose auf einem großen Überseedampfer anzuheuern.

Ich bedauere sehr, dass ich meinen Großvater nicht kennengelernt habe. Nach allem, was mir meine Eltern über ihn erzählt haben, muss er ein beeindruckender und ganz und gar unbürgerlicher Charakter gewesen sein. Ich besitze ein Foto von ihm, auf dem er in einem tadellos sitzenden, eleganten Anzug in formvollendeter Haltung vor der Kamera eines Hamburger Atelierfotografen posiert: ein Kapitän in Zivil, mit herausforderndem Blick und der Aura eines verwegenen, Wind und Wetter erprobten Mannes. Auf seinem kugelrunden Kopf trägt er einen großen Panamahut und zwischen zwei gespreizten Fingern seiner rechten Hand hält er, höchst raffiniert platziert, eine silberne Zigarettenspitze. Rein äußerlich bin ich meinem Großvater wie aus dem Gesicht geschnitten: In unserem Erscheinungsbild gibt es ganz erstaunliche Ähnlichkeiten: dieselbe Physiognomie, dieselbe Körperspannung und derselbe theatralische Hang zur Pose im Anblick einer Kamera.

Als welterfahrener und weit gereister Seemann hatte er in jedem Hafen eine Braut. Demnach muss er ein unwiderstehlicher Verführer gewesen sein, wenn ich den Geschichten meiner Oma Grete über ihn Glauben schenken darf. Manchmal erwähnte sie den Namen einer gewissen Lola, einer geheimnisumflorten Tänzerin aus Rio de Janeiro, die als eine seiner Geliebten mit beträchtlicher Ausdauer viele Jahre auf ihn gewartet zu haben schien. Auch die Namen der zahlreichen anderen, über alle Häfen der Welt verteilten Damen, auf die der Frauenschwarm sich eingelassen hatte, hörten sich aus dem Munde seiner wohl regelmäßig hintergangenen Ehefrau ausgesprochen exotisch an.

Immer wenn der treulose Kapitän auf Landurlaub zurück nach Barth an der Ostsee kam, wartete dort eine Überraschung auf ihn: ein ums andere Mal hatte seine daheimgebliebene Gattin während seiner Abwesenheit alle Möbel umgestellt. Der von so viel kreativem Eigensinn entnervte Ehemann wurde von Jahr zu Jahr wütender, wenn er sich in seiner eigenen Wohnung nicht mehr zurechtfand. Eines Tages löste er das Problem auf seine Weise. Als seine Frau für eine Weile außer Haus war, um Besorgungen zu machen, ritzte er mit einer Rasierklinge entlang der Konturen der Schränke, Bilder und Kommoden der Wohnung die Tapete auf, löste das akkurat getrennte

Papier dahinter von der Wand – und schon war es seiner Frau nicht mehr möglich, irgendetwas zu verschieben oder umzuhängen, ohne die nun kahlen Stellen auf dem Gemäuer zur Besichtigung freizugeben. Als meine Großmutter das sah, trug sie es mit Fassung und unterließ es fortan, das Nervenkostüm ihres Mannes mit ihrem immer wiederkehrenden Aktionismus zu strapazieren. Seinen Traum, als Kapitän auf der Kommandobrücke eines Schiffes zu stehen, hatte er sich erfüllt. Dieser Traum währte aber nur wenige Jahre und fand ein jähes Ende bei einem Bombenangriff eines englischen Geschwaders, von dem der damals Zweiundsechzigjährige überrascht wurde, während er mit einem Handelsschiff die Nordsee überquerte. Die tödliche Fracht der Engländer hagelte auf ihn herab und versenkte sein Schiff mitsamt der Mannschaft. Keiner der Seeleute sollte überleben. Das ereignete sich im April 1945 – drei Jahre vor meiner Geburt.

Mein Großvater Ferdinand Redl hatte meinen Namen von Wien nach Deutschland getragen. Es ist seltsam, aber jedes Mal, wenn ich in der österreichischen Hauptstadt bin, überkommt mich eine fast abgründige Wehmut – eine überwältigende Sehnsucht nach einer Vergangenheit, von der ich eine nur sehr ungenaue Vorstellung habe. In Wien fühle ich mich zu Hause, obwohl ich dort nicht wohne und auch nie länger als ein paar Tage gewesen bin. Irgendwie kann ich mich dem morbiden Zauber der Stadt meiner Vorfahren nur schwer entziehen – und erst recht nicht den unerbittlichen Wahrheiten ihrer Lieder:

»Zeigt sich der Tod einst mit Verlaub
Und zupft mich: ›Brüderl, kumm!‹
Da stell ich mich am Anfang taub
Und schau mich gar nicht um.
Doch sagt er: ›Lieber Valentin,
Mach' keine Umständ', geh!‹
Da leg' ich meinen Hobel hin
Und sag der Welt ade.«

Schon als Kind war Hans Moser, der dieses »Hobellied« unvergleichlich interpretiert hat, mein Lieblingsschauspieler – keinesfalls der ewig rührselige Heinz Rühmann und auch nicht der unerträglich outrierende und Grimassen schneidende Theo Lingen. Hans Moser war unvergleichlich: In seinen Rollen verlieh er den banalsten Dingen des Alltags eine existenzielle Dimension. Bei ihm ging es letzten Endes immer um Leben und Tod. Selbst wenn er nur einen Manschettenkopf nicht finden konnte, spielte er so, als drohe ein Weltuntergang. Dass ich ihn schon in jungen Jahren so sehr liebte, haben meine Freunde immer nur mit kopfschüttelndem Unverständnis zur Kenntnis genommen, sodass ich mir manchmal wie ein Fremder im eigenen Land vorkam …

4

Zurück nach Hollingstedt. Als Dorfschullehrer stand mein Vater vor der nicht ganz einfachen Aufgabe, acht Klassen in einem Raum zu unterrichten – die Erstklässler in der ersten Reihe und der achte Jahrgang in der letzten. Er muss ein guter Lehrer gewesen sein, der seinen Beruf mit Leidenschaft ausübte, das sagten jedenfalls alle, die mit ihm zu tun gehabt haben. Nach außen hin gab er sich forsch und energisch, innerlich aber schien der ehemalige Soldat der deutschen Wehrmacht ein gebrochener, von Kummer und Sorgen gepeinigter Mann zu sein.

Verstört und vollkommen desillusioniert war er aus einem verlorenen Krieg in einen Alltag zurückgekehrt, in dem er sich nur schwer zurechtfand. Über das Grauen, das ihm sechs Jahre lang an der Front widerfahren war, ein Grauen, das natürlich ebenso von ihm und seinen Kameraden ausging, konnte und wollte er nicht sprechen. Wer auch immer ihn nach seinen Kriegserlebnissen fragte – keinem gelang es, irgendetwas über dieses dunkle Kapitel seines Lebens zu erfahren. Sobald der Krieg auch nur erwähnt wurde, verstummte der einstige Unteroffizier des Heeres schlagartig und zog sich stundenlang in sein Arbeitszimmer zurück. Er trank, obwohl er den Alkohol nicht vertrug. Und er rauchte, obwohl er Asthmatiker war. Darüber hinaus litt er unter schweren Depressionen, die ihn oft über das Sterben nachdenken ließen. Der Krieg hatte ihm seine besten Jahre geraubt, bleierne Schuldgefühle lagen auf seiner Seele und nie sollte es ihm gelingen, sich von seinen traumatischen Erinnerungen zu befreien. Auf einem Foto, das ich in einem alten Familienalbum gefunden habe, steht er allein in unserem Garten in Hollingstedt mit hochgezogenen Schultern und schlaff herunterhängenden Armen – und er sieht aus wie ein vom Galgen geschnittenes Gespenst.

Erst sehr spät, als ich schon halbwegs erwachsen war, habe ich dieses Foto durch Zufall entdeckt. Meine Eltern hatten es offenbar vor mir versteckt und noch heute erschreckt mich der Anblick dieses Mannes, der mein Vater gewesen ist, zutiefst. Alles, was hinter ihm lag, schien sich in seinem Gesicht eingegraben zu haben – wie bei einem mit einem bösen Fluch Beladenen.

1951. Am ersten Weihnachtsfeiertag des neuen Jahrzehnts wurde meine Familie bei den Bauern, die meine Mutter und ihre Tochter Gisela so selbstlos bei sich aufgenommen hatten, zum Essen eingeladen. Die frohe Kunde einer geschlachteten Gans sorgte für große Vorfreude auf ein üppiges Mahl. Lange schon vor der verabredeten Zeit hatte mein Vater sich mit seinem hungrigen Anhang auf den Weg gemacht und alle mussten wir mehrere Male und bei klirrender Kälte die Dorfstraße rauf und wieder runter spazieren, um nicht zu früh bei den Gastgebern vor der Tür zu stehen.

Endlich war es dann so weit. Die erwartungsfrohen Besucher wurden freundlich begrüßt, betraten das bullig warme Wohnzimmer des Hauses, in dem ein Tannenbaum mit vielen brennenden Kerzen für eine weihnachtliche Stimmung sorgte, und wurden schließlich in die

Küche gebeten. Kaum hatte man sie dort platziert, trauten sie ihren Augen nicht: Die Gans, die nun serviert wurde, war nicht, wie erhofft, kross und knusprig gebraten, sondern wurde aus dem kochend heißen Wasser eines riesigen Topfes gezogen und dann zerteilt. Fassungslos starrte meine Familie auf das fette Fleisch mit der schlabbrigen Haut, das auf den Tellern kraftlos vor sich hin schwitzte und nur darauf zu warten schien, verzehrt zu werden. Ein herzhaftes »guten Appetit« machte die Runde und die Bauern langten ordentlich zu. Ihnen mundete die gekochte Gans, die zu Lebzeiten auf den Namen Erna gehört hatte, offenbar ausgezeichnet. Genüsslich schmatzend und sich die Lippen leckend, genossen sie den gehaltvollen Festtagsschmaus, spülten ihn mit reichlich Schnaps hinunter und ermunterten ihre Gäste, denen diese Gans ein Graus war, es ihnen gleichzutun. Widerwillig, den Ekel nur mühsam verbergend – und um nicht unhöflich zu erscheinen –, folgten sie schließlich der gut gemeinten Aufforderung und überwanden sich allesamt, das mittlerweile lauwarme Gänsefleisch zu probieren. Es dauerte nicht lange, da sprangen sie einer nach dem anderen auf und verließen fluchtartig den reich gedeckten Tisch. Sie stürzten hinaus ins Freie hin zu dem kleinen Toilettenhäuschen im Hof des Hauses, und es war ein unglaublicher Anblick, wie sie der Reihe nach unter krampfhaften Verrenkungen und laut röchelnd alles wieder erbrachen, was sie soeben in sich hineingewürgt hatten. So sehr hatten sie sich nach Sättigung gesehnt, und nun waren sie hungriger als je zuvor. Das unerwartete Verhalten der von ihnen christlich Bewirteten versetzte die gutmütigen Bauern in ungläubiges Erstaunen. Sie gaben sich zutiefst besorgt, boten ihre Hilfe an und entschuldigten sich viele Male für die unbeabsichtigten Folgen eines Festessens, das doch so gut gemeint war.

Wie alles, was sich nach meiner Geburt in Hollingstedt ereignet hatte, kenne ich auch diese Geschichte nur vom Hörensagen. Sie ist mir über viele Jahre in unzähligen Varianten immer wieder erzählt worden und hat mich so beeindruckt, dass ich manchmal glaube, bei diesem Weihnachtsfest tatsächlich dabei gewesen zu sein.

Ich sehn mich nach Bildern
aus Kindertagen – als
alles noch überschaubar schien.
»Sehnsucht«

5

Anfang der fünfziger Jahre wurde mein Vater nach Ahrensbök, einer Kleinstadt in der Nähe von Lübeck, versetzt, um die Stelle eines Mittelschuldirektors anzutreten. Unser Umzug verursachte in dem neuen Heimatort beträchtliches Aufsehen. Die Ankunft einer orientierungslosen Familie, die Ausschau hielt nach der versprochenen Bleibe, mit all ihrem Hab und Gut und gackernden Hühnern auf einem von zwei Pferden gezogenen Leiterwagen, hatte sich wie ein Lauffeuer verbreitet. Zahlreiche neugierig gewordene Ahrensböker waren gekommen, um uns zu begaffen und ungebetene Ratschläge zu erteilen. Nach einer qualvoll langen Weile aufmerksamster Beobachtung war es meinem Vater dank der Auskunft des ortskundigen Pfarrers der Gemeinde letztendlich doch noch gelungen, uns aus dieser höchst unerfreulichen Lage zu befreien. Und so gelangten wir endlich zu unserem neuen Zuhause.

Ahrensbök – das ist der Ort meiner allerfrühesten Erinnerungen: Ich mache einen Spaziergang durch einen märchenhaft schönen, verschneiten Wald an der Hand meiner Oma Grete. Ich trage einen blauen Cordanzug und begleite sie als ein Hans-guck-in-die-Luft. Irgendwann bleibe ich stehen, streckte den Arm in den Himmel, zeige mit spitzem Zeigefinger auf den Wipfel eines riesigen Baumes und sage: »Morgen Titan obenhauf.« An den Satz selbst, der in der Familie zu einem geflügelten Wort werden sollte, erinnere ich mich natürlich nicht mehr. Aber diese kleine Episode mit meiner Großmutter im Wald macht deutlich, welche hochfliegenden Pläne mich bereits in jungen Jahren zu beschäftigen schienen. »Morgen Christian oben rauf« – immerhin waren die Bäume, die ich erklimmen wollte, mächtig im Umfang und mindestens zwanzig Meter hoch … und ihre Äste waren schlichtweg unerreichbar.

An einem eiskalten Winternachmittag also hatte mein Gedächtnis seine Arbeit aufgenommen. Fortan bemühte es sich, alles, was mir ab jetzt widerfahren sollte, zu sortieren, vieles wieder zu vergessen, anderes aber ein Leben lang zu speichern. Leider ist es mir nicht möglich, die Ereignisse der ersten Jahre meiner Vergangenheit chronologisch zu ordnen. Ebenso wenig bin ich in der Lage, den Zeitpunkt gravierender Erlebnisse meiner Kindheit zeitlich präzise zu bestimmen. Wichtig vor allem scheint mir aber die Intensität, mit der sie sich in mir eingebrannt haben.

Ausgerechnet meine frühesten Erinnerungen haben die schärfsten Konturen. Glasklar habe ich sie auch nach Jahrzehnten noch immer vor Augen. Je weniger weit bestimmte Ereignisse zurückliegen, desto mühsamer kommt es mir vor, sie gedanklich fassen und exakt wiedergeben zu können. Offenbar haben mich die allerersten Jahre meiner bewussten Wahrnehmung der Welt mehr beeinflusst als alles, was danach kam.

An den Todestag meiner geliebten Großmutter zum Beispiel erinnere ich mich noch sehr genau. Es war ein strahlend schöner Sonntagmorgen mit einem ungewöhnlich blauen Himmel. Die Familie saß beim Frühstück und es dauerte eine Weile, bis es uns auffiel: Oma Grete saß nicht mit am Tisch. Das war außergewöhnlich, denn normalerweise war sie eine der Ersten in unserer Runde. »Schau doch mal nach, wo sie bleibt«, sagte mein Vater, woraufhin ich seiner Aufforderung nachkam. Ich lief den Flur entlang, öffnete die Tür zu ihrem Zimmer, rief: »Oma, Frühstück!« und sah, dass sich die alte Frau am Fensterkreuz mit Hilfe einer Gardinenschnur erhängt hatte. Dieses Bild werde ich nie vergessen, denn der Anblick der Toten faszinierte mich sonderbarerweise weitaus mehr, als dass er mich erschrak. An die Reaktionen meiner Mutter oder meiner Geschwister kann ich mich seltsamerweise überhaupt nicht mehr erinnern. Als ich aber mitansehen musste, wie mein Vater hemmungslos weinend auf seinem Bett saß, bekam ich eine Ahnung davon, was sich da gerade ereignet hatte. Nie zuvor hatte ich meinen Vater weinen sehen und seine Hilflosigkeit machte mir Angst. Wer sollte mich jetzt beschützen? Ich fühlte mich alleingelassen und spürte, dass ich diesem mich existentiell bedrohenden Gefühl nicht gewachsen war.

Den Grund für den Suizid meiner Großmutter erfuhr ich erst viele Jahre nach ihrem Tod. Ein Leben lang hatte sie unter Schwermut gelitten und war wohl der Meinung gewesen, dass sie zu einer unerwünschten Last geworden war und dass die Familie sie aus dem Haus haben wollte, um sie in ein Altenheim abzuschieben.

In Sichtweite unseres Hauses befand sich eine alte Hufschmiede. Der Sohn des Hufschmieds war ungefähr genauso alt wie ich, ein kleiner Kerl mit roten Haaren und zahlreichen Sommersprossen im Gesicht. Er hatte scheinbar keine Freunde, denn immer, wenn ich ihn auf der Straße spielen sah, war er mit sich allein. Es kam auch vor, dass er mit jemandem sprach, der gar nicht da war – und manchmal sang er mit seltsam hoher Stimme einen Schlager, den ich aus dem Radio kannte:

»*Tiritomba, Tiritomba,*
Einmal möcht' ich noch
In deine Augen sehen –
Tiritomba, Tiritomba,
Denn die Liebe ist so schön.«

Sein Gesang berührte mich auf eine Weise, die ich mir nicht erklären konnte. Er klang so unsagbar traurig und je länger ich ihm zuhörte, um so hilfloser und verlorener kam mir der Junge vor. Er ging mir nie mehr aus dem Kopf.

Mein älterer Bruder Wolf war von meinem Vater beauftragt worden, alte Weinreben von der Außenwand unseres Hauses zu schneiden und sie zu entsorgen. Ich durfte ihm dabei helfen und musste die großen Büschel der abgeschnittenen Reben zu einer Jauchegrube hinter unserem Haus schleppen. Dort angekommen, schleuderte ich das trockene Gestrüpp mit Schwung in die Kloake und schaute ihm neugierig hinterher. Träge blubbernd versank es in der Grube und nachdem ich die Aktion ein paar Mal wiederholt hatte, begann ich mich zu langweilen und schon passierte es: Urplötzlich verlor ich den Halt und stürzte kopfüber in das eklige Gewässer. Ich tauchte unter, japste nach Luft und schluckte Unmengen der dunklen, bestialisch stinkenden Brühe. Ich tauchte wieder auf, schrie um Hilfe – und abermals zog es mich hinab in die Tiefe … Exakt in diesem Moment, in dem ich in rabenschwarzer Finsternis versank, sah ich jenen Film, von dem ich erst Jahre später erfahren sollte: Sterbende sehen kurz vor ihrem Ableben noch einmal ihr ganzes Leben an sich vorbeiziehen – als säßen sie im Kino und schauten auf eine Leinwand. Und es war tatsächlich so: Alle Ereignisse meines bis dahin doch recht kurzen Lebens flimmerten rasend schnell vor mir vorüber … Es war ein unglaublicher Moment und ich war gerade mal vier Jahre alt. Kurz vor dem endgültigen Abtauchen ins Ungewisse spürte ich den festen Griff meines Bruders, der meinen Arm umklammert hatte und mich im allerletzten Moment aus der tödlichen Kloake zurück ins Leben zerrte. Angewidert von dem Gestank, den ich verbreitete, ließ er mich auf den Boden fallen, nahm mich an den Füßen, hob mich hoch und trug mich kopfüber ins Haus zu meiner Mutter, die in der Küche stand und gerade den Teig für einen Pflaumenkuchen ausrollte. Mit einem lapidaren »da hast du deinen Sohn« übergab er mich der fassungslosen Frau, die nicht glauben konnte, was sich da soeben in ihrer unmittelbaren Nähe ereignet haben sollte.

Ein weiteres Erinnerungsstück taucht aus dem sich langsam lichtenden Nebel meiner Kindheit auf – es ist Herbst 53. Meine Mutter war außer Haus und mein Vater saß hinter seinem Schreibtisch. Er rief uns Kinder zu sich und wartete, bis wir uns vor ihm versammelt hatten. Während er sorgfältig die Papiere, die vor ihm lagen, sortierte, bemerkte ich, dass er getrunken hatte. Nochmals versicherte er sich, dass wir ihm alle zuhören würden, um uns dann mit feierlichem Vibrato in der Stimme ein Gedicht vorzulesen. Ein Gedicht, das er, wie ich es Jahre später von meiner Mutter erfahren sollte, im Krieg als Soldat am Abend vor einem Einsatz verfasst hatte. In dunklen bedeutungsschweren Versen nahm er Abschied von der Welt und prophezeite uns seinen baldigen Tod. Gelähmt vor Angst hingen wir an seinen Lippen. Wir konnten nicht glauben, was wir da zu hören bekamen, und weinend flehten wir ihn an, uns doch bitte nicht allein zu lassen. Mein Vater machte eine Pause, nestelte ein Taschentuch aus seiner Hosentasche, wischte sich – zutiefst gerührt von sich selber – die Tränen aus den Augen und ermahnte uns, unser künftiges Schicksal tapfer zu ertragen und ihn nie zu vergessen. Dann fuhr er fort mit seiner Rezitation, unbeirrt und wie berauscht, gefangen im Wahn einer diffusen Todessehnsucht und völlig unberührt davon, was er uns da antat. Obwohl ich noch sehr klein war, nahm ich etwas wahr, was mich zutiefst erschreckte und ich bis heute nicht vergessen kann: Der Anblick seiner verstörten Kinder schien ihm zu gefallen. Ein eigenartiges Funkeln in seinen Augen verriet es mir: Er wollte unser Mitleid, er wollte uns weinen sehen – und die bitteren Tränen, die wir um ihn vergossen, schienen ihn zu trösten.

Ein milder Spätsommertag. Wie so oft vertrieb ich mir die Zeit damit, rings um unser Haus durch mein Revier zu streifen. Plötzlich stand ein Mann vor mir – mit blutverschmiertem Gesicht und in einem offenen, ebenso mit Blut befleckten, weißen Hemd, der aussah wie mein Vater. Ja, es war mein Vater. Er war ganz unerwartet aufgetaucht. Sein Anblick war furchterregend, ich war zu Tode erschrocken und konnte vor Angst kaum atmen. Mit halboffenem Mund und hohlen Augen starrte er mich an, versuchte mir etwas zu sagen und stammelte Worte, die ich nicht verstand. Schon nach kurzer Zeit schien er zu begreifen, dass sie mich nicht erreichten. Er stöhnte leise, wandte sich von mir ab und ging davon. Einmal noch drehte er sich um, um dann endgültig hinter unserem alten Hühnerstall zu verschwinden.

Diese Begegnung hat sich tief in mir eingegraben und mich noch jahrelang in meinen Träumen verfolgt. Bis heute bin ich mir nicht sicher: War das ein Traum, oder habe ich das wirklich erlebt?

In jenem Hühnerstall sah ich auch in regelmäßigen Abständen dabei zu, wie mein Vater unsere Hühner schlachtete. Mit einer Axt in der Hand trat er zur Tür herein, griff sich das erstbeste ahnungslose Tier, drückte es auf einen Holzblock und hackte ihm den Kopf ab – was die anderen Hühner naturgemäß in Todesangst versetzte, sie aufscheuchte und panisch werden ließ. Das gerade erst geköpfte Huhn flatterte noch eine Weile durch die Luft, bevor es dann endgültig auf dem Boden aufschlug und zuckend verstarb.

Einmal tauchten zwei Männer bei uns auf, die wir noch nie gesehen hatten und die sich direkt auf unser Haus zu bewegten. Irritiert und seltsam unentschlossen ging mein Vater ihnen entgegen. Er sprach sie an und ich konnte sehen, wie er im Verlauf des Gesprächs mit ihnen förmlich in sich zusammensackte und immer mehr verstummte. Nach einer guten Viertelstunde verabschiedeten sich die beiden hageren Gestalten, grüßten noch einmal aus der Ferne und waren kurz darauf verschwunden. Zögernd kam mein Vater zu uns zurück und war plötzlich ein anderer Mensch. Er musste etwas Entsetzliches erfahren haben, etwas, das ihn nachhaltig zu beschäftigen schien, und ich konnte spüren, dass er viel zu schwach war für die zentnerschwere Last, die man ihm da gerade aufgeladen hatte. Viele

Jahre später erzählte mir mein Bruder Wolf, dass unser Vater ihn einmal in einer schwachen Stunde und unter beträchtlichem Alkoholeinfluss ins Vertrauen gezogen hatte. Es ging um eine schwere Schuld, die der ehemalige Wehrmachtsangehörige wohl schon zu Beginn des Krieges auf sich geladen hatte, eine Schuld, die ihn Zeit seines Lebens verfolgen sollte. Nach diesem nächtlichen Geständnis musste der verängstigte Sohn schwören und feierlich versprechen, das ihm gerade Anvertraute nie zu verraten. Was dazu führte, dass der damals erst Siebenjährige fortan unter heftigen Gewissensqualen litt. Tatsächlich hielt sich mein zum Schweigen verpflichteter Bruder bis ins hohe Alter daran, das dunkle Geheimnis unseres Vaters für sich zu behalten. Selbst mir, seinem jüngeren Halbbruder, wollte er sich nicht anvertrauen. Nur manchmal, nach Jahrzehnten allerdings und in sehr seltenen Momenten, wenn wir unter vier Augen miteinander sprachen, konnte er es sich nicht verkneifen, mir nebulöse Bemerkungen zuzuraunen, die meine Neugier wecken sollten. Meine Schwester Monika wusste offensichtlich mehr. Sie äußerte die Vermutung, dass es um die Erschießung von holländischen Zivilisten gegangen sei, zu der man sich als Soldat habe freiwillig melden können – und dass die beiden Männer, die uns heimgesucht hatten, davon wussten und ihn erpressten. Ob mein Vater sich wirklich an einer dieser Exekutionen beteiligt hatte, konnte ich nicht herausfinden. Auffällig war nur, wie er sich während unserer späteren Urlaubsreisen, die er ausgiebig dazu nutzte, um ehemalige Kriegsschauplätze in Frankreich zu besuchen, verhielt. Wenn wir im Anschluss daran noch nach England zu seiner dort lebenden Schwester fuhren – das war in den frühen sechziger Jahren, also lange nach Kriegsende –, vermied er immer die Fahrt durch Holland. Dafür nahm er endlose Umwege über Belgien und Frankreich in Kauf. Wenn einer der Kinder das hinterfragte, sagte er nur, dass er seine Gründe habe und dass er darüber mit uns nicht sprechen wolle. Auch meine Mutter hüllte sich in Schweigen. Ihr Gesichtsausdruck verriet mir allerdings, dass sie irgendetwas wissen musste, was sie krampfhaft entschlossen für sich behielt.

6

Erlebnisse wie die meines Vaters sind mir in meinem Leben erspart geblieben. Ich wuchs auf in einem Land, das nichts mehr wissen wollte von Krieg und Vertreibung – in einer Zeit, in der sich die Davongekommenen um das eigene Wohlergehen kümmerten und Worte wie Schuld und Verantwortung nicht mehr in den Mund nahmen. Um uns herum erwachte das Wirtschaftswunder und anstatt ewig und drei Tage von einer unschönen Vergangenheit belästigt zu werden, ging man lieber ins Kino, wo der »Der Förster vom Silberwald« oder das »Schwarzwaldmädel« dafür sorgten, dass man auf andere Gedanken kam.

Wir waren arm, aber keiner war unzufrieden. Als Rektor verdiente mein Vater 300 D-Mark – das musste reichen für die nach dem Tod meiner Oma Grete nur noch sechsköpfige Familie. Fleisch gab es maximal einmal in der Woche, Butter wurde durch Margarine ersetzt und Weißbrot nur an Sonntagen zum Frühstück gereicht. Bei der akkuraten Verteilung der kostbaren Schnitten achtete meine Mutter stets genauestens darauf, dass keiner mehr als der andere bekam, und über die Woche mussten wir uns mit billigem Graubrot begnügen. Auch bei den Mittagsmahlzeiten wurde das Essen penibel portioniert und bis heute habe ich die Gewohnheit nicht abgelegt, in gemeinsamer Runde im Restaurant mit flüchtigem Blick zu kontrollieren, ob irgendjemand am Tisch eventuell mehr auf seinem Teller hat als ich. Und bis heute bin ich nicht in der Lage, altes Brot einfach wegzuschmeißen, da ich immer noch die Zeiten erinnere, in denen ich permanent Hunger hatte.

Ahrensbök, der Ort meiner Kindheit, ist ein Ort mit einer unheilvollen Vergangenheit, über die nach dem Krieg nicht gesprochen wurde und von der ich erst Ende der sechziger Jahre erfuhr. Wenige Kilometer außerhalb der Gemeinde hatte es ein Konzentrationslager gegeben. Es hatte Todesmärsche halb verhungerter Gefangener durch unser beschauliches Städtchen gegeben, was ein grauenvoller Anblick gewesen sein muss. Die Bewohner aber, die unmittelbaren Zeitzeugen dieses unbarmherzigen Geschehens, taten in Friedenszeiten so, als hätte das alles nicht stattgefunden. Was sie noch wussten und was sie gesehen hatten, behielten sie für sich. Sie konzentrierten sich einzig und allein aufs Verdrängen und Vergessen.

Doch zurück zu einem familiären Sonntag. Da unsere Toilette verstopft war, öffnete mein Vater die übervolle Fäkaliengrube direkt vor unserer Haustür, um sie mit Hilfe einer Schaufel zu entleeren. Sein Körper rebellierte heftig, und vergeblich versuchte er, sich gegen die Übelkeit aufzubäumen. Die röchelnden, fast schon animalischen Geräusche, die mein Vater von sich gab, hallen mir noch heute in den Ohren. Zu einer geradezu irrwitzigen Angelegenheit aber wurde das Ganze erst dadurch, dass er das unerfreuliche Geschäft über eine geschlagene Stunde lang in einem blütenweißem Hemd betrieb – wofür es einen einfachen Grund gab: Es war Sonntag, und am Sonntag trug man in den fünfziger Jahren immer ein weißes Hemd – unter allen Umständen.

An den Samstagabenden wiederum gab es ein festes Ritual: Es wurde gemeinsam gebadet. Wir besaßen eine Wanne mit einem großem Boiler, dessen Wasser mit Holzfeuer erhitzt werden musste. Der Erste, der ins Wasser stieg, war mein Vater, danach war meine Mutter dran und erst dann kam die Kinderschar an die Reihe. Wenn ich am Ende als Jüngster und Letzter in die fast schon kalte Brühe steigen durfte, konnte von einem Badevergnügen keine Rede mehr sein.

Es gibt gewiss auch schöne Erinnerungen an die frühen Jahre in Ahrensbök. Zum Beispiel, wenn ich meiner Mutter in der Küche beim Backen zusah. Wenn wir den fertigen, herrlich süß riechenden Kuchen aus unserem uralten, gusseisernen Herd holten und ich immer als Erster ein Stück davon probieren durfte. Oder wenn ich an kalten Tagen durch die Gegend streifte und die eisige Luft nach Schnee und verbrannter Kohle roch – und ich dann wieder nach Hause kam und mich eine wohlige Wärme empfing … Wenn mein Vater als Direktor der Mittelschule mich mit in die schuleigene Werkstatt nahm und wir gemeinsam bastelten und Spielzeug aus Holz anfertigten … Wenn wir Kinder an Weihnachten aus der Kirche kamen, durch den Schnee stapften und uns auf die bevorstehende Bescherung freuten … Wenn wir, weil wir es kaum erwarten konnten, einen Blick durch das Schlüsselloch wagten und im Wohnzimmer den festlich geschmückten Tannenbaum sahen, unter dem die bunt eingepackten Geschenke lagen. Wenn wir dann endlich, nach dem lang ersehnten Klingeln der Weihnachtsglocke, eintreten durften und ich restlos überwältigt war vom strahlenden Lichterglanz und der festlichen Atmosphäre – das waren Momente des Glücks, in denen ich mich geborgen fühlte.

7

Im Alter von sechs Jahren wurde ich eingeschult. Die Position meines Vater muss wohl der Grund dafür gewesen sein, dass mich alle Lehrer, mit denen ich es zu tun bekam, mit vorauseilendem Wohlwollen behandelten. Nur so nämlich konnte es geschehen, dass ich am Tag meines siebten Geburtstags mit Blumen beschenkt werden sollte. Doch der Reihe nach: Am Morgen meines Ehrentags machte ich mich wie immer auf den Weg. Kaum hatte ich die nahegelegene Allee erreicht, ließ mich der gellende Schrei einer Mädchenstimme zusammenzucken: Chriiiiistian! Ich drehte mich um und erblickte die dicke Astrid aus meiner Klasse nur wenige Meter hinter mir.

Keuchend, mit ausgestrecktem Arm und einem Blumenstrauß in der Faust, versuchte sie mich einzuholen. Ihr Anblick versetzte mich derart in Panik, dass ich auf der Stelle losrannte, um dieser aufdringlichen Gratulantin zu entkommen. Als ich schließlich in der Schule angekommen war und das Klassenzimmer betrat, waren alle schon versammelt. Man gratulierte mir im Chor, ich stand verlegen herum, fühlte mich absolut nicht wohl – und der über und über mit Blumensträußen dekorierte Tisch gab mir den Rest. Kurz entschlossen beendete ich den improvisierten Festakt und wischte die liebevoll gestaltete Geburtstagsdekoration mit einer forschen Armbewegung vom Tisch. Erschrocken schauten meine Mitschüler auf die unschuldigen, misshandelten, am Boden liegenden Blumen, und tagelang sprach keiner auch nur ein Wort mehr mit mir.

Ein solches Verhalten meinerseits aber war eher die Ausnahme. Wenn ich mich recht erinnere, bin ich immer ein sehr liebes Kind gewesen. Stets gehorchte ich meinen Eltern, ohne zu widersprechen oder auch nur zu murren. Ein einziges Mal jedoch konnte auch ich nicht an mich halten. Meine beiden Schwestern hatten mich zum wiederholten Male mit irgendetwas derart gepiesackt, dass ich mir in meiner Wut nicht mehr zu helfen wusste und mich in das neue Kleid von Gisela verbiss, um es mit den Zähnen zu zerfetzen. Dafür bekam ich dann von meinem Vater die schlimmste Tracht Prügel, die ich je über mich hatte ergehen lassen müssen.

»Hansi ist tot!«, rief meine Mutter eines Morgens und scheuchte damit die ganze Familie auf. Alle eilten ins Wohnzimmer und sahen das schreckliche Geschehen. Unser geliebter blauer Wellensittich war über Nacht von seiner Stange gefallen und lag nun regungslos auf dem Boden seines Käfigs. Allgemeine Erschütterung machte sich breit und viele Tränen flossen. Mein Vater verlor sich in Betrachtungen über die Endlichkeit des Daseins, meine Mutter trauerte um den freundlichen Gesang des Vogels und wir Kinder vermissten nun einen Freund, dem wir heimlich alles anvertrauen konnten.

Der 1. Mai, ein Feiertag, war in Ahrensbök jedes Jahr Anlass für ein großes Fest. Die Kinder hatten schulfrei, der ganze Ort war auf den Beinen und wohin man auch kam, überall wurde Alkohol ausgeschenkt. An einem dieser sehr besonderen Tage kam mein Vater erst am späten Abend nach Hause. Heillos betrunken wankte er ins Wohnzimmer, lallte ein leises: »Christine … ich bin wieder da«, hielt inne, sah meine Mutter und erschrak. Die nämlich hatte sich, stocksauer und gekränkt, schon stundenlang in einem alten abgeschabten Sessel vergraben, der seit Jahren auf seine Restaurierung wartete. Mit verschränkten Armen und einem bösem Blick grübelte sie finster vor sich hin. Den Spätheimkehrer, der Mühe hatte, gerade zu stehen, würdigte sie mit keinem Blick. Mein Vater kannte seine Frau nur allzu gut und verkniff sich darum jeden weiteren Kommentar. Er konzentrierte sich nur noch darauf, die Tür des gemeinsamen Schlafzimmers zu erreichen. Vorsichtig setzte er sich in Bewegung und stolperte nicht ganz unerwartet über ein Wollknäuel am Boden. Im Stürzen stützte er sich auf den Griff unserer nicht abbezahlten Strickmaschine, auf der ein halbfertiger Pullover in Arbeit war. Der von seiner rechten Hand fest umklammerte Griff der Maschine ratschte von rechts nach links auf Anfang, was zur Folge hatte, dass die Maschen der mühsam verknüpften Wolle augenblicklich entsichert wurden und das Strickwerk haltlos zu Boden fiel … Das brachte den nur mühsam zurückgehaltenen Zorn meiner Mutter nun endgültig zur Explosion: Ansatzlos verpasste sie meinem orientierungslosen Vater einen Schlag direkt ins Gesicht – mit einer unglaublichen Heftigkeit. Eine Ohrfeige aus heiterem Himmel hatte der nicht kommen sehen. Verdutzt hielt er sich die Wange, wollte etwas sagen, was er dann aber unterließ, winselte ein kleinlautes »aua« und trollte sich aus dem Zimmer wie ein geprügelter Hund.

Die kalte Aggression meiner Mutter hatte mir einen gehörigen Schrecken eingejagt und mir schwante, dass das, was ich an diesem Abend gesehen hatte, aller Wahrscheinlichkeit nach nicht die erste körperliche Züchtigung war, die mein Vater im Laufe seiner Ehe hatte einstecken müssen.

Ahrensbök ist nur ein kleines Städtchen. Für mich aber war Ahrensbök die ganze Welt. Vieles sah und hörte ich hier zum ersten Mal. Der Besuch in einem kleinen Wanderzirkus zum Beispiel war für mich eine noch nie erlebte Sensation. Hibbelig vor Freude saß ich mit meiner Mutter unter den Zuschauern und als mich ein dicker, grell geschminkter Clown aufforderte, zu ihm hinunter in die Manege zu kommen, folgte ich, nichts Böses ahnend, seiner Einladung. Kaum unten angekommen, sprang mir ein riesiger Affe ins Genick – mit einer solchen Wucht, dass ich zu Boden ging und in die Sägespäne der Manege fiel, die streng nach saurem Urin rochen. Wie betäubt rappelte ich mich wieder auf, versuchte mich zu orientieren, sah meine Mutter in der Menge sitzen und rannte unter dem johlenden Gelächter der schadenfrohen Zuschauer zurück zu meinem Platz. Noch Stunden später zu Hause in meinem Bett dachte ich über die öffentliche Bloßstellung nach, die mir im Zirkus widerfahren war. Ich fragte mich, warum es Menschen gab, denen es offensichtlich Spaß bereitete, mir dabei zuzuschauen, wie ich mich vor aller Augen blamierte.

Eines Tages streunte ich mal wieder in der Gegend herum. Da kam mir der Gedanke, mein mir vertrautes Umfeld verlassen zu wollen, um unbekanntere Gegenden zu erkunden. Es verschlug mich an den äußersten Rand von Ahrensbök, und plötzlich stand ich vor einem hohen Lattenzaun, in dem es nirgendwo einen Durchgang zu geben schien. Ich erinnerte mich daran, dass meine Großmutter diesen Zaun schon einmal in einer ihrer Geschichten, die sie mir immer vor dem Einschlafen erzählte, erwähnt hatte und dass ich das unüberwindbare Hindernis seitdem mit einem düsteren Geheimnis verband. Staunend stand ich da: Ich war am Ende der Welt angelangt und felsenfest davon überzeugt, dass es hinter dieser Bretterwand einen tiefen Abgrund gab, in dem man verschwinden würde und für immer und ewig verloren war …

Wehe dem, der ein Kind kränkt.
Fjodor Michailowitsch Dostojewski

8

1956, ich war gerade mal acht Jahre alt, zog die Familie nach Kassel. Mein Vater hatte sich dort für den vakanten Posten eines Schulrats beworben und sich zu seiner eigenen Überraschung gegen immerhin vier weitere Mitbewerber durchgesetzt. Das war ein beachtlicher Aufstieg und die gut besoldete Beförderung machte uns das Leben nun spürbar erträglicher. In Kassel wohnten wir in der Nähe des Bahnhofs Wilhelmshöhe und täglich hatten wir in nicht allzu weiter Entfernung den Herkules vor Augen, der, nackt auf seine mächtige Keule gestützt, vom oberen Habichtswald hinunter auf die Stadt schaut.

Ich wurde eingeschult, betrat den Klassenraum der 2B und war der Neue, den man neugierig beäugte. Meine erste Aufgabe war es, einen Text, den mir der Klassenlehrer auf mein Pult gelegt hatte, laut vorzulesen. Kaum hatte ich damit begonnen, brüllte der Rest der Klasse vor Lachen. Dass mein norddeutscher Dialekt für allgemeine Heiterkeit sorgte – damit hatte ich nicht gerechnet.

Ich war ein schlechter Schüler, ich war stinkfaul, machte nur das Allernotwendigste und mogelte mich immer irgendwie durch. Das Lernen langweilte mich, denn es interessierte mich einfach nicht. Für kein einziges Fach konnte ich mich auch nur ansatzweise begeistern. Lieber träumte ich still vor mich hin und hing meinen Gedanken nach. Als ein eher unscheinbarer Mitschüler, der weder mit herausragender Intelligenz noch mit sonst irgendeiner Begabung oder Fähigkeit punkten konnte, fiel ich kaum auf. Mich störte das keinesfalls, denn mir war einfach alles herzlich egal. Ich ließ die Dinge um mich herum geschehen und beteiligte mich weder an Diskussionen noch an sonstigen Initiativen, die uns angeboten wurden. »Christian neigt zum Träumen«, bescheinigten mir meine Lehrer zum Abschluss des dritten Schuljahrs in einem Zeugnis, das mein Vater mir um die Ohren schlug, nachdem er es überflogen hatte. »Hier wird nicht geträumt!«, schrie er außer sich vor Wut.

Am Ende des vierten Grundschuljahres drohte eine äußerst unangenehme Herausforderung, die mich aus meinen kontemplativen Träumereien unsanft erwachen ließ. Der Sprung aufs Gymnasium stand bevor und es galt, eine Aufnahmeprüfung zu bestehen. Am Abend vor dieser Prüfung rief mein Vater mich zu sich, konfrontierte mich mit ein paar unterschiedlichen Fragebögen und forderte mich auf, sie vor seinen Augen auszufüllen. Dass ich Schwierigkeiten damit haben würde, musste der erfahrene Pädagoge geahnt haben, denn er nahm sich ganz gegen seine übliche Gewohnheit viel Zeit, um mir geduldig dabei zu helfen, die Aufgaben zu verstehen und sie dann auch zu lösen. Am nächsten Tag, dem Tag der Prüfung, saß ich angespannt auf meinem Platz und zu meinem Erstaunen bekam ich genau dieselben Formulare zum Ausfüllen, die mir mein Vater am Vorabend auf den Tisch gelegt hatte. Ahnungslos wie ich war, dachte ich: Was für ein Zufall – und da mir die Antworten bereits bekannt waren, hatte ich mit der Beantwortung der Fragen so gut wie keine Probleme. Ich bestand also den Test und konnte es kaum erwarten, zu Hause von meinem unerwarteten Erfolg zu berichten.

Mein Vater blickte mich lange an. Ich konnte sehen, wie er mit einem schwierigen Gedanken beschäftigt war, den er langsam in seinem Kopf hin und her bewegte. Er räusperte sich, schwieg noch eine Weile, räusperte sich erneut, um mir dann Folgendes zu sagen: »Hör zu, mein Junge, jetzt hör mir mal zu. Merk dir eins: Du bist dumm, verstehst du? Dumm – aber sieh zu, dass das keiner merkt.«

Ich musste schlucken. Das, was mein Vater mir da gerade gesagt hatte, war offensichtlich sehr ernst gemeint. Der Ausdruck in seinem Gesicht jedenfalls sprach Bände. Schlagartig wurde mir bewusst, dass er mir nur aufgrund seiner Stellung als Schulrat Einblick in das

Prüfungsmaterial hatte geben können. Und um zu verhindern, dass ich mich, eher aber doch ihn blamieren könnte, war er die Aufgaben am Abend vorher mit mir durchgegangen. Die Angst vor dem Versagen des eigenen Sohnes muss sehr groß gewesen sein – und wäre sein Betrug öffentlich geworden, hätte ihn das mit Sicherheit seine Stellung als Schulrat der Stadt Kassel gekostet. Die deprimierende Wahrheit war: Er hatte mir die Bewältigung der Aufgaben nicht zugetraut – vermutlich sogar zu Recht – und mich mit vorausahnender Fürsorge als Versager abgestempelt. Damit musste ich nun leben. Ich musste damit leben, dass mit mir nicht zu rechnen war. Auf immer und ewig sozusagen. Auf meine Mutter, die sich nur wenig um meine schulischen und auch sonstigen Angelegenheiten kümmerte, konnte ich nicht zählen, denn ihr kam es erst gar nicht in den Sinn, mich zu trösten. Eher noch bestätigte sie den Vater in seiner Haltung: »Ein bisschen dumm ist niedlich, mein Kleiner, aber du bist ein bisschen zu niedlich, verstehst du?« Was sollte ich machen? Wie sollte ich mich dagegen wehren? Vielleicht hatten die Eltern ja recht?

Wie man sich leicht denken kann, war ich in den darauf folgenden Jahren als ein Falscher-Fuffziger-Gymnasiast nicht in geringster Weise motiviert, meine Leistungen zu verbessern. Warum auch sollte ich mich anstrengen, wenn doch jede Anstrengung von vornherein sinnlos war, da mir offenbar die geistigen Kapazitäten fehlten? Ich konnte mich bemühen, so viel ich wollte, ich würde immer und überall versagen. Diese tiefsitzende Prophezeiung führte schließlich dazu, dass ich die Quinta zweimal machen musste. Und am Ende des Wiederholungsjahrs drohte die erneute Nichtversetzung – ein Alptraum ungeheuren Ausmaßes. Nicht ein einziger Lehrer traute sich, meinen Vater von meinen katastrophalen Leistungen in Kenntnis zu setzen. Schließlich nahm sich mein alter Mathematiklehrer ein Herz und fasste den Entschluss, sich zu seinem Chef ins Schulamt zu begeben, um ihn mit der Wahrheit über seinen Sohn zu konfrontieren. Der gute Mann stand kurz vor seiner Pensionierung – was also konnte ihm schon passieren? Was meine Leistungen in der Schule betraf, hatte ich meine Eltern stets im Ungewissen gelassen – vorsorglich und wohl überlegt. Alle Arbeiten, für die ich eine schlechte Note bekommen hatte und die mein Vater eigentlich hätte unterschreiben müssen, und das waren die allermeisten, hatte ich in der Regel auf dem Nachhauseweg aus meinem Heft gerissen, sie zusammengeknüllt und in einer Hecke gleich hinter der Schule entsorgt. Als mein Vater im Zuge der Aufklärung meines Falles auch noch davon erfuhr, stellte er mich in familiärer Runde beim Abendbrot zur Rede. Zum Auftakt seines zu erwartenden Tobsuchtsanfalls schmiss er einen Teller mit einer Tomatenschnitte, die ihm meine Mutter liebevoll zubereitet hatte, gegen die frisch tapezierte Wand unseres Wohnzimmers und schrie: »So! Und jetzt, mein Sohn – jetzt kommst du auf die Doofen-Schule.« Gemeint war damit die Waldorfschule, die es auch in Kassel gab und von der er als Chef der staatlichen Schulen der Stadt selbstverständlich keine gute Meinung hatte.

9

Mein Wechsel auf die Waldorfschule war ein harter Schlag für meinen Vater – eine Schule, die seiner Ansicht nach nur etwas für musisch angehauchte Weicheier war. Mit Sicherheit war es ihm nicht leichtgefallen, mich dorthin verfrachten zu müssen – aber da ich für ihn ein hoffnungsloser Fall zu sein schien, blieb ihm keine andere Wahl. Ich wechselte also auf eine Lehranstalt, die von einem gewissen Rudolf Steiner gegründet worden war, einem Esoteriker und Rassisten, wie man heute weiß, der einen Satz wie »Je dunkler die Haut, desto dümmer der Mensch« gesagt haben soll.

Trotz alledem gelang mir auf der Waldorfschule schon im Laufe der ersten Wochen eine erstaunliche Metamorphose – ich wurde zu einem besseren Schüler. Und das aus einem einzigen Grund: Der direkte Kontakt zu den Pädagogen fand hier auf einer sehr viel persönlicheren Ebene statt, als ich es vom Gymnasium her gewohnt war. Denn dort prägte noch immer der deutsche Kasernenton den Unterricht – bis weit hinein in die sechziger Jahre. Was mir auf der Waldorfschule entschieden half, war das Vertrauen, das die Lehrer mir entgegenbrachten. Jederzeit hatten sie ein offenes Ohr für mich und sie waren sogar bereit, sich meine Sorgen auch außerhalb der Schulzeiten anzuhören.

Nicht alles, was auf Rudolf Steiners Schule unterrichtet wurde, fand ich sinnvoll. Der Eurhythmie-Unterricht zum Beispiel kam mir geradezu grotesk vor und die dafür zuständige Lehrerin konnte ich beim besten Willen nicht ernst nehmen. Sie schien sich in völlig abgehobenen Sphären zu bewegen und vermutlich glaubte sie allen Ernstes, im Besitz eines höheren Wissens zu sein. Absolut unerträglich wurde es, wenn sie Gedichte von Goethe vortrug. Sie deklamierte die Verse mit penetranter Lautstärke, wobei sie die Vokale endlos in die Länge zog, und unsere Aufgabe war es dann, ihre Rezitation in einen Ausdruckstanz zu transformieren.

Andererseits aber lernte ich auf der Waldorfschule zum Beispiel, wie man einen Feuerhaken schmiedet – in einer richtigen Schmiede mit Ambos und Esse … Wo gab es das sonst noch? Ich lernte das Schreinern in einer hauseigenen Tischlerei. Ich experimentierte mit Batik-Techniken zur Herstellung von farbigen Tüchern und sogar das Nähen einer Schürze wurde mir beigebracht. Darüber hinaus kreierte ich die unterschiedlichsten Tontöpfe, die ich meiner Mutter zu Weihnachten schenken konnte – und auch Gartenarbeit stand auf dem Stundenplan.

Am interessantesten fand ich das exakte Vermessen einer Landschaft in freier Natur. Wir nahmen uns den Bachverlauf im Umfeld der Schule vor und brachten die Messung mit Hilfe von Fluchtstäben und Nivelliergeräten millimetergenau zu Papier. Als das beeindruckende Ergebnis endlich besichtigt werden durfte, war das dann auch für mich ein bedeutender Moment.

Natürlich wurden wir auch in den klassischen Fächern unterrichtet, allerdings ohne den leistungsorientierten Druck, den ich vom Gymnasium her kannte. Die jährlichen Zeugnisse der Waldorfschule kurz vor den Sommerferien waren, im Gegensatz zu denen der Staatsschulen, stets sehr sorgfältig formulierte, persönliche Bewertungen – es gab keine Noten und jeder Lehrer musste einen mit eigener Hand geschriebenen Beitrag leisten, bei dem er sich nicht verschreiben durfte.

Was wäre wohl aus mir geworden, wenn es nicht auch das Laienspiel als Pflichtfach gegeben hätte? Mein Deutschlehrer Klaus Oettermann, ein Freund der schönen Künste und des Theaters im Besonderen, hatte in mir das Interesse für die großen Dramen der Weltliteratur geweckt. Schon mein Bruder, der seinerzeit in Marburg Medizin studierte, hatte mir sehr früh Schillers »Räuber« und Büchners »Dantons Tod« ans Herz gelegt und mich für die mir bis dahin unbekannten Werke begeistern können, wenn er daraus vorlas. Ein für mich und meinen Werdegang entscheidendes Erlebnis war seine Beschreibung eines François-Villon-Rezitationsabends im Audimax seiner Marburger Universität. Er hatte erleben dürfen, wie der in den sechziger Jahren für seine exaltierten wie unberechenbaren Wutausbrüche berüchtigte Klaus Kinski sich schreiend und flüsternd vor einem aufgewühltem Publikum verausgabte. Das Foto dieses offenbar Wahnsinnigen, das im Programmheft der Veranstaltung abgedruckt war, beeindruckte mich nachhaltig. Ich war fasziniert und zutiefst beeindruckt von der angsteinflößenden Intensität, die dieser Kinski ausstrahlte.

Der leicht glubschäugige Herr Oettermann wurde nun mein Verbündeter. Wie mein Vater hatte auch er eine cholerische Seite. Ich habe erlebt, wie er einen aufmüpfigen Mitschüler, der ihm frech widersprochen hatte und sich dabei das Grinsen nicht verkneifen konnte, quer durch den Klassenraum prügelte, bis dem die Nase blutete. Mit einer so gewalttätigen Maßregelung hatte ich in einer Waldorfschule nicht gerechnet. Das ging absolut gegen die Waldorf-Prinzipien und es ist mir bis heute völlig unerklärlich, dass das unwidersprochen geduldet wurde und auch nie irgendein Nachspiel hatte. Prügelnde Lehrer kannte ich nur aus der Volksschule der fünfziger Jahre. Wie ich erst Jahre später erfuhr, soll der gute Herr Oettermann während des Krieges nicht nur ein begeisterter Jagdflieger, sondern auch ein überzeugter Nationalsozialist und glühender Verehrer Hitlers gewesen sein, der davon träumte, eines Tages Theaterregisseur zu werden – der aber nach dem verlorenen Krieg nie den Mut gefunden hatte, sich diesen Traum zu erfüllen. Den ehemaligen Nazi jedenfalls merkte man ihm nicht mehr an. Regelmäßig lud er mich zu Kaffee und Kuchen zu sich nach Hause ein. Wir lasen Stücke, machten Pläne und beschlossen schließlich, Heinrich von Kleists »Prinz Friedrich von Homburg« zur Aufführung zu bringen, natürlich mit mir in der Titelrolle. Der Rest der Klasse musste nicht lange überredet werden, die Rollen wurden verteilt und wir probten das Stück in unserer Freizeit zwei Mal pro Woche.

Die Premiere wurde zu einem Riesenerfolg für mich. Zum ersten Mal erlebte ich, dass mein Vater stolz auf mich war. Am Morgen nach der Aufführung klopfte er an die Tür meines Schlafzimmers, trat ein und weckte mich mit dem Ruf: »Aufstehen und raus aus dem Bett, Prinz von Homburg!« So hatte ich meinen Vater noch nie gesehen: Er strahlte über das ganze Gesicht und schien fassungslos und gleichzeitig ungeheuer erleichtert zu sein, dass sein eher unterbelichteter Sohn in der Aula der Waldorfschule gegen seine eigentliche Erwartung doch etwas zustande gebracht hatte. Sein Sohn war nicht irgendeiner unter vielen gewesen, nein, er hatte im Mittelpunkt der Aufführung gestanden und die meiste Aufmerksamkeit erhalten. Auch meine Mutter war ja Zeugin dieses für mich so wichtigen Ereignisses. Ihre Anwesenheit allerdings nahm ich gar nicht wahr, denn sie bedeutete mir nicht besonders viel. Beweisen wollte ich mich vor allem vor meinem Vater.

Etwas war geschehen, etwas außerordentlich Großes – das fühlte ich genau, etwas, das nun nicht mehr rückgängig gemacht werden konnte. Ich witterte die Chance, meine eigene Bedeutungslosigkeit zu überwinden, die ich so lange gefühlt hatte: Sie lag in der Luft und war zum Greifen nah, die alles entscheidende Chance, die mein Leben verändern würde. Zum allerersten Mal hatte ich Bestätigung erfahren und sah mich selber als einen Menschen, der ein Recht darauf hatte, wahrgenommen zu werden. Von solcherlei hehren Gedanken beflügelt, erwachte ein mir bis dato völlig unbekannter Ehrgeiz in mir und ich beschloss, meinen von meinem Talent überzeugten Förderer dazu zu überreden, uns als Nächstes den »Hamlet« von Shakespeare vorzunehmen, selbstredend mit mir als Hauptdarsteller … Herr Oettermann staunte nicht schlecht über den kühnen Vorschlag seines wild entschlossenen Zöglings und stimmte begeistert zu.

Ganz ohne dramaturgische Beratung – als sei es das Selbstverständlichste von der Welt – fertigte ich im zarten Alter von 18 Jahren eine eigene Strichfassung dieses wahrlich nicht einfachen Stückes an. Ich sehe mich noch im Liegestuhl auf dem Rasen im Hof unserer Mietwohnung in Wilhelmshöhe sitzen, mit Shakespeares Meisterwerk auf meinen Knien, in dem ich so lange herumstrich, bis ich es für spielbar hielt. Alles kam mir einfach und schlüssig vor, denn alle Fragen, die sich mir stellten, beantwortete ja der Text. Ich hatte nicht den geringsten Zweifel an meinen Strichen und auch keinerlei Bedenken, dass mich das Projekt eventuell überfordern könnte. Bei meinem Talent – so dachte ich wohl – war ein Scheitern ja völlig ausgeschlossen.

Auf den anschließenden Proben spielte ich unbekümmert drauflos und alles entwickelte sich fast wie von selbst. So hatte ich mich noch nie erlebt: stark, selbstbewusst und nahezu unbesiegbar.

Auch »Hamlet« wurde zu einem Triumph für mich. Ich hatte mich dieser berühmtesten aller Rollen gestellt und verkörperte sie am Abend der Premiere in einem nie erlebten innerlichen Ausnahmezustand. Alles schien mir zu gelingen, und nichts stand mir im Weg. Mitten in einem der zahlreichen Monologe kam es zu einem Schlüsselerlebnis für mich. Während ich den Text rezitierte, wurde mir plötzlich bewusst, dass mir 600 Menschen zuhörten. Aufmerksam zuhörten! Mir! Ich vernahm kein Geräusch im Saal, kein Hüsteln, nichts. Ein überwältigender Gedanke durchströmte mich gleich einer Offenbarung: Ich bin wichtig! Ich existiere! Ich habe meinen Platz im Leben gefunden! Das Theaterspielen sollte und musste nun unbedingt ab sofort zu meinem Lebensinhalt werden. Lieber heute als morgen. Ich wollte raus aus der Schule, raus aus Kassel, raus aus diesem langweiligen Provinznest – ich wollte, nein ich musste Schauspieler werden.

Mein Vater war fassungslos, nachdem ich ihm mitgeteilt hatte, dass ich entschlossen sei, die Schule abzubrechen, um Schauspielerei zu studieren. Mein Entschluss überforderte ihn, denn ich hatte ihn mit einem Selbstbewusstsein vorgetragen, dem er offenbar nicht gewachsen war. Und weil ihm das Ganze grundsätzlich nicht geheuer war, missfiel es ihm über alle Maßen. Er war als Zuschauer dabei gewesen, wie ich sowohl als Prinz von Homburg wie auch als Hamlet auf der Bühne gestanden hatte und beide Male gefeiert worden war – trotzdem konnte er sich mit meinem, seiner Meinung nach völlig abwegigen Wunsch nicht anfreunden. Und meine Mutter? Sie versetzte mein in ihren Augen völlig wahnwitziger, verantwortungsloser Plan in blanke Hysterie. Immer wieder brach sie in Tränen aus und wollte sich gar nicht mehr beruhigen. Schauspieler galten bei uns im Hause als Hungerleider, als Existenzen, deren Leben von vorneherein zum Scheitern verurteilt war. Also kam es für meine Eltern überhaupt nicht in Frage, diesen in ihren Augen hochgradig riskanten Beruf für mich auch nur im Entferntesten in Erwägung

zu ziehen – einen Beruf, der aus mir einen obdachlosen Sozialhilfeempfänger machen würde.

Das also war die Ausgangslage, kurz bevor ich mein Elternhaus
endgültig hinter mir ließ …

10

Noch einmal gehe ich zurück in meine frühen Kinderjahre. Ich
muss ungefähr acht Jahre alt gewesen sein, da rief mich mein Vater
zu sich an seinen Schreibtisch. Wie üblich war er schon tagsüber
leicht betrunken und wie üblich gelang es ihm nicht, das auch nur
ansatzweise zu überspielen. Er hatte die Angewohnheit, die leeren
kleinen Dujardin-Fläschchen, deren Inhalt er stets heimlich, hastig
und mit schlechtem Gewissen trank, in seiner Schreibtischschub-
lade verschwinden zu lassen. Danach waren sie für ihn nicht mehr
existent. Für meine Mutter war es jedes Mal ein Schock, wenn sie die
zahlreichen leeren Beweisstück seines nicht unerheblichen Alkohol-
konsums beim wöchentlichen Aufräumen entdeckte. Zum Thema
machte sie es aber nie.

Mein Vater hatte mich also zu sich gerufen und drückte mir jetzt
einen Fünfmarkschein in die Hand – ein unglaubliches Vermögen
zu der Zeit: »Bist mein Bester«, flüsterte er heiser, tätschelte meine
Wange, wandte sich wieder seiner Arbeit zu und signalisierte mir so,
nicht weiter gestört werden zu wollen. Nun stand ich da und fragte
mich: Was war das gerade? Hatte er ein schlechtes Gewissen? Hatte
er mich für etwas bezahlt, was er mir emotional nicht geben konnte?

An ernsthafte, tiefgreifende Gespräche jedenfalls, sowohl mit dem
Vater als auch mit der Mutter, kann ich mich nicht erinnern. Immer wenn ein Konflikt drohte, ging es meinen Eltern ausschließlich
darum, mich zu beruhigen. Ich sollte mich still verhalten und keine

Fragen stellen. Nichts hätte sie mehr in Verlegenheit gebracht, als auf Fragen antworten zu müssen, auf die sie selber keine Antwort wussten. Diese Abwehr jedes Gesprächs war dann wohl auch der Grund dafür, dass ich mich mehr und mehr von ihnen distanzierte. Ich fühlte mich unverstanden, viel zu oft im Stich gelassen und ausgegrenzt. Vielleicht waren sie ja gar nicht in der Lage, mir so etwas wie Geborgenheit, Vertrauen oder Verständnis entgegenzubringen – da ihnen Ähnliches vermutlich selbst verwehrt geblieben war. Wer weiß, wie sehr auch sie in ihrem Leben verletzt und mit ihren Wunden allein gelassen worden waren.

Ich weiß so gut wie nichts über die Beziehungen meiner Eltern zu ihren Eltern, nichts darüber, wem sie sich je hätten anvertrauen können. Ich vermute, dass sie an einem bestimmten Punkt ihres Lebens zu der Erkenntnis gekommen waren, ihre schmerzlich gefühlte emotionale Leere zu akzeptieren, schlechterdings um zu überleben und um die Probleme des Alltags in den Griff zu bekommen. Bis heute lässt mich die Erinnerung an ihre ohnmächtige, unentschlossene Zuwendung mir gegenüber nicht los. Natürlich könnte ich sie für ihr oft verletzendes Verhalten verurteilen oder sie anklagen für das, was sie versäumt oder einfach nicht vermocht haben. Davon aber bin ich heute weiter entfernt denn je.

Heute weiß ich, dass unser von den Wirren der Nachkriegszeit schicksalhaft aufgezwungener Familienverbund keine leichte Lebenssituation für meine Mutter war. Das Gift, das meine Geschwister Wolf und Monika von ihrer Oma Wiedenhaupt regelmäßig erfolgreich eingeträufelt bekamen, um den Groll der beiden gegen die verhasste Stiefmutter am Leben zu erhalten, wirkte auch noch Jahre später in Kassel nach. Oma Wiedenhaupts Enkelkinder waren zu willigen Vollstreckern geworden. Monika liebte es, mit Unschuldsmiene zu intrigieren, und gefiel sich in bösartigen Kommentaren – und Wolf zelebrierte sein provozierendes Verhalten stets mit süffisant-leiser Aggression.

Eines Abends hatte er sich hinter einer Mauer versteckt, um mir und meiner Mutter auf einem Spaziergang aufzulauern. Unerwartet baute er sich vor uns auf und fixierte die verängstigte Frau an meiner Seite mit böser Verachtung und blankem Hass in seinen Augen: «Dich werde ich töten!» zischte er ihr zu, um gleich darauf genauso so unerwartet wieder zu verschwinden, wie er aufgetaucht war. Unter Schockstarre nahm mich meine Mutter an der Hand und wir machten uns rasch auf den Heimweg. Kaum zu Hause angekommen, beschwerte sie sich bei ihrem Mann über ihren Stiefsohn, der sich zurückgezogen hatte. Mein Vater bekam einen seiner Wutanfälle, stürmte das Zimmer des Übeltäters, der, in ein Buch vertieft, an seinem Schreibtisch saß, packte ihn am Kragen und verpasste ihm einen so wuchtigen Schlag, dass er krachend zu Boden fiel und sich den Kopf aufschlug. Anschließend zog sich mein Vater zurück, versank in Schweigen und war tagelang für niemanden zu sprechen.

Nie fand meine Mutter den Mut, dem trotzig ritualisierten Terror meines Bruders auch nur ein einziges Mal entschieden entgegenzutreten. Und nie kam es zu einem offenen Wort meines Vaters, mit dem er seine Frau vor seinem Sohn in Schutz genommen und sich klar an ihre Seite gestellt hätte. Derart im Stich gelassen, litt meine Mutter immer nur still vor sich hin, um sich nach der nächsten Attacke ihres Stiefsohns erneut bei ihrem Gatten auszuweinen.

Heiligabend 1956. Die Bescherung stand unmittelbar bevor, aber die Stimmung war wie so oft im Keller. Selbst an diesem Abend hatte der böse Wolf wieder einmal Rabatz gemacht. In der nach weihnachtlichem Gebäck duftenden Wohnung war es mucksmäuschenstill. Keiner sagte ein Wort, mein Vater war in tiefen Gedanken versunken und der stumme Vorwurf meiner wieder einmal schwer gekränkten Mutter schwebte wie eine dunkle Wolke über unserer scheinbar mit einem Fluch beladenen Familie. Das ersehnte friedliche Weihnachtsgefühl wollte sich einfach nicht einstellen. Da erhob sich mein Bruder, nahm die Bibel aus dem Bücherschrank, schlug sie auf und begann, die Weihnachtsgeschichte vorzulesen: »Es begab sich aber zu der Zeit, dass ein Gebot ausging vom Kaiser Augustus ...« Die sprachgewaltige Versöhnungsoffensive meines Bruders wurde zu einem Triumph christlicher Nächstenliebe. Sie traf die augenblicklich zutiefst ergriffene Familie gänzlich unvorbereitet – und am Ende seines Vortrags lagen sich dann alle Teilnehmer dieses denkwürdigen Abends hemmungslos schluchzend in den Armen.

Wir sind alle potentielle Romanfiguren,
mit dem Unterschied, dass sich
Romanfiguren wirklich ausleben.
Georges Simenon

11

Bedingt durch die schwierigen Umstände der Nachkriegszeit, war die Heirat meiner Eltern eine von Vernunft und Pragmatismus geprägte Entscheidung gewesen. Wenn ich mir meinen Vater und meine Mutter vor Augen führe, dann sehe ich zwei Menschen, deren innere Distanz sich in ihrer Körpersprache offenbarte. Ihr stets unbeholfener Versuch, miteinander höflich umzugehen, konnte nicht verbergen, dass sie im Grunde nur wenig miteinander anzufangen wussten und sich kaum etwas zu sagen hatten. Selten suchten sie die Nähe des anderen und nie kam es zu Signalen, die auch nur den Ansatz eines innigen Einverständnisses andeuteten. Meine Mutter war ganz sicher nicht die Frau, von der mein Vater geträumt hatte. Sie war ihm platterdings zu schlicht gestrickt und oft einfach nur peinlich. In der Öffentlichkeit zeigte er sich mit ihr immer nur dann, wenn ein gemeinsames Auftreten unumgänglich war – vor allem bei gesellschaftlichen Pflichtterminen. Er litt darunter, dass sie so wenig

Geschmack besaß, denn sie hatte weder Sinn für die Schönheit eines Kleides, noch legte sie Wert auf ein gepflegtes Äußeres. Ihr Aussehen schien ihr schlichtweg egal zu sein. Ein weiteres Problem, das mein Vater mit seiner Frau hatte: Sie hasste es zu kochen, weil sie das Kochen als eine lästige Pflicht betrachtete. Immer wieder bereitete sie dieselben einfallslosen Gerichte zu, um sie anschließend lustlos zu servieren … und nie vergaß sie, sich selbst dafür zu loben: »Mir schmeckt's!«, rief sie dann in die Runde.

Sehr genau erinnere ich mich an unseren ersten sommerlichen Italienurlaub im Jahre 1962. Ich war vierzehn Jahre alt und mitten in der Pubertät. Meine schon sechzehnjährige Schwester Gisela war auch dabei. Mit unserem alten Opel-Rekord fuhren wir von Kassel in Richtung Alpen und fanden uns nach stundenlanger Fahrt auf einer kurvenreichen Landstraße über den Brenner wieder. Die Dämmerung war schon hereingebrochen. Mein mittlerweile völlig übermüdeter Vater wollte endlich im bereits gebuchten Hotel ankommen und versuchte deshalb, jedes vor ihm fahrende Auto zu überholen. Während eines seiner Manöver verschätzte er sich derart, dass es fast zu einem Unfall gekommen wäre. Der Wagen des Italieners, den er so unversehens rüde geschnitten hatte, überholte uns nun seinerseits und bremste uns aus. Eine dunkle Gestalt stieg aus dem Fahrzeug, kam auf uns zu, bedrohte mit einem Messer meinen Vater, der sich ahnungslos gab, und schrie: »Maledetto Bastardo!« Nachdem der aufgebrachte Mann uns allen einen gehörigen Schreck eingejagt hatte, ließ er es gut sein, stapfte voller Genugtuung wieder zurück zu seinem Wagen und brauste davon. Dieser sonderbare nächtliche Zwischenfall war übrigens mein allererster Eindruck von Italien.

Nachdem wir in Bozen, unserem ersten Etappenziel, unser Hotelzimmer betreten hatten, machte mein Vater den Vorschlag, noch vor dem Abendessen einen kleinen Erkundungsspaziergang zu machen. Kaum hatten wir das Hotel verlassen, schon war Gisela von jungen

Männern umzingelt wie von einem Bienenschwarm. Mein Vater war geradezu schockiert von dem Temperament der zahlreichen aufdringlichen Verehrer, die sich nicht abschütteln ließen, und befahl den sofortigen Rückzug ins Hotel. Ihm und meiner Mutter war das Ganze ungeheuer peinlich – Gisela hingegen schienen die theatralischen Komplimente ihrer Bewunderer durchaus gefallen zu haben.

In Bibione an der Adria, unserem Reiseziel, trafen wir auf ein befreundetes Ehepaar meiner Eltern – ein Rechtsanwalt mit seiner Frau. Sie war Sportlehrerin an einem Kasseler Gymnasium, viele Jahre jünger als meine Mutter und die heimliche Geliebte meines Vaters. Eine blonde Schönheit, die seinen geheimen Wünschen offenbar in jeder Hinsicht entsprach. Dass die beiden bereits seit geraumer Zeit ein Liebespaar waren, hatte mir meine acht Jahre ältere Schwester Monika schon lange vor diesem Urlaub anvertraut, nachdem mein Vater sich ihr in einer schwachen Stunde offenbart hatte. Der Ehemann der Geliebten entpuppte sich als ahnungsloser Trottel, der von seiner Frau auch dementsprechend behandelt wurde.

Die schiere Anwesenheit der blonden Versuchung führte mir deutlich vor Augen, was mein Vater in seiner Ehe wohl vermisste: im Gegensatz zu der attraktiven Sportlehrerin war meine Mutter eine Frau, die den Geheimnissen der Verführung in all ihren Varianten nichts abgewinnen konnte. Begriffe wie Sexualität und Sinnlichkeit existierten nicht in ihrer Welt. Sobald sich ein Gespräch auch nur ansatzweise in eine etwas anzüglichere Richtung bewegte, entzog sie sich der Unterhaltung und gab sich desinteressiert und demonstrativ gelangweilt. In Wahrheit aber kannte sie sich einfach nicht aus auf dem Schlachtfeld der Liebe.

Für das schon etwas reifere und im Geheimen agierende Liebespaar jedenfalls (dem Schulrat und der Lehrerin) ergaben sich im Laufe des Tages aufgrund der Urlaubssituation immer wieder Gelegenheiten, sich in schönster Regelmäßigkeit in nahe gelegenen Alberghi ausgiebig zu vergnügen, wobei das Heimliche und Verbotene ihrer Seitensprünge in schäbigen Hotelzimmern ihre Leidenschaft beflügelt haben mag. Meine Mutter gab sich ahnungslos und mein Vater bildete sich tatsächlich ein, dass niemand sein Techtelmechtel mit der rassigen Blondine mitbekam. Endlich fühlte auch er sich mal als toller Hecht – wenn auch nur für ein paar mühselig zusammengesparte Urlaubstage.

Wochen nach diesem Urlaub war ich zufällig Zeuge, wie meine Mutter beim Hausputz eine Streichholzschachtel mit der Aufschrift »Petit Paris« in der Jackentasche meines Vaters fand und den Fund recht plump vor mir zu verbergen suchte – was ihr aber nicht gelang. Das Corpus Delicti stammte aus einem weit über Kassel hinaus bekannten Erotik-Etablissement. Dass der alternde Herumtreiber wegen ständiger nächtlicher Sitzungen, die nichts anderes als Treffen mit »anrüchigen Damen« waren, bei denen er seinen Johannistrieb ausleben konnte – dass er also immer erst spät nach Hause kam, wurde von meiner Mutter konsequent ignoriert. Wie ich später erfuhr, war sie nämlich schon sehr früh über seine Eskapaden bestens im Bilde, denn tatsächlich hatte sie alle seine Außentermine penibel in einem Haushaltsbuch notiert.

12

Herbert Redl war ein Parteisoldat der SPD. Dank der Unterstützung seiner Genossen hatte er Karriere gemacht und es vom Schulrat zum Stadtrat gebracht. Später bekam er sogar noch den Posten des Kulturdezernenten der Stadt Kassel – obwohl es ein offenes Geheimnis war, dass er von Kunst und Kultur nicht die geringste Ahnung hatte. Zwar galt er als mitverantwortlich für Kassels einziges, alle fünf Jahre stattfindendes, hoch renommiertes und internationales kulturelles Großereignis – die »Documenta«. Aber initiiert hatte er sie nicht und er wusste rein gar nichts mit dem anzufangen, was es dort zu sehen gab. In seiner offiziellen Funktion begegnete er eines Tages Henry Moore, dem berühmten englischen Bildhauer, und regte sich im Anschluss an den Empfang zu Ehren des Künstlers fürchterlich darüber auf, dass Moore es gewagt hatte, in einem abgetragenen, mit Farbe bekleckerten Pullover zu erscheinen und das wohl auch noch für völlig selbstverständlich zu halten.

Was sein äußeres Erscheinungsbild anging, war aber auch mein Vater nicht gerade zimperlich. Um das Geld für den Frisör zu sparen, schnitt er sich die Haare mit einer einfachen Schere selbst. Seitlich gelang ihm das meistens ganz passabel, nur am Hinterkopf säbelte er sich regelmäßig nicht zu übersehende Löcher in seinen Haarkranz. Immer wenn er das vor dem Badezimmerspiegel mit Hilfe eines zweiten Spiegels bemerkt hatte, versuchte er das Malheur zu korrigieren, indem er fortan unablässig mit der Hand über die Löcher strich, in der Hoffnung, die kahlen Stellen unsichtbar zu machen.

Als Kulturdezernent hatte er zahlreiche Pflichttermine im Theater zu absolvieren, die er, wäre es nach ihm gegangen, am liebsten alle nicht wahrgenommen hätte. Natürlich konnte er sich das nicht erlauben und manchmal nahm er mich mit zu den Aufführungen. Wenige Minuten nach Beginn der Vorstellung schlief er regelmäßig ein und spätestens in der Pause forderte er mich unauffällig auf, ihm zu folgen, um der ungeliebten Verpflichtung mit einem diskreten Abgang zu entkommen.

An meinen Vater zu denken, macht mich traurig. Er war ein sehr unglücklicher Mensch, der ein Leben lebte, dass er sich gewiss einmal ganz anders vorgestellt hatte. Meine Mutter erzählte mir einmal, dass er als junger Mann hoch hinauswollte. Nach einem glänzenden Abitur mit einer Eins in Mathematik wünschte er Statiker zu werden. Nachdem ihm seine Eltern das langjährige Studium nicht finanzieren konnten, blieb ihm nichts anderes übrig, als sich für ein einfaches Pädagogikstudium zu entscheiden. Bevor er dann mit dem Schuldienst begann, hatte er für kurze Zeit die Stelle des Hauslehrers einer Tochter aus adeligem Hause angenommen. Bald schon war er in das schöne Mädchen verliebt, was der Mutter der Angebeteten nicht verborgen blieb. Sie bestellte den Junglehrer zu sich und las ihm die Leviten. Was ihm einfiele, sich auch nur im Entferntesten Hoffnung auf ihre Tochter zu machen. Er sei schließlich nur ein Lehrer und solle sich zu seinesgleichen gesellen. Diese frühe Demütigung hat mein Vater wohl nie vergessen können.

Seine Arbeit im Kasseler Magistrat war anstrengend und rieb ihn auf. Ständig kamen Leute zu ihm, die sich beschwerten, und ständig musste er sich für irgendetwas rechtfertigen. Für kurze Zeit war er sogar mal im Gespräch für einen Ministerposten in der Landesregierung in Wiesbaden. Als Alkoholiker, der er war, hatte er aber ein Problem: Er hatte zu viele Feinde im Rathaus, zu viele falsche Freunde, die zu viel von ihm wussten – was letztendlich dazu führte, dass eben diese Kollegen seinen beruflichen Aufstieg verhinderten. Er war ein zutiefst frustrierter Mann – trotz zahlreicher Affären, die in Wahrheit Abenteuer waren, die ihn nicht glücklich machten. Das Schlimmste aber muss wohl für ihn gewesen sein, dass er sich niemandem anvertrauen konnte, einfach, weil es niemanden gab, dem er sich hätte anvertrauen können – nicht einmal meiner Mutter. Und so war er ein Leben lang mit sich allein.

Auch ich hatte schon als Kind das unbestimmte Gefühl, alles mit mir alleine abmachen zu müssen. Schon sehr früh phantasierte ich mich in eigene Welten hinein. Ganze Tage stand ich auf der Eisenbahnbrücke des nahe gelegenen Bahnhofs Wilhelmshöhe und sah den Zügen nach. Ich sah die rußigen Gesichter der zwei schwarz gekleideten Lokführer, sah, wie einer der beiden große Kohlebrocken in den glühenden Schlund des Ofens schaufelte, während der andere den Kopf aus dem Fenster in den Fahrtwind hielt und den Horizont fixierte. Stets wartete ich so lange, bis der Zug hinter einem Hügel verschwunden und sein Rattern und Keuchen verstummt war … Und ich bekam Sehnsucht nach der Ferne.

13

Während meiner Pubertät dachte ich mir oft Geschichten aus. Stundenlang saß ich alleine in meinem Zimmer, tauchte ein in die Welten der Vergangenheit und versuchte die Bilder, die dabei in meinem Kopf entstanden, nachzuspielen. Zum Beispiel war ich ungeheuer fasziniert von allem, was mit der Französischen Revolution zusammenhing. Die flammenden Reden vor dem Konvent, die Danton, Robespierre oder St. Just gehalten hatten, kannte ich ja schon aus Georg Büchners Drama »Dantons Tod«. Ich stellte mir vor, dabei zu sein bei den leidenschaftlichen, hochemotionalen Verhandlungen vor Gericht, bei den Verurteilungen und beim anschließenden endlosen Warten der Delinquenten in finsteren Verliesen auf den Tag ihrer Hinrichtung. Ich baute mir eine kleine Guillotine aus Pappe, installierte eine Rasierklinge als Fallbeil, schnitzte Menschenleiber aus Äpfeln und spielte die Exekution der zum Tode Verurteilten und manchmal sogar ganzer Nonnenklöster nach. Dieses eigentlich abstoßende, unmenschliche Spektakel kannte ich aus dem Kino – und alles, was ich im Kino sah, war für mich ein Abbild des wahren Lebens.

Damals gab es noch das Bali-Kino im Kasseler Hauptbahnhof. Dort konnte man einen Film, so oft man wollte, anschauen – für nur 70 Pfennige. Wann immer ich die Gelegenheit dazu hatte, verbrachte ich meine freie Zeit an diesem Ort, dem Treffpunkt oft seltsamer, lichtscheuer Gestalten, dem Zufluchtsort meiner Jugend schlechthin. Inzwischen war ich sechzehn Jahre alt und hier konnte ich nun das tun, was mir sonst nicht erlaubt war: Ich konnte träumen, mich unerfüllbaren Wünschen und meinen wildesten Phantasien hingeben. Egal ob Western, Schlagerfilme oder italienische Monumentalschinken – selbst grottenschlechte Filme sah ich mir mehrmals an. Das Kino brachte mir bei, wie man eine Frau erobert, wie man sich einer Gefahr mutig entgegenstellt oder wie man sich aus einer brenzligen Situation befreit. Im Kino lernte ich all das, was mir die Schule nicht beibringen konnte …

Szenen wie aus dem Kino erlebte ich auch immer wieder bei uns zu Hause. Mit meinem Bruder schlief ich in einem Zimmer. Eines Nachts erwachte er schreiend wie ein Verrücktgewordener aus einem Alptraum, stieg über mein Bett, sprang durch die Scheibe des geschlossenen Fensters über mir und erwachte auf dem Rasen des Hofes wie aus einer Ohnmacht. Zu Wolfs Glück wohnten wir im Erdgeschoss. Er war unverletzt geblieben und hatte sich nicht einmal geschnitten. Oder das morgendliche Gezeter mit meiner Schwester Gisela, wenn meine Mutter sich anschickte, ihr die mit viel Haarspray sorgsam errichtete Bienenstockfrisur wieder glatt zu bürsten, weil sie ihre Tochter so nicht in die Schule lassen wollte. Wenn sie mit Spucke am Finger versuchte, der sich Wehrenden die Schminke aus dem Gesicht zu wischen, oder wenn sie von ihr verlangte, ihren damals schwer angesagten Petticoat wieder auszuziehen. Auch nicht schlecht das Drama mit Monika, meiner älteren Schwester: Sie hatte mit neunzehn Jahren einen Mann kennengelernt, den sie unbedingt heiraten wollte: einen unglaublich arroganten Schnösel, der krankhaft eifersüchtig war. Nachdem er sich der Familie vorgestellt hatte, rieten alle, auch ich, von der Heirat ab, Monika aber sagte nur: »Ich will doch keine alte Jungfer werden.« Sie setzte also ihren Willen durch und ehelichte einen Banker, der sich schon nach kurzer Zeit dank seiner Raffgier so an der Börse verspekuliert hatte, dass seine angetraute Frau für ihn das Geld verdienen musste. Es folgte eine sieben Jahre während Scheidungsschlacht, in deren Verlauf die Jugendliebe meiner Schwester sogar das gemeinsame Ehebett mit einem Fuchsschwanz zersägte, da er seiner scheidungswilligen Frau nur eine Hälfte ihrer Schlafstatt gönnte.

Was heute beinahe in Vergessenheit geraten ist, war die Angst vor der atomaren Bedrohung Anfang der sechziger Jahre. Die Angst vor den Russen, die einen Atomkrieg beginnen könnten. Der Gedanke an die Katastrophe beherrschte jeden – und ich weiß noch, dass ich in vielen Nächten nicht schlafen konnte, nur weil ich darauf wartete, dass die Sirenen jeden Moment losheulen könnten. Als es 1962 während der Kuba-Krise zum Showdown zwischen Chruschtschow und Kennedy kam, rief mich mein Vater zu sich. »Es gibt wieder Krieg … Und diesen Krieg, mein Junge, werden wir nicht überleben«, sagte er. Selten fühlte ich mich so verloren, denn mein Vater wusste ja mit Sicherheit, wovon er redete. Der Weltuntergang stand bevor und alles würde ein Ende haben. Dass das Leben dann aber doch Ende Oktober 1962 weiterging, kam mir fast wie ein Wunder vor.

In den fünfziger und sechziger Jahren des letzten Jahrhunderts war Kassel die Stadt mit den meisten Beamten in ganz Hessen, eine Stadt, wie sie verschlafener und bürgerlicher nicht sein konnte. Es regierte die Langeweile und das Leben tobte anderswo. Immerhin aber verschaffte mir die ungeliebte Stadt doch ein ganz entscheidendes, weit in die Zukunft weisendes Erlebnis auf der Bühne der Waldorfschule. Und: eine erste erotische Begegnung. Sie hieß Brigitte und war Schülerin in meiner Klasse. Brigitte war das, was man einen heißen Feger nannte, und sie schien sich ihrer Wirkung sehr bewusst zu sein. Mädchen fand sie langweilig, viel mehr liebte sie es, mit den Jungens zu flirten, und jedes Mal, wenn sie sich in den Pausen auf dem Schulhof zu uns gesellte, gerieten die meisten meiner heftig pubertierenden Mitschüler völlig außer sich vor Aufregung. Brigitte zeigte sich gern in engen Hosen und genoss die Reaktionen darauf. Für ihr jugendliches Alter wirkte sie erstaunlich reif und abgeklärt und die sich krampfhaft souverän und abgebrüht gebenden männlichen Heranwachsenden meiner Klasse diskutierten schon bald die Frage, wer den Mut haben würde, ihr den ersten Kuss zu geben. Mir selbst gab ich nicht die geringste Chance, ich war schüchtern und ging davon aus, dass Brigitte sich mit Sicherheit nur für die selbstbewussten Kandidaten interessieren würde. Ich sollte mich täuschen.

Zufällig oder auch nicht tanzten wir auf dem alljährlichen Schulball miteinander – sehr vertraut und sehr eng, und da passierte es: Ich gab und empfing den ersten Kuss meines Lebens.

Noch am selben Abend fragte mich die reizende Brigitte, ob ich denn nicht mal zu ihr nach Hause zum Abendessen kommen wolle. Ihr Angebot versetzte mich in freudige Erregung, gleichzeitig aber bekam ich ein klammes Gefühl. Was hatte sie vor mit mir? War das die schon länger ersehnte Gelegenheit, meine Unschuld zu verlieren? Wir verabredeten uns für den kommenden Freitagabend. Ich war ungeheuer nervös und gut eine halbe Stunde zu früh. Unruhig tigerte ich vor ihrem Haus auf und ab. Endlich war es an der Zeit, bei ihr zu klingeln. Ich betrat die Wohnung – erwartungsgemäß waren ihre Eltern nicht zu Hause – und tatsächlich hatte Brigitte wohl auch etwas für uns gekocht. Im Flur konnte ich einen Blick in das Schlafzimmer werfen, in dem ein frisch bezogenes Bett mit akkurat aufgeschlagener Bettdecke auf irgendetwas zu warten schien. War ich etwa der Auserwählte, mit dem sie die Nacht verbringen wollte? Mit einem Mal kam es mir so vor, als hätte Brigitte alles von langer Hand geplant. Ich fühlte mich plötzlich nicht mehr wohl in dieser Wohnung. Mein Unwohlsein sorgte augenblicklich für einen abrupten Stimmungswechsel in mir und ich sah meine Gastgeberin nun mit anderen Augen an: Während wir ihre selbstgekochte Hühnersuppe löffelten, verwandelte sich die von allen Begehrte in beängstigender Weise in eine zukünftige Hausfrau, die die Sache mit der Unschuld rasch hinter sich bringen wollte, um möglichst schnell zu heiraten und ihr Glück in spießiger Geborgenheit zu finden. Unmittelbar nach dem Essen bedankte ich mich höflich für die Einladung, redete mich umständlich heraus, dass ich noch Schularbeiten zu machen hätte, und ersparte mir so den zweiten Teil des Abends, den ich mir wegen meines noch jugendlichen Alters und meiner Unerfahrenheit einfach nicht zumuten wollte. Wieder zu Hause angekommen, kamen mir dann aber doch Zweifel, ob es wirklich die richtige Entscheidung war, das Abenteuer einer ersten erotischen Erfahrung ausgeschlagen zu haben.

14

Am Kasseler Staatstheater, einem Drei-Sparten-Betrieb, machte ich eine erste Bekanntschaft mit der realen Theaterwelt. Ich hatte mich als Komparse beworben und bekam es mit dem schwulen Statistenführer des Hauses zu tun, der mich mit einem feuchten Händedruck begrüßte. Er hatte ein Froschgesicht und eine irritierend sanfte Stimme und er wählte die jungen Männer, die sich etwas Taschengeld verdienen wollten, nach eigenem Gusto aus. Streng, aber selten gerecht. Und stets lag nach erfolgreicher Vermittlung unausgesprochen die Forderung nach einer Gegenleistung – einer Gefälligkeit, könnte man sagen – in der Luft. Bei mir hielt sich der Mann nach einem einmaligen, allerdings sehr zaghaften Versuch zurück. Ich war der Sohn des Stadtschulrats, und darum verkniff er es sich wohl, seinen unmissverständlichen Wünschen mehr Nachdruck zu verleihen.

Ich agierte in zahlreichen Stücken. Einmal durfte ich den Pagen der Königin in »Don Carlos« von Friedrich Schiller spielen. Vor der Vorstellung begegnete ich den von mir bis dahin immer nur aus weiter Ferne bewunderten Schauspielern des Dramas in der Maske, saß nun neben ihnen und fühlte mich fast schon als einer der ihren. Auf die Frage des Marquis Posa, der sich gerade seinen Bart kleben ließ, was ich denn einmal werden wolle, hörte ich mich leise antworten: »Schauspieler«. Zum ersten Mal hatte ich das öffentlich ausgesprochen. Woraufhin mich der erfahrene Mime spöttisch in Augenschein nahm und mich mit einer Stimme, die sein ganzer Stolz war und die er täglich stundenlang trainierte, fragte: »Schauspieler will er werden …? So, so!«

Nachdem die Beatles auf der ganzen Welt eine geradezu hysterische Begeisterung hervorgerufen hatten, wurde auch ich, wie viele meiner Klassenkameraden, Mitglied in einer Schülerband, die in jenen Jahren wie Pilze aus dem Boden schossen. Ich lernte Schlagzeug und zusammen mit drei weiteren blutigen Anfängern aus meiner Klasse versuchten wir, die Hits unserer aus England stammenden Favoriten nachzuspielen, wie: »Sweets For My Sweet« – »Skinny Minnie« – »Needles And Pins« – »The House Of The Rising Sun«. Schon nach wenigen Wochen wurden wir zu einem sogenannten Beatband-Battle in die Kassler Stadthalle eingeladen und belegten bei einer Teilnahme von 16 konkurrierenden Formationen mit »It's all over now« von den Rolling Stones den immerhin respektablen 7. Platz.

Das war mein erster öffentlicher Auftritt als Musiker und aufgrund meiner scheinbar beachtlichen Fähigkeiten als Schlagzeuger bekam ich das Angebot einer professionellen, damals ziemlich bekannten Kasseler Band, bei ihr einzusteigen. Weshalb ich ernsthaft darüber nachdachte, vielleicht doch Musiker zu werden. Andererseits aber war ich kurz davor, mich in Bochum auf der Schauspielschule zu bewerben, und, vor die Wahl gestellt, entschied ich mich dann doch für die Schauspielerei.

So will ich denn in die Welt gehen,
Und mein Glück machen.
Joseph von Eichendorff

15

Voller Selbstvertrauen reiste ich ins Ruhrgebiet. Ich hatte eine Einladung zum Vorsprechen an der Westfälischen Schauspielschule in Bochum bekommen, und die unerschütterliche Gewissheit, dass eine außergewöhnliche Begabung in mir schlummerte, ließ mich diesem zukunftsentscheidenden Termin gelassen entgegensehen.

An einem verregneten Bochumer Montagmorgen war es dann so weit. Ich wurde in den großen Saal der Schule gerufen und trat vor die Prüfungskommission, die aus lauter älteren Damen und Herren bestand. Ich hatte mir vorgenommen, einen Auftritt von überwältigender Intensität hinzulegen, und wollte mit dem Todes-Monolog des Franz Moor aus Schillers »Räubern« beeindrucken. Dieser Text würde mir die fabelhafte Gelegenheit bieten, einen Sterbenden zu spielen. Ich legte los und steigerte mich in einen fiebrigen Rausch hinein: Ich röchelte, winselte, wälzte mich in Krämpfen am Boden und war gegen Schluss meiner beeindruckenden Darbietung – so jedenfalls kam sie mir vor – einer Ohnmacht nahe. Als mein Franz endlich tot war, passierte erst einmal gar nichts. Dann hörte ich eine tiefe Stimme aus dem dunklen Zuschauerraum: »Nun beruhigen Sie sich mal wieder, junger Mann.« Es war die Stimme des alten Hans Schalla, des Intendanten des Bochumer Theaters, die mich in einem erschreckend nüchternen Tonfall in die Realität zurückholte. Von Begeisterung keine Spur. Obwohl ich mich selber großartig fand, konnten die sechs Damen und Herren der Kommission, die an diesem Schicksalstag immerhin über meine Zukunft zu entscheiden hatten, meinen Eindruck anscheinend nicht teilen. Ehrlich gesagt, war ich davon ausgegangen, dass man mich nach dem Ende meiner Darbietung begeistert beglückwünschen würde. Stattdessen aber bekam ich nur ein höfliches »Dankeschön« und wurde hinausgeschickt, um auf das abschließende Urteil der sich wortkarg gebenden Kommission zu warten.

Nach knapp zwei Stunden banger Ungewissheit rief mich der Direktor dann endlich zu sich in sein Büro. Er hieß Paul Riedy, war mal Oberspielleiter am Wiener Burgtheater gewesen und schon sehr alt. Besorgt sah er auf mich herab, machte eine lange Pause und sagte dann: »Ja … also: Wir haben ausführlich über Sie gesprochen und uns nach langem Überlegen und keinesfalls frei von Bedenken dazu entschlossen, es unter Vorbehalt mit Ihnen zu versuchen!«

»Unter Vorbehalt?« Was hatte das zu bedeuten? Ich hatte bestanden, immerhin – trotzdem schien es innerhalb der Kommission Bedenken gegeben zu haben, die mir meinen Erfolg nicht wirklich gönnen wollten. Das war mir unbegreiflich, weil ich mir sicher war, einen ganz besonderen Eindruck hinterlassen zu haben. »Dieses Urteil kann nur ein Missverständnis sein«, machte ich mir selber Mut, »die werden mich schon noch kennenlernen und aus dem Staunen nicht mehr rauskommen, wenn ich ihnen im Laufe meiner Ausbildung beweisen werde, wie sehr sie sich in mir getäuscht haben!«

Ich fuhr zurück nach Kassel und teilte meinen Eltern mit, dass ich nun sehr bald – ohne Abitur also – eine Ausbildung als Schauspieler machen wollte. Wie vom Donner gerührt, starrten sie mich an, denn ihr in ihren Augen völlig verrückt gewordener Sohn schien es tatsächlich ernst zu meinen. Dass ich mich schon vor Wochen in Bochum beworben hatte und daraufhin zu einem Vorsprechen eingeladen worden war, hatte ich ihnen wohlweislich verschwiegen. Aber nachdem ich die Prüfung nun bestanden hatte, wenn auch nur »unter Vorbehalt«, was ich den Eltern ebenfalls verschwieg, sah ich meine Stunde gekommen.

Meine Mutter brach, wie es zu erwarten gewesen war, in Tränen aus. Sie bebte vor Erschütterung und war durchdrungen von der schrecklichen Gewissheit, dass ich mir mit meiner Entscheidung das eigene Grab schaufeln und meine Zukunft für immer verbauen würde. Mein Vater aber reagierte ganz anders. Er, der doch immer ein vehementer Gegner meines Berufswunschs gewesen war (»Schauspieler? Da kannst du ja gleich Kanalarbeiter werden!«), nickte nur müde mit dem Kopf und sagte: »Dann geh!«, woraufhin meine Mutter aufstöhnte wie ein tödlich verwundetes Tier. Sie fiel auf die Knie und flehte ihn an, sein Einverständnis augenblicklich rückgängig zu machen. Der Vater aber ließ sich nicht beirren und schwieg. Warum nur hatte er so reagiert? Ahnte er vielleicht schon, dass er in nur knapp drei Monaten sterben und meine Zukunft am Theater nicht mehr erleben würde?

Am Tag meiner Abreise brachten mich meine Eltern mit unserem alten Opel Kadett nach Bochum, wo ich ein kleines möbliertes Zimmer mit Waschbecken und Toilette auf dem Flur bezog. Kaum hatten sie mich dort abgeliefert, machten sie sich ohne viele Worte wieder auf den Heimweg. Wie es mir meine Mutter Jahre später einmal anvertraute, verharrten beide noch stundenlang schweigend im Wohnzimmer, nachdem sie zu Hause angekommen waren. Der einzige gemeinsame Sohn hatte das Haus verlassen und nun waren sie wieder mit sich allein. »Unser Leben ist jetzt zu Ende«, sagte mein Vater noch zu meiner Mutter, bevor er sich erhob, um sich ins Bett zu legen.

16

Kurz nach Beginn meiner Ausbildung Im Frühjahr 1967 rief mich mein Vater in der neuen Heimat an. Er war bester Laune und wollte mich unbedingt mit der Mutter besuchen. Wir verabredeten den kommenden Sonntag – gegen 12 Uhr mittags würden sie bei mir vor der Tür stehen. Zum verabredeten Zeitpunkt aber stand nur der Telegrammbote vor der Tür mit einem von meiner Mutter verfassten Telegramm, in dem sie mir den unerwarteten Tod des Vaters mitteilte. Am Tag darauf fuhr ich nach Kassel, um bei seiner Beerdigung dabei zu sein.

Man hatte den erst Fünfundfünfzigjährigen in einem offenen Sarg drapiert und schien versucht zu haben, seine Hände in eine betende Position zu bringen. Offenbar aber war es den Bestattern nicht gelungen, die von einem tödlichen Schlaganfall gelähmten Arme aufeinander zuzubewegen. Die erstarrten Hände standen hilflos in der Luft und konnten nicht zueinander finden. Zwischen ihnen klaffte ein Abstand von gut zwanzig Zentimetern. Wie schon beim Tod meiner Großmutter kann ich mich auch hier nicht mehr an die Reaktionen meiner Geschwister erinnern. Allein der völlig versteinerte Gesichtsausdruck meiner Mutter ist mir noch halbwegs vor Augen. Das Gesicht meines toten Vaters war dunkelblau angelaufen, und als ich ihn so daliegen sah, spürte ich weder Schmerz noch Trauer.

Seltsam unberührt saß ich auch beim Leichenschmaus nach der Beerdigung und sagte kein Wort. Natürlich wunderte ich mich, dass mir sein Tod so wenig nah ging. Wie konnte es sein, dass ich unfähig war, um ihn zu trauern? Meine Gefühle waren wie abgestorben und ich erlebte mich in einem Zustand, den ich mir nicht erklären konnte. Da waren weder Wut noch Verzweiflung – nur eine irritierende Gleichgültigkeit. Schon während des Leichenschmauses dachte ich bereits wieder an meine Zukunft, die Schauspielerei. Ich wollte keine Zeit verlieren, verabschiedete mich noch am selben Abend von meiner Mutter, die meinen überstürzten Aufbruch nicht verstehen konnte, und kehrte zurück nach Bochum.

Später einmal erzählte sie mir, wie schwer es für sie und meinen Vater gewesen sei, eines Tages auch mich, den Jüngsten der vier Halbgeschwister, aus dem Elternhaus entlassen zu müssen. Es soll ja Ehepaare geben, die einen derartigen Einschnitt in ihr Leben als eine Befreiung von der jahrelangen Last der Verantwortung empfinden. Die sich mit Freude wieder auf sich besinnen und Pläne schmieden, um fast vergessene Vorhaben und längst begrabene Träume vielleicht doch noch einmal zum Leben zu erwecken. Bei meinem Vater war das nicht der Fall. Kaum hatte ich als Letzter das familiäre Nest verlassen, war sein Leben für ihn vorbei und er starb. Meine Mutter aber, die nach seinem Tod ganz auf sich allein gestellt war, rappelte sich auf und entfaltete ungeahnte Aktivitäten. Sie fing an zu reisen, besuchte Literaturkurse an der Kasseler Volkshochschule – selbst

Marcel Prousts »Auf der Suche nach der verlorenen Zeit« wurde dort gelesen und besprochen – und knüpfte viele Kontakte und Freundschaften. All das hätte sie sich noch bis vor kurzer Zeit nie zugetraut. Wenn ich sie in den folgenden Jahren ab und an mal besuchte, erkannte ich sie kaum wieder: Sie war staunenswert aufgeblüht und wie von einer schweren Last befreit. Ein Leben lang hatte sie sich meinem Vater und der schwierigen Familiensituation unterordnen und die eigenen Wünsche zurückstellen müssen. Jetzt plötzlich waren ihr gewissermaßen über Nacht zahlreiche unerwartete Gelegenheiten geschenkt worden, um sich noch einmal neu zu finden.

Noch immer trauerte sie um ihren jüngeren Bruder Richard, der Anfang der dreißiger Jahre ein aus tiefstem Herzen überzeugtes Mitglied der Kommunistischen Partei gewesen war. Um sein Leben zu retten, hatte er nach Hitlers Machtübernahme Deutschland verlassen müssen und war nach Moskau geflohen, ins gelobte Land also, in der Hoffnung, dass dort sein Traum von einer gerechteren Gesellschaft in Erfüllung gehen würde. Stalin jedoch ließ ihn als unerwünschtes subversives Element unmittelbar nach seiner Ankunft verhaften und ihn anschließend nach Sibirien in ein Straflager transportieren. In seinem letzten Brief an seine Schwester schrieb er: »Ich bin mir keiner Schuld bewusst, vertraue aber fest darauf, dass die Partei schon wissen wird, warum man mich verhaftet hat.« Der Bruder kehrte nie wieder aus der Verbannung zurück und starb als eines der zahlreichen Opfer Stalins noch vor dem Ende des Krieges.

Ihr anderer, älterer Bruder Walter lebte nach 1946 mit seiner Familie in Halberstadt in der Ostzone, der späteren DDR. Ein harmloser Witz über den Genossen Staatsratsvorsitzenden Walter Ulbricht, den er seinem Frisör erzählt hatte, brachte ihn nach Bautzen. Vier Jahre saß er in dem berüchtigten Gefängnis ein und muss Schlimmes erlebt haben. Nach seiner Entlassung machten seine beiden Kinder einen Fluchtversuch über die Ostsee, wurden aufgegriffen und dann ebenfalls in Bautzen inhaftiert. Sie verbrachten dort zehn lange Jahre ihres Lebens. Nachdem die BRD die Geschwister freigekauft hatte, versuchten sie sich im Westen eine neue Existenz aufzubauen. Die Tochter wurde zur Alkoholikerin bis zur Berufsunfähigkeit, der Sohn verschuldete sich und nahm sich 1969 das Leben.

Im Gegensatz zu meinem Vater, der sich stets geweigert hatte, über seine Zeit unter oder bei den Nationalsozialisten noch vor und dann während des Krieges zu sprechen, war meine Mutter in ihren späteren Jahren dazu bereit, die weniger schönen Kapitel ihres Lebens nicht mehr für sich zu behalten. Besonders eine Begegnung muss sie nachhaltig beeindruckt haben: Mitte der dreißiger Jahre lebte sie als junge Frau in Berlin-Charlottenburg und arbeitete in einer Apotheke. Da ging eines Tages die Tür auf und ein kleiner Mann mit einem Klumpfuß kam herein, hinkte geradewegs auf sie zu und überreichte ihr ein Rezept. »Der hatte einen Blick, mein Junge – faszinierend! Dem konnte man als Frau nicht widerstehen.« Und während ich meine Mutter das sagen hörte, sah ich einen bisher nie wahrgenommenen Glanz in ihren Augen. Der »Bock vom Babelsberg« hatte also auch sie mit seiner offenbar unwiderstehlichen Aura der Macht in seinen Bann gezogen. Auch ihr war es nicht anders ergangen als den vielen kleinen Filmsternchen jener Zeit, die dank der Protektion von Goebbels auf eine große Karriere hofften. Auf meine Frage, ob sie denn nicht wahrgenommen hätte, dass die Nazis schon lange vor dem Krieg damit begonnen hatten, Juden und Kommunisten aus ihren Wohnungen zu holen, um sie zu deportieren und zu töten, antwortete meine Mutter nur: »Weißt du … ich sage es ja nur ungern, mein Junge, aber die Juden, das waren schon sehr fiese Geschäftsleute damals …« Der Führer, wenn er noch lebte, hätte das, was sie da sagte, sicherlich wohlwollend zur Kenntnis genommen.

17

Zu Beginn des ersten Semesters auf der Schauspielschule fühlte ich mich in meiner Klasse sehr isoliert. Im täglichen Gruppenunterricht saßen wir auf Stühlen in einem großen Kreis und machten unterschiedliche gruppendynamische Entspannungsübungen. Ich trug fast immer einen hellblauen Jeansanzug, hatte lange blonde Haare und war ständig darum bemüht, einen möglichst unnahbaren Eindruck zu machen. Aus purer Angst davor, dass man mir meine Unsicherheit ansehen könnte, mimte ich den Flegel, der sich betont lässig auf seinem Stuhl lümmelte, provozierende Blicke verteilte, sich demonstrativ desinteressiert gab und niemanden an sich heran ließ. So hatte ich dann selbst dafür gesorgt, dass man mich für einen Proll hielt, für einen Angeber und Schlägertypen, dem man besser aus dem Weg ging. Nach ungefähr einem halbem Jahr wurde es mir einfach zu anstrengend, mich ausschließlich mit meiner Außenwirkung zu beschäftigen und ständig abgebrühte Souveränität zu demonstrieren. Von einem Tag auf den anderen beendete ich das Rollenspiel, gab mich nahbarer, und prompt erweckte ich das Interesse und die Neugier fast aller meiner Kommilitonen.

Was ich schon am Kassler Staatstheater erlebt hatte, wiederholte sich auch auf der Schauspielschule. Ich saß mit einem nur wenige Jahre älteren Kollegen in der Kantine und wir waren zufällig die Einzigen, die sich hier aufhielten. Mitten im Gespräch fixierte er mich plötzlich mit einem eigenartigen Blick und sagte: »Tu doch nicht so ... gib es einfach zu!« Ich hatte keine Ahnung, was er von mir wollte, und bat ihn, sich näher zu erklären. Woraufhin mein Gegenüber mir eröffnete, dass ich ganz klar schwul sei, aber das nicht zugeben wolle. Ich solle doch dazu stehen, war sein Rat, mit dem er das Gespräch beendete.

Während meiner dreijährigen Ausbildung an der Bochumer Schauspielschule habe ich kaum etwas für meinen späteren Beruf gelernt. Meine Lehrer waren – mit nur wenigen Ausnahmen – gescheiterte Existenzen, die es gerade noch geschafft hatten, sich kurz vor ihrem beruflichen Aus an den Rettungsring eines Lehrauftrags zu klammern, um das, was sie zu vermitteln imstande waren, an den Nachwuchs weitergeben zu dürfen. Im Rollenstudium unterrichtete mich eine Dame, die viel zu viele Jahre ihres Lebens in Konstanz verbracht hatte und nie über das Dasein einer Provinz-Duse hinausgekommen war. Ihre Jahre am dortigen Theater waren der Fundus all ihrer Erfahrungen und ihr dort erworbenes Wissen um die Kunst der Schauspielerei gab sie nun an den Nachwuchs weiter.

Eines Tages wollte sie mir anhand der Rolle der »Elektra« aus Sartres gleichnamigem Stück demonstrieren, wie man einen Ausbruch zu spielen habe. Ich Iieß ihren Versuch über mich ergehen und wusste nicht, wie ich darauf reagieren sollte, denn ich glaubte ihr nichts. Keine ihrer heftigen, wo auch immer hergeholten Gefühlskaskaden, keine ihrer Sätze konnten mich überzeugen – alles war aufgesetztes Bemühen und sinnloses Beteuern. Ein Wunschkonzert nicht vorhandener und verzweifelt herbeigesehnter Emotionen. Beigebracht hat mir die im Grunde bedauernswerte Dame eigentlich nur, wie man einen Ausbruch besser nicht spielen sollte.

Der Stimmbildnerin, die mich unterrichtete, konnte man ansehen, dass sie einmal eine sehr attraktive Frau gewesen sein musste. Nun aber war aus der Schönheit eine in die Jahre gekommene Alkoholikerin geworden. Ihr Gesicht war voller Risse und roter Flecken und in ihren Augen flackerte eine tiefe Traurigkeit. Ich habe sie sehr geschätzt, denn sie hatte das Problem mit meiner damals viel zu hohen Stimme erkannt: »Sie benutzen Ihr Zwerchfell ja gar nicht, Menschenskind nochmal!«, rief sie, als ich einmal mehr in einer Übung, die meine Stimme kräftigen sollte, kläglich versagte.

Mein Zwerchfell lag brach aus einem einfachen Grund – ich hatte es in meinem bisherigen Leben nie benutzt. Und ich ahnte auch, warum: In meiner Familie wurde in der Regel mit leisen, ihre Kraft unterdrückenden Stimmen gesprochen. Die cholerischen Wutanfälle meines Vaters waren die Ausnahme und selbst mein Bruder Wolf attackierte meine Mutter fast immer nur mit einer gefährlich klingenden Flüsterstimme. Was mich betrifft, kann ich mich an kein einziges lautes Wort meinerseits erinnern, an keine Situation, in der ich meinen Zorn einmal laut zum Ausdruck gebracht hätte. Selbst als Pubertierender hatte ich den Drang zu heftiger Rebellion stets unterdrückt – wahrscheinlich, weil mein Bruder Wolf dieses Terrain für sich beschlagnahmt hatte.

Nun also ging es darum, meine ureigenste Stimme, die bisher weder mir noch sonst jemandem zu Ohren gekommen war, aus ihrem Tiefschlaf zu erwecken – und dank der unbeirrbaren Ausdauer meiner strengen Lehrerin sollte mir das im Laufe vieler Monate auch tatsächlich gelingen. Dafür bin ich Frau Schönbach bis heute dankbar.

18

Unser Gymnastiklehrer Klaus Boltze war ein kleines kahlköpfiges Männchen mit kugelrunder Wampe und einer riesigen Adlernase in einem stets aufgedunsenen Gesicht. Täglich ab 7 Uhr morgens erwartete er uns, den hoffnungsfrohen Nachwuchs der Schule, zum Körpertraining, um uns an der Ballettstange zum Schwitzen zu bringen. Für alle sofort erkennbar war er homosexuell – ein waschechter 175ger, wie man damals sagte –, was 1967 für einen Lehrer einer staatlichen Schule nicht unproblematisch war. Der Paragraph 175, der gelebte Homosexualität unter Strafe stellte, hatte noch Gültigkeit, und es wäre uns ein Leichtes gewesen, unseren Herrn Boltze zu denunzieren und ihm das Leben schwer zu machen. Keiner von uns aber wollte das. Wir gaben uns tolerant, auch wenn er bei der allmorgendlichen Gymnastik immer wieder gern und auch etwas zu

oft an uns männlichen Eleven herumgrabschte, um mit pädagogi-
scher Beflissenheit Korrekturen an der einen oder anderen Becken-
haltung vorzunehmen.

Eines Abends lag er hilflos betrunken in unserer Umkleidekabine.
Er wirkte auf erschütternde Weise verloren. Bei Gustav Gründgens,
den er bei jeder sich bietenden Gelegenheit erwähnte, war er noch
während des Krieges als Anfänger engagiert worden, um sich in den
Jahren danach an mittelgroßen Theatern mit eher kleineren Rollen
durchzuschlagen. Er war einer derer, denen es im Alter gelungen
war, die letzten Jahre des Berufslebens als Pädagoge arbeiten zu dürfen. Er gab sich große Mühe, denn es war ihm ein aufrichtiges Anliegen, uns gewissenhaft auf unseren Beruf vorzubereiten. Aber für uns
war er ein Mann von gestern, der in sentimentalen Erinnerungen
an eine Zeit schwelgte, die uns einzig unter nostalgischen Aspekten
interessierte. Er war ein einsamer Mensch, der sich einfach nur nach
Anerkennung sehnte, und immer, wenn wir ihm den Gefallen taten
und ihn ein bisschen bewunderten, machte ihn das glücklich.

Als ich den kleinen Mann in unserer Dusche am Boden liegen sah,
ging mir ein unangenehmer Gedanke durch den Kopf: Dass meine
Ausbildung mich zwangsläufig zu einem erfolgreichen Schauspieler machen würde, war keineswegs sicher, zumal es ja auch die Option gab, keine Karriere zu machen und glanzlos zu scheitern. Und
selbst wenn es mir tatsächlich gelänge, irgendwann einmal Erfolg
zu haben, wäre das noch lange keine Garantie dafür, dass ein damit
verbundener Höhenflug von Dauer wäre. Zum ersten Mal dachte
ich darüber nach, was wohl aus mir werden würde, falls sich meine
Träume in Luft auflösen sollten – wenn am Ende meines Lebens
nichts als Enttäuschung und Ernüchterung übrig blieben. Einen sogenannten Plan B hatte ich nicht und ich war auch nicht bereit, über
einen solchen nachzudenken. Die mahnenden Worte meiner Eltern
kamen mir in den Sinn, aber einen Weg zurück gab es nicht. Ein
Weg zurück war keine Option.

In der ersten Zwischenprüfung nach Beginn der Ausbildung überraschte ich meine Lehrer und Kommilitonen mit der Darstellung einer gequälten, an sich selbst leidenden Figur von Gerhard Hauptmann, dem Arnold aus seinem Künstlerdrama »Michael Kramer«. Dass ich die innere Zerrissenheit und den stummen Schmerz eines hochneurotischen, sensiblen Menschen zum Ausdruck bringen konnte – das hatte mir keiner an der Schule zugetraut. Ausnahmslos alle waren angetan und gratulierten mir. Einige meiner Mitschüler gingen sogar so weit, mir eine große Karriere am Theater zu prophezeien. Das erstaunte mich, ehrlich gesagt, nicht sehr, da ich trotz meiner steten inneren Unsicherheit immer von meinem besonderen Talent überzeugt war … Allerdings wusste ich auch, dass dieses Talent gerade erst erwachte und ich mich in Geduld würde üben müssen.

19

In meinem ersten Semesterurlaub trampte ich mit Wolfgang Brunner, meinem alten Schulfreund aus Kasseler Tagen, nach Irland. Wir starteten an der Autobahnausfahrt in Kassel und hielten den Daumen in den Wind, was uns bis nach Ostende brachte. Mit dem Schiff ging es von dort über den Kanal bis nach Dover, danach trampten wir weiter bis Stanford-le-Hope, einem Vorort von London, wo wir bei meiner Tante Ulla, der Schwester meines Vaters, Zwischenstation machten. Meine herzensgute Tante empfing uns wie kleine Könige und verwöhnte uns gleich am ersten Morgen mit »Ham and Eggs«, dem klassischen, kalorienreichen englischen Frühstück. Bester Laune und pappsatt machten wir uns auf den Weg nach London.

Der Zufall wollte es, dass wir noch am selben Nachmittag Karten für ein Konzert der Rolling Stones im Londoner Palladium bekamen. Was wir dort erlebten, hätte ich mir selbst in meinen kühnsten Phantasien nicht vorstellen können. Kaum waren die Stones auf der Bühne, brach ein Geschrei aus, bei dem man nichts mehr von dem, was die Band spielte, hören konnte – sie hätte es ebenso gut lassen können. Es kam zu zahlreichen dramatischen Ohnmachtsanfällen sehr junger Mädchen, die aus dem Saal getragen werden mussten, und auf ihren frei gewordenen Sesseln konnte man sehen, dass sie sich in ihre Höschen gemacht hatten. Die Atmosphäre im Saal war unbeschreiblich, und als Mick Jagger gegen Ende des Konzerts seine Jacke ins Publikum schleuderte, drohte eine Panik auszubrechen.

Am Abend darauf sahen wir – der Zufall meinte es gut mit uns – die Beatles im Fernsehen in der Live-Show »Blackpool-Night-Out«. Paul McCartney trat allein vor den Vorhang und performte zum ersten Mal »Yesterday«, ein wirklich schönes Lied, dem ich damals seltsamerweise nur wenig abgewinnen konnte. Anderntags fuhren wir in das berühmte Seebad Southend-on-Sea, wo wir in einer klassischen Music-Hall direkt auf der Strandpromenade und unter lauter englischen Touristen ein Konzert von »Cliff Richard and The Shadows« besuchten, einer damals sehr populären Formation mit ihrem legendären, von mir heiß geliebten Hit »The Young Ones«. Wie auf so viele meiner Generation haben die englischen Bands der sechziger Jahre auch auf mich großen Eindruck gemacht. Was sie spielten, klang nach Aufbruch und vermittelte ein Lebensgefühl, das mit den Konventionen meines bürgerlichen Daseins brach, das mich der Obhut meiner Eltern entzog und mich das wilde, freie Leben erahnen ließ. Der sehr spezielle Gitarren-Sound der »Shadows« trug übrigens entscheidend dazu bei, dass ich mich eines Tages selber mit dem Gitarrenspiel beschäftigen sollte …

Zwei Tage später trampten wir dann Richtung Norden bis nach Gretna Green, eine winzige Gemeinde und der ultimative Sehnsuchtsort minderjähriger verliebter Paare, die hier ohne Erlaubnis ihrer Eltern heiraten durften. In Gretna Green verharrten wir tage-

lang im Regen, weil nicht ein einziger Fahrer bereit war, uns mitzu-
nehmen. Wir hatten kein richtiges Zelt, sondern nur eine einfache
Plane im Gepäck und schliefen nachts auf einer Wiese, auf der tagsüber Kühe grasten. Schon vor beginnender Dunkelheit stülpten wir
die Plane über einen Ast, den wir zuvor irgendwo abgebrochen und
in den weichen Boden gerammt hatten. Der ständige Regen sorgte
für wenig Schlaf und ging uns bald gewaltig auf die Nerven.

Endlich – nach drei Tagen unter Wasser – kam dann doch noch
ein Laster vorbei, dessen Fahrer uns bis zur Überfahrt nach Belfast
mitnahm. Trotz des Sauwetters war der gute Mann, ein Ire, bester
Stimmung und erzählte uns Geschichten, die wir nicht verstehen
konnten, weil er Gälisch sprach – was ihn aber nur wenig zu irritie-
ren schien. Von Belfast aus trampten wir dann einmal rund um die
Insel – immer an der Küste entlang. Das raue Klima des Landes, das
üppige Grün, der stets wolkenbedeckte Himmel, die Mentalität der
Iren, ihre meist gute Laune und ihr unverbesserlicher Optimismus –
all das war von besonderer Qualität. Ich begeisterte mich für ihr
Lachen, ihre Musik und auch für ihre Trinkgewohnheiten, die wir
uns, allerdings immer erst gegen Abend, rasch zu eigen machten: Zu
Beginn einen Paddy, einen Whiskey also, der die Kehle erhitzt – und
danach zum Ablöschen ein frisch gezapftes, eiskaltes Guinness. »That
makes you believe that you are in heaven!«, war das geflügelte Wort
zahlloser Kneipenbesucher, auf die wir überall trafen und von denen
wir großzügig und niemals Widerspruch duldend zu immer neuen
Getränken eingeladen wurden: »Where du ya cum from?« – »From
Western Germany.« – »Goodness gracious! Forgive mey and let me
tell you: Hitler was ai mistaik – but the Germans are the greitest
people in the world!« Damals gab es noch Kneipen, in denen sich
schwere Trinker in kleine separate Kabinen einschließen ließen, um
sich ungestört volllaufen zu lassen und alte irische Lieder zu singen.

Wir begegneten den unglaublichsten Gestalten: Männern, die
tagsüber im Schlachthof arbeiteten und nachts vor einer Bar als

Rausschmeißer die Tür machten und damit prahlten, dass sie pro Nacht mindestens drei Frauen abschleppen würden. Den Schlachthof besuchten wir übrigens auch. Dort wurde geschlachtet wie im Mittelalter – auf einfachste robuste Art und Weise. Nie wieder habe ich eine Belegschaft so fröhlich bei der Arbeit gesehen. So absurd es auch klingen mag, der Vorgang des Tötens schien ein lustvoller zu sein, der sich im Einklang mit den Tieren befand – lustvoll im Sinne von: mit Freude im Herzen, das Notwendige zu tun.

Wir machten in den Pubs die Bekanntschaft wunderhübscher junger Mädchen, die uns zu sich nach Hause einluden. Kaum aber saßen wir in ihrem Wohnzimmer, eröffneten sie uns, dass sie streng katholisch seien. Sie sprachen über den Papst und ihre Jungfräulichkeit und hielten sich uns so vom Leibe. Wir fühlten uns an der Nase herumgeführt, denn zu Beginn des Abends meinten wir völlig andere, unverblümt eindeutige Signale von ihnen empfangen zu haben. Schließlich begannen die seltsamen Schönheiten auch noch zu singen:

»I never will marry
I'll never be no ones wife
I'm used to stay single
Till the end of my life.«

Wir übernachteten immer außerhalb von Ortschaften unter freiem Himmel, und ständig waren wir durchgefroren und nass bis auf die Unterhosen. Wir schliefen schlecht und schlotterten vor Kälte, holten uns Flöhe, die uns so lange piesackten, bis wir uns genervt die Kleider vom Leib rissen und in die aufgewühlte, eiskalte Brandung des Nordatlantischen Ozeans sprangen – was unsere lästigen Begleiter aber erstaunlicherweise überlebten. Trotz alledem habe ich jeden Tag genossen. Es war ein unglaublicher, einzigartiger Trip – noch heute denke ich immer wieder gern an dieses wunderschöne Land zurück und an die außergewöhnlichen Menschen, denen wir begegnet sind. Einmal schlief ich in frischer Luft vierzehn Stunden durch – sage und schreibe vierzehn Stunden. Als ich erwachte, fühlte ich mich wie neu und unverbraucht … wie ein Mensch, der alles noch vor sich hat.

20

Nach einem Jahr auf der Schauspielschule kamen die zahlreichen Bewerber für den neuen Jahrgang zum Vorsprechen. Die teils sehr verunsicherten Kandidaten wurden von den alten Hasen des Instituts – zu denen nun auch ich mich zählen durfte – mit Skepsis in Empfang genommen. Wir gaben uns fürsorglich und fragten die Neuen, was sie denn vorbereitet hätten und womit sie die Kommission zu überzeugen gedächten. Die daraufhin genannten Rollen samt den entsprechenden Textpassagen kannten wir selbstredend aus dem eff eff und natürlich ließen wir es uns nicht nehmen, den aufgeregten Kandidaten den zu erwartenden Erfolg bzw. Misserfolg ihres Vorhabens auszumalen.

Unter den Neuzugängen war ein hübsches Mädchen mit schwarzen Haaren und großen Augen, in das ich mich auf Anhieb verliebte. Sie sprach Französisch und auch aufgrund ihrer äußeren Erscheinung konnte man sie für eine Französin halten. Aufgewachsen aber war sie in Baden-Baden – als Tochter wohlhabender Eltern. Wir kamen uns rasch näher und schon bald stellte sich heraus, dass sie gewisse Erfahrungen, die mir erst noch bevorstehen sollten, bereits hinter sich hatte. Es kam, wie es kommen musste: Wir landeten in ihrem Bett – und ich versagte auf ganzer Linie. Was für ein Alptraum! Was für ein Desaster! Was für eine entsetzlich peinliche, unerträgliche Situation! Selbst ihre so sanften wie beharrlichen Versuche, mich zu beruhigen, konnten mich nicht trösten. Verzweifelt, außer mir und völlig entmutigt verabschiedete ich mich von ihr und wollte nur noch alleine sein.

Ich sehe mich noch am Morgen danach, wie ich nach einer endlosen schlaflosen Nacht, die ich, wie von aller Welt verlassen, in meiner trostlosen möblierten Behausung verbracht hatte, auf die große Eisenbahnbrücke in der Nähe der Schule zugehe – matt, mit gesenktem Kopf und fest entschlossen, über den Brückenrand zu klettern, um mit einem Sprung in die Tiefe meinem verunglückten Dasein ein Ende zu bereiten. Mein Leben war ja sinnlos geworden, da mir das, was doch das Schönste auf der Welt sein sollte, versagt geblieben war. Nach langem Zaudern fehlte mir letztendlich aber der Mut, mein Vorhaben in die Tat umzusetzen, und so trollte ich mich mit trübem Herzen und noch viel trüberen Gedanken zurück in mein einsames Zimmer, wo ich, den Rest des Tags auf dem Bett liegend, gegen die Decke starrte und auf irgendeine Eingebung hoffte. Die aber wollte nicht kommen. Schließlich fand ich Trost in der Vorstellung, vielleicht doch nicht der einzige Unglücksrabe auf dieser Welt zu sein, der wegen Versagens in der Liebe seinem Leben ein Ende setzt – und ich erinnerte mich daran, dass selbst der große Goethe über derlei Probleme ausgiebig geklagt hatte. Glücklicherweise gab mir Sabine, so hieß die Zeugin meiner ersten, verunglückten Liebesnacht, noch eine zweite Chance und wir wurden für die Dauer unserer Ausbildung ein Paar – allerdings weiterhin in getrennten Wohnungen.

Meine Bude war eigentlich nur ein vorübergehender Unterschlupf für die Nacht. Tagsüber mied ich diesen Ort, an dem ich mich nur in absoluter Dunkelheit und auch dann nur einigermaßen wohl fühlte. Die Vermieterin meines Zimmers war eine vom Leben und wohl auch von der Liebe enttäuschte Frau, deren Alter nur schwer zu schätzen war. Sie hatte eine natürliche Autorität und legte großen Wert auf Anstand und ein störungsfreies Verhalten der Hausbewohner. Das allerdings stand im krassen Gegensatz zu dem, was ihr eigener, halbwegs erwachsener Sohn ihr antat: Jede Nacht, die Gott werden ließ, kam der fettleibige Kerl sturzbetrunken nach Hause, randalierte im Flur und sorgte dafür, dass die schlafenden Bewohner des Hauses ein ums andere Mal fast aus ihren Betten fielen. Dieses sich ständig wiederholende nächtliche Drama hatte den Kummer meiner unglücklichen Vermieterin, die, wie sie sagte, schon seit Längerem unter Bluthochdruck und Herzbeschwerden litt, stetig wachsen lassen. Sie tat mir leid, wenn sie mich bei einem zufälligen Treffen im Treppenhaus ansprach und den Versuch unternahm, das ungehobelte Verhalten ihres Sprösslings zu entschuldigen.

Damenbesuche waren strengstens untersagt, da ließ die Vermieterin nicht mit sich spaßen und ich musste mir etwas einfallen lassen, wie ich den nächtlichen Aufenthalt meiner Freundin verheimlichen konnte. Und tatsächlich fiel mir auch etwas ein: Nach gemeinsam verbrachter Nacht kam ich frühmorgens immer als Erster aus meiner Tür, betrat den Flur und simulierte vor dem dort angebrachten Waschbecken bei laufendem Wasserhahn laut prustend die unterschiedlichsten Waschgeräusche. Und während ich mich also scheinbar gründlich wusch, sah ich aus den Augenwinkeln, wie Sabine auf leisen Sohlen aus meinem Zimmer kam und hinter mir die Treppen des Flurs hinunterschlich, die – trotz ihres sorgfältigen Bemühens, Lärm zu vermeiden – stets entsetzlich knarrten.

21

Eine völlig neue Erfahrung für mich war das allabendliche Besäufnis der künftigen Bühnenkünstler in großer Runde. Ins Leben gerufen hatten das die Schüler der Klasse über mir. Alle waren sie bei der Bundeswehr gewesen und alle hatten freiwillig und aus Überzeugung gedient. Mir war der Bund durch günstige Umstände bisher erspart geblieben. Abend für Abend saßen die zu fortgeschrittener Stunde restlos benebelten ehemaligen Kameraden beieinander und tauschten Erinnerungen aus. Sie grölten, lachten und erzählten sich lallend die übelsten Zoten. Brachiale Wettbewerbe wurden veranstaltet – zum Beispiel das Stiefeltrinken: Ein Stiefelglas, randvoll mit Bier gefüllt, musste in einem Zug geleert werden, ohne dass man zwischendurch Luft holen durfte. Eine Herausforderung, die nur die bestanden, die diese Tortur vorher schon ausgiebig geübt hatten. Schaffte man es nicht in einem Zug, verursachte das ein Gluckern im Glas und man musste die nächste Runde bezahlen. Noch brachialer ging es zu beim Wettbewerb: Wer ist der Letzte, der noch steht? Schnaps wurde bis zum Abwinken ausgeschenkt und wer als Letzter noch aufrecht im Lokal stehen konnte, hatte gewonnen.

Schauplatz dieser grauenhaften Rituale war unser Stammlokal, eine urgemütliche westfälische Bierkneipe, die »Bei Anneliese« hieß. Die grundgütigen Wirtsleute waren Bochumer aus Überzeugung und wunderbar nachsichtige, liebenswerte Menschen. Ich mochte ihren Humor und ihre zutiefst sympathischen, manchmal aber auch ziemlich ruppigen Umgangsformen. Bei ihnen fühlte ich mich bestens aufgehoben und ihr Lokal wurde im Laufe der Zeit zu meinem eigentlichen Zuhause.

Eines Abends saß ich, wie immer nicht ganz nüchtern, am Tresen und machte mich lustig über einen unscheinbaren Gast neben mir, der sich die Seitenhaare über die Glatze gekämmt hatte, womit er aber seinen Makel nicht verbergen konnte. Stumm ließ er meinen Spott über sich ergehen. Am Abend darauf lauerte der schwer Gekränkte mir heimlich vor der Kneipe auf. In einer dunklen Ecke neben dem Eingang wartete er auf mich, und als er Schritte hörte, die ihm mein Kommen signalisierten, schlug er mit einer Eisenstange zu. Zu meinem unfassbaren Glück hatte der Rächer in eigener Sache einen anderen mit mir verwechselt. Und das bedauernswerte unschuldige Opfer seiner Vergeltung landete mit gebrochenem Kiefer im Krankenhaus.

Mit Ignaz Kirchner, einem Mitschüler aus der Klasse unter mir, ging ich regelmäßig in den »Wienerwald«. Ignaz bereitete es immer wieder aufs Neue ein großes Vergnügen, mir beim Verspeisen eines Hähnchens zuzuschauen. Er meinte, noch nie einem Menschen mit einem derart sinnlichen Appetit beim Essen begegnet zu sein. Und weil er so viel Spaß hatte, mir dabei zuzusehen, spendierte er mir meist noch eine zweite Mahlzeit – damit ich ihn abermals mit dem Verzehr eines braun gebrannten Gockels erfreuen konnte. Im Gegenprogramm durfte ich meinen Gönner dann dafür bewundern, wie er ganze Gläser zerbiss und das zerkaute Glas tatsächlich auch hinunterschluckte. Das konnte dauern. Kaum aber hatte er seine ungewöhnliche Mahlzeit beendet, lehnte er sich mit schiefem Gesicht und aufgeplatzten Lippen zurück, sah aus wie ein räudiger Köter im Blutrausch und freute sich über mein ungläubiges Staunen. So verbrachten wir viele Tage miteinander.

Ignaz, der leider schon gestorben ist, war einer der merkwürdigsten Schauspieler, denen ich in meinem Leben begegnet bin. Etwas unförmig von Gestalt war er ein übergewichtiger Pykniker mit einer Nickelbrille auf der Nase, der stets etwas Zerknautschtes an sich hatte. Er war hochintelligent, aber auch ungeheuer empfindlich und konnte extrem bösartig werden. Über viele, viele Jahre hatte er nur kleine Rollen gespielt, weswegen er sich auch ständig unterschätzt fühlte. Trotz alledem: Ignaz ließ sich nie entmutigen und schaffte es schließlich mit beachtlichem Fleiß und einem beeindruckenden Biss bis ans Burgtheater, wo er im Alter große Rollen an der Seite von Gert Voss spielte.

Als Studierende bekamen wir schon bald die Gelegenheit, am Schauspielhaus Bochum in kleineren Rollen aufzutreten. Das waren allererste Kontakte zu einer Welt, der ich einmal angehören wollte, und ich machte Bekanntschaft mit einer extrem hierarchischen Struktur und einem Chef an der Spitze, vor dem alle zitterten. In meinem Falle war es Hans Schalla, der schon bei meinem Vorsprechen dabei war – ein Nachkriegs-Theaterhaudegen, der seine Untergebenen täglich neu das Fürchten lehrte. Auf den Proben sprach oder brüllte er in ein Mikrofon auf seinem Regiepult, sodass seine Regieanweisungen über Lautsprecher kamen. Sie waren Kommandos wie auf dem Kasernenhof und beschränkten sich auf: «Lauter! … Leiser! … Deutlicher! … Mehr rechts! … Mehr links!« Oder sogar, während einer schwierigen Textpassage eines nervös gewordenen Darstellers: »Intellektueller … du Arschloch!« Und wehe, irgendjemand wagte es, den Chef mit einer unbequemen Frage zu belästigen. »Denkende Schauspieler kommen nach Koblenz«, pflegte er dann zu sagen und meinte damit die Provinz. Schauspieler hatten zu gehorchen – das war das damals ungeschriebene Gesetz am Theater. Niemals werde ich den Anblick eines völlig verängstigten Kollegen vergessen. Während einer Probe saßen wir gemeinsam hinter der Bühne – und er war kurz vor seinem Auftritt. Panisch memorierte er immer und immer wieder seinen Text, denn er wusste: Gleich ist es so weit, gleich muss ich raus ins ungewisse Stahlgewitter. Der rohe Bühnenalltag war ein Schock für mich und ließ mich all meine idealistischen Hoffnungen und Träume vom Theater über Bord werfen. Am Abend saß ich dann »Bei Anneliese« und trank bis in den frühen Morgen tapfer gegen meinen Kummer an. Um die Mittagszeit dann: keine Erkenntnis – aber einen Höllenkater.

Nach dem Ende des dritten Ausbildungsjahres hatten sich alle Absolventen meiner Klasse zu einem gemeinsamen Abschiedsabend verabredet. Wir trafen uns bei Irma. Irma war in den Sommerferien in Griechenland gewesen und hatte eine Platte von Leonard Cohen mitgebracht, den zu der Zeit noch niemand von uns kannte. Die wohlige Melancholie seiner traurigen Lieder, die an diesem Abend so unglaublich wahr und bedeutungsschwer klangen, lullte uns ein, wir tranken griechischen Ouzo und selbst die, die normalerweise nur wenig zu Gefühlsduselei neigten, gaben sich einem tränenreichen

Abschiedsschmerz hin. Denn wir alle wussten ja, dass wir uns wahrscheinlich nie mehr wieder sehen würden.

Mein erstes Engagement führte mich nun nach Wuppertal, der Stadt mit der legendären Schwebebahn.

Wer beginnt, kann hoffen.
Stefan Fuller

22

Auf Vermittlung von Horst Laube, einem Freund meines Bruders, war ich von der Leitung des Wuppertaler Theaters zu einem Vorsprechen eingeladen worden. Laube kannte Wolf noch aus Studententagen und hatte offenbar mitbekommen, dass es noch einen kleinen Bruder gab, der auf Engagementsuche war. Ich kam, sah und enttäuschte – wieder einmal, als es um alles ging. Wieder war es Franz, die Kanaille, der aalglatte Bösewicht aus Schillers »Räubern«, mit dem ich brillieren wollte. Erneut versagte ich vor lauter alten Theaterhasen, denen die unzählig vielen Vorsprechen, die sie in ihrem Leben über sich haben ergehen lassen müssen, ins Gesicht geschrieben standen. Und wieder einmal erntete ich statt der erhofften Begeisterung ein langes, geradezu betretenes Schweigen. Im Anschluss an den verpatzten Auftritt musste ich fast zwei Stunden in der Kantine des Theaters warten. Mir schwante Böses. Endlich kam Horst Laube, der Chefdramaturg des Hauses. Er setzte sich zu mir an den Tisch und fragte mich, ob er mir ein Bier spendieren dürfe – was ich dankend annahm. Dann war der Augenblick der Wahrheit nicht mehr zu umgehen und als Beauftragter der Chefetage teilte der Freund meines Bruders mir behutsam mit, dass man sich leider nicht zu meinen Gunsten habe einigen können. Was sollte nun werden?

Todunglücklich saß ich im Zug zurück nach Bochum und rätselte, welche beruflichen Optionen mir nach meinem ersten Versuch, am Theater Fuß zu fassen, noch blieben – und kam zu keinem Ergebnis. Wuppertal war ein katastrophaler Fehlschlag für mich. Bevor ich auch nur ansatzweise begonnen hatte, war ich schon am Ende. Und dennoch: Obwohl ich mir nichts vormachte und die schmerzliche Wahrheit einer Zurückweisung zuließ, war mir der Glaube an eine Zukunft am Theater noch immer nicht abhandengekommen. Wie ein Tier, das sich bei Gefahr einfach tot stellt, wartete ich ab und ließ die Zeit vergehen. Irgendetwas würde schon passieren.

Und tatsächlich, das Wunder geschah. Nur wenige Tage nach dem missglückten Vorsprechen rief mich Arno Wüstenhöfer an, der Intendant des Wuppertaler Theaters. In einem langen, erstaunlich offenen Telefonat überraschte er mich mit der Mitteilung, dass ich nun doch noch engagiert worden sei. Um seinem Oberspielleiter Günther Ballhausen, der anscheinend nichts mit mir anzufangen wusste, eins auszuwischen, hatte er den negativen Bescheid höchstpersönlich rückgängig gemacht. »Da war etwas in deinen Augen, mein Junge, das dem Ballhausen offensichtlich entgangen ist. Ich habe schon viele kommen und gehen sehen, du aber bist etwas ganz Besonderes. Schon nächste Woche beginnst du mit den Proben für die Eröffnungspremiere.« Ich war sprachlos, denn das war nun wahrlich eine Botschaft des Himmels, und ich kann mich nicht erinnern, was ich damals als Antwort in den Hörer stotterte. Restlos überwältigt konnte ich mein Glück kaum fassen.

Meine wichtigste Rolle in Wuppertal war der Edgar in Shakespeares »König Lear« …. Der große und schon betagte Bernhard Minetti spielte die Rolle des greisen Königs als Gast und der damals noch sehr unerfahrene Claus Peymann, der vom Studententheater kam und mich in einem Vorgespräch vorsorglich informiert hatte, dass ich damit klarzukommen hätte, dass er Anarchist sei, war mit der Regie beauftragt worden.

Um mich auf den Edgar vorzubereiten, fuhr ich mit meinem alten VW, Baujahr 1957, den ich einem Kollegen für 50 DM abgekauft hatte, hinaus in einen nahe gelegenen Wald, um dort in freier Natur die Rolle zu üben. Edgar tut so, als sei er geradewegs verrückt geworden – also probierte ich aus, wie ich mich als Verrückter bewegen und verhalten würde.

Auf Waldspaziergänger muss das eine recht verstörende Wirkung gehabt haben, denn irgendwann bemerkte ich, wie ein paar von ihnen in weiter Ferne stehen geblieben waren, mich misstrauisch beobachteten und sich nicht trauten, auf mich zuzugehen. Offenbar vermuteten sie, dass ich ein aus dem Irrenhaus entflohener Patient sei, der im Wald sein Unwesen trieb.

Minetti mochte mich. Da hatte ich Glück, denn den meisten Kollegen gegenüber zeigte er eine erstaunlich offene Verachtung. Ziemlich schnell aber kam ich dahinter, warum das so war. Minetti konnte seine Mitspieler, die ihm als Lear Böses wollten, auch privat nicht leiden – und zwar so sehr, dass er sie nicht einmal grüßte. Allein die, die es im Stück gut mit ihm meinten, wurden von seiner Verachtung verschont und von ihm wahrgenommen. Während der Proben rief er mich so manches Mal zu sich in seine Garderobe, um mir seine Vorstellung einer gemeinsamen Szene zu erläutern, da »Peymann, der Idiot« ja sowieso keine Ahnung habe …

Immer wieder hatte der alte Fuchs seinen Spaß daran, den um seine Autorität ringenden Jungregisseur gewaltig auflaufen zu lassen, indem er sich vor versammeltem Ensemble über dessen Regieversuche lustig machte: »Peymann! Regie!! … Ich höre!«, rief er, während er gleichzeitig die linke Hand demonstrativ hinter sein Ohr hielt, um seiner Bereitschaft Nachdruck zu verleihen, für Kritik durchaus empfänglich zu sein. (Geprobt wurde im Übrigen eine Szene im Gewitter auf der Heide und Lear war dem Wahnsinn bereits gefährlich nahe.) Der vor aller Augen herausgeforderte Peymann durfte das nicht auf sich sitzen lassen, begann sich aufzuplustern und wollte gerade etwas sagen, da wurde er augenblicklich von Minetti mit einem apodiktischen »Jetzt nicht, verdammt nochmal!« zum Schweigen gebracht. Peymann, der, wenn er sich aufregte und auch wegen seines Schnauzers, einem Seehund ähnlich sah, zuckte zusammen und musste schon bald nach Luft schnappen, da er vergessen hatte, weiter zu atmen. Das war ihm noch nie passiert, dass ein Schauspieler ihn zum Verstummen gebracht hatte. Minetti genoss die Sprachlosigkeit des Gedemütigten, aber auch die heimliche Bewunderung meiner sich stets feige zurückhaltenden Kollegen. Verstohlen grinsend seufzte er mir theatralisch zu: »Alles muss man alleine machen …«

Oft und gern verglich Minetti das Theaterspielen mit einem Fußballspiel, nach dem Motto: Vorlage – Tor. So jedenfalls verstand er das Zusammenspiel mit den Partnern auf der Bühne. Ich war immer sehr stolz, wenn er mich nach den späteren Vorstellungen in meiner Garderobe besuchte und rief: »Edgar! Da haben wir ein paar schöne Doppelpässe geschossen heute Abend.«

Ich hatte eine unvergessliche Zeit mit dem alten Mimen, der sich in Berlin verkannt und schlecht behandelt fühlte und nach Wuppertal gekommen war, weil man ihm hier den Lear angeboten hatte. Manchmal lud mich Minetti zum Essen ein und erzählte mir dann Geschichten aus dem Berlin der Vorkriegszeit. In den dreißiger Jahren war er einer der größten Stars des deutschen Theaters gewesen. Er hatte mit den berühmtesten Kollegen in den großartigsten Inszenierungen auf der Bühne gestanden, er kannte alle und jeden, der irgendwie von Bedeutung war, und hatte tausend Anekdoten auf Lager.

Aber auch er stand, wie wohl die meisten seiner Kollegen damals, in engem Kontakt zu den Nazis und schien keinerlei Berührungsängste mit ihnen gehabt zu haben. Er war auch einer derjenigen gewesen, die laut »ja« gebrüllt hatten, als Goebbels 1943 nach der Niederlage von Stalingrad seine berühmte Rede im Berliner Sportpalast hielt, die in der Frage gipfelte: «Wollt ihr den totalen Krieg?«

Über all das sprach er selbstverständlich nicht mit mir, das erfuhr ich erst später von den Kollegen, die, anders als er, in die Emigration getrieben wurden und erst nach dem Krieg wieder nach Deutschland zurückgekehrt waren. Wenn ich doch einmal in unseren Gesprächen auf das Dritte Reich und die Nazis zu sprechen kam, sagte er immer nur: »Das waren andere Zeiten, Edgar – ganz, ganz andere Zeiten …«

23

In Wuppertal, der Stadt der Textilfabriken und der Färbereien, kaufte ich mir eine Gitarre und brachte mir die Akkorde für dieses Instrument mit Hilfe eines Lehrbuchs selber bei. Ich lernte schnell und kaufte mir ein Songbook mit Anweisungen, wie man die Kompositionen von Leonard Cohen auch ohne Notenkenntnisse nachspielen konnte. Das war nicht allzu schwer, denn die Fingersätze waren mit Hilfe von Zahlen notiert wie auf einer mittelalterlichen Tabulatur. Mit Hilfe einer offiziellen Gitarrenschule brachte ich mir aber auch das Spielen nach Noten bei. Schon bald versuchte ich mich an einfachen klassischen Renaissance- und Barockstücken und kam gut voran. Meine neue Passion bescherte mir nachhaltige Rückenprobleme – was mich allerdings nicht davon abhalten konnte, täglich jede freie Minute zu üben. Bereits nach einem Dreivierteljahr komponierte ich eigene Melodien und dachte mir englische Texte dazu aus:

»She was my delight
I met her on the way
It was a cold night
I wanted her to stay …«

Deutsche Texte kamen für mich nicht in Frage, da ich der Meinung war, dass man die nicht singen könne.

Eine Tages bekam ich einen Brief von der Bundeswehr: meine Einberufung zum Wehrdienst. Vor meiner Ausbildung an der Schauspielschule hatte ich derlei gerade noch rechtzeitig verhindern können – nun aber machte der Bund offensichtlich Ernst. Am Morgen des Tages vor der Prüfungskommission hatte ich reichlich Kaffee getrunken und war direkt vor meinem Termin im Treppenhaus eines Nebengebäudes die Stufen viele Male rauf und runter gelaufen, um mich auszupumpen für die anstehende Untersuchung. Es ging durch drei Instanzen, drei Ärzte befragten mich und nahmen mich in Augenschein. Organisch war ich gesund – was blieb mir also anderes übrig, als zu schauspielern und mich als Nervenbündel zu präsentieren. Mit dem Mut eines Kandidaten, der nichts zu verlieren hat, steigerte ich mich hinein in die Rolle eines unglücklichen Versagers, dem in seinem bisherigen Leben nichts, aber auch gar nichts gelungen war und den sein fortwährendes Scheitern an den Rand der Verzweiflung getrieben hatte. Es funktionierte – ich konnte es kaum glauben. Der dritte Arzt, der die definitive Entscheidung zu treffen hatte, ob ich nun tauglich sei oder nicht, stufte mich tatsächlich als untauglich ein. Mit den Worten: «Du lieber Gott … Ihnen kann man ja kein Gewehr in die Hand geben!«, sprach er mich frei – aufrichtig besorgt und voller Mitgefühl. Zum Abschied klopfte er mir noch väterlich auf die Schulter und wünschte mir Glück und alles Gute für mein weiteres Leben. Immerhin war das eine erste Prüfung, bei der ich schauspielerisch auf ganzer Linie überzeugen konnte.

Am Ende des zweiten Jahres meines Wuppertaler Engagements hatte ich zahlreiche große und kleine Rollen gespielt und erste wichtige Erfahrungen gemacht. Viele Tage und Nächte hatte ich in der Kantine des Theaters gehockt und mir unzählige Anekdoten meiner Kollegen angehört – selbst wenn sie mir schon zum hundertsten Mal erzählt worden waren. Einigen dieser Kollegen war irgendwann im

Laufe ihres langen Berufslebens die Luft ausgegangen. Gänzlich desillusioniert hatten sie – im stillen Einverständnis mit sich selbst – alle Hoffnungen aufgegeben und den Traum von einer großen Karriere schon vor langer Zeit begraben. Weil sie sich ihre Niederlage aber nicht eingestehen konnten, klammerten sie sich an ihren Wuppertaler Vertrag, der sie vor einer Kündigung schützte, da sie bereits seit über zehn Jahren fest am Haus engagiert waren. Außerdem bestanden sie auf ihren Privilegien und bekamen selbstredend zwei angemessene Rollen pro Jahr. Eigentlich aber warteten sie nur auf ihre Pensionierung. Sie waren keine Vorbilder für mich. Sie taten mir nicht einmal leid, und so wie sie wollte ich nie werden. Also packte ich meine Sachen und verließ Wuppertal.

Ein Mensch ist das Opfer
seiner Wahrheiten.
Albert Camus

24

Die Städtischen Bühnen der Stadt Frankfurt am Main hatten im Jahre 1972 einen neuen Namen bekommen: Schauspiel Frankfurt. Auf Beschluss der Stadtväter wollte man mit einem sogenannten Mitbestimmungsmodell etwas ganz Neues wagen. Es sollte keinen Intendanten mehr geben, sondern nur noch ein vom Ensemble gewähltes Dreierdirektorium, bestehend aus einem Regisseur, einem Bühnenbildner und einem Schauspieler. Das war nun wirklich nahezu revolutionär und entsprach ganz dem Geist der Zeit.

Eine Frankfurter Delegation war nach Wuppertal gereist, um mich in einer Vorstellung von Marieluise Fleißers »Fegefeuer in Ingolstadt« zu begutachten, in der ich einen aufmüpfigen Ministranten spielte, und um mich eventuell unter Vertrag zu nehmen. Wieder war es der Dramaturg Horst Laube, der mich vorgeschlagen hatte. Und mir anschließend erneut mitteilen musste, dass aus der Sache leider nichts werden würde. Und wieder bekam ich kurz nach dem negativen Bescheid den erlösenden Anruf. Dieses Mal war der stets heisere Hans Neuenfels am Telefon: »Christian, ich brauche dich«, krächzte er. »Ich habe denen in Frankfurt gesagt, dass ich nicht bereit bin, auf dich zu verzichten.«

Ich kannte Neuenfels bereits aus einer gemeinsamen Arbeit in Wuppertal. Ihm eilte der Ruf eines Bürgerschrecks voraus, er galt als Skandalregisseur und nur die mutigsten Intendanten engagierten ihn. Ich mochte ihn, weil er für das Theater wie nur wenige seiner Kollegen brannte. Ihm ging es immer um alles. Dass er überdies als junger Mann Sekretär von Max Ernst gewesen war, hat mich dann endgültig für ihn eingenommen. Neuenfels war ein hochintelligenter, bewundernswerter Rhetoriker, der es mit jeder seiner Inszenierungen schaffte, sein Publikum zu provozieren und kontroverse Diskussionen auszulösen. Ich sagte also zu und zog nach Mainhattan, der Stadt der Banken und des Äppelwois.

Frühzeitig hatte man dafür gesorgt, dass sich das zukünftige Ensemble in den Wochen vor Beginn der neuen Ära auf diversen Versammlungen in ganz unterschiedlichen Städten schon einmal kennenlernen konnte. Und die Diskussionen darüber, wie man nun den von der Kulturbehörde erteilten Auftrag für einen Neuanfang zu bewältigen habe, nahmen ihren Lauf. Klaftertiefe Gräben taten sich auf. Da gab es die linke Fraktion, die das neue Modell als eine Verpflichtung betrachtete, in erster Linie die Veränderung des gesellschaftlichen Bewusstseins des Publikums ins Visier zu nehmen. Das verband sie mit der Forderung, die Auswahl der zu spielenden Stücke streng und ausschließlich der genannten Verpflichtung folgend zu unterwerfen. Die andere Fraktion – das waren die bürgerlichen Künstler, zu denen auch ich mich zählte – wollte nicht ausschließlich politische Überzeugungsarbeit leisten, sondern machte sich auch für Stücke stark, die nicht mit politisch-relevanten Aussagen im Schlepptau daherkamen. Für Dramen von Ernst Barlach zum Beispiel, dem genialen Bildhauer und großartigem schriftstellerischen Spökenkieker aus Hamburg.

Schon sehr früh also und noch vor Beginn der eigentlichen Arbeit gab es zwei extrem unterschiedliche Lager, was uns in der Folge zahlreiche Konflikte bescheren sollte.

Die praktische Umsetzung des Modells sah dann in etwa so aus: Neben der normalen Probenarbeit gab es wöchentliche Sitzungen des künstlerischen Beirats – das waren fünf Schauspieler, bzw. Schauspielerinnen, die das Ensemble gewählt hatte. Dieser Beirat erarbeitete thematische Vorschläge, die in regelmäßig einberufenen Vollversammlungen zur Abstimmung kamen. Diskutiert wurde u.a.: Wie können wir mit unserer künstlerischen Arbeit den Kapitalismus in die Knie zwingen? Was braucht unser revolutionäres Mitbestimmungsmodel, um politische Sprengkraft zu entfalten? Wie und mit welchen Stücken verändern wir das gesellschaftliche Bewusstsein unserer Zuschauer? Die Vorschläge wurden teilweise begeistert begrüßt, zum Beispiel der, sich mit unserem Mitbestimmungsmodell am Vorbild der Münchner Räterepublik zu orientieren. Karl Marx und Rosa Luxemburg wurden zitiert, es gab erstaunlich viele Bewunderer der beiden und langsam bekam ich den Eindruck, dass wir Kollegen im Ensemble hatten, die sich ernsthaft so etwas wie eine deutsche Oktoberrevolution herbeiwünschten.

Mit einem derart kompakten, politisch orientierten Sendungsbewusstsein im Kampf gegen den Kapitalismus der herrschende Klasse hatte ich nicht gerechnet, und zu meinem eigenen Bedauern fand ich in den Vollversammlungen auch nicht die richtigen Worte, um meine Einwände gegen die für mich allzu rabiaten Forderungen zum Ausdruck zu bringen und für alle verständlich zu formulieren. Was hätte ich den in marxistischer Terminologie geschulten Wortführern eines gewichtigen Teils unseres Ensembles entgegnen sollen? Etwa, dass ich mich auf der Bühne verwirklichen wollte? Dass mich Psychologie und menschliche Abgründe interessierten? Man hätte mich streng ermahnt und mich aufgefordert, meine zutiefst bürgerliche Haltung rasch und gründlich zu überdenken. In den Sitzungsprotokollen, die heute noch existieren, tauche ich aufgrund meines Schweigens so gut wie überhaupt nie auf.

Es gab allerdings noch einen zweiten, sehr persönlichen Grund für mein Schweigen. Über viele Jahre hin war es mir nicht möglich gewesen, vor einer Ansammlung von Menschen das Wort »ich« zu sagen. Ein Satz, der mit »ich denke«, »ich finde aber« oder »ich verlange« beginnt, wollte mir einfach nicht über die Lippen kommen. Ich litt da unter einer regelrechten Blockade. Als Schauspieler auf der Bühne hatte ich nicht das geringste Problem damit, »ich« zu sagen, ganz im Gegenteil. Als Privatmensch hingegen ging es mir ähnlich wie Romy Schneider, die einmal gesagt hatte: »Im Film kann ich alles, im Leben kann ich nichts.« Heute meine ich zu wissen: Ich bin Schauspieler geworden, weil ich schon sehr früh und offenbar intuitiv erkannt hatte, dass ich einem in mir tief verwurzelten Gefühl von Bedeutungslosigkeit etwas entgegensetzen musste. Um mich aus meiner Introvertiertheit zu befreien, schien mir der Beruf des Schauspielers die richtige Wahl zu sein, da er mir ein Maximum an Extrovertiertheit abverlangen würde.

Ein besonders wichtiger Schwerpunkt des neuen Frankfurter Modells war, dass in großer Runde darüber abgestimmt wurde, welche Rolle in welchem Stück mit wem zu besetzen war. Jeden noch so absurden Vorschlag hatte man sich geduldig anzuhören – und: Er musste begründet werden. Problematisch wurde es natürlich, wenn es mehrere Kandidaten für eine Besetzung gab. Der Vorschlag, dass unbedingt der Kollege X die Rolle, um die es gerade ging, spielen müsse, wurde gekontert mit dem Gegenvorschlag, doch lieber den Kollegen Y damit zu beauftragen, da die Ausstrahlung von Kollege X auf der Bühne doch ziemlich dünn sei und er eigentlich immer etwas Spießiges an sich habe. Obendrein sei sein politisches Bewusstsein zu unterentwickelt, als dass er in der Lage sein könnte, den komplexen Ansprüchen der Rolle gerecht zu werden … Die, um die es dann gerade ging und denen während einer solchen Versammlung mit selbstgerechter Aufrichtigkeit bescheinigt wurde, was sie alles nicht seien und nicht hätten, konnten einem nur noch leidtun. Nachdem dann Stunden später endlich alle Vorschläge ausdiskutiert worden waren, kam es zur Abstimmung.

Es gab Gewinner und Verlierer und im Anschluss an den Sitzungsmarathon ging es zu Toni, der Wirtin eines Künstlerkellers in der Nähe des Theaters. Dort saßen die erschöpften Teilnehmer des kräftezehrenden Zusammentreffens dann beieinander, stürzten die frisch servierten Biere hinunter und die gerade erst ausführlich gedemütigten Verlierer der Versammlung durften sich von den Gewinnern trösten lassen. Toni, eine herzensgute Frau und ein Frankfurter Original, behandelte uns wie kleine Kinder. »Bub! Hast du was gegesse?«, rief sie immer, wenn ich nach absolvierter Vorstellung ihr Lokal betrat. Stets war sie zur Stelle, wenn man einen Kummer hatte. Ich habe Kollegen erlebt, die sich regelrecht bei ihr ausgeweint haben und denen es danach tatsächlich besser ging.

Hoch her ging es auch bei den sogenannten Auswertungsgesprächen im Affentorhaus – kein Witz, der Ort hieß wirklich so. Dort versammelte sich das Ensemble alle halbe Jahre zu einer Klausur, die es sich selber verordnet hatte, und hier wurden sowohl die ganz großen Fragen als auch die allerkleinsten Befindlichkeiten bis ins Detail besprochen. Jeder durfte mal und alles kam auf den Tisch. Es wurden reihenweise Anträge gestellt, und dabei konnte es schon passieren, dass berechtigte Forderungen, über die sich zu Beginn der Diskussion nahezu alle einig gewesen waren, durch einen einzigen Gegenantrag ausgehebelt wurden, was am Ende der Diskussion zu Beschlüssen führte, die alles bereits Besprochene hinfällig machten.

Wenn es persönlich wurde, kam es zu verbalen Entgleisungen, und was wir alle uns in der Hinsicht zugemutet haben, war nicht wirklich schön und hatte mit dem vielbeschworenen Ensemblegedanken nichts zu tun. Rücksichtnahme wurde als ein Zeichen von Schwäche angesehen und persönliche Verletzungen galten als Kollateralschäden. Nicht selten arteten unsere Versammlungen im Affentorhaus zu einem Gerichtstag aus, und wer gerade das Pech hatte, vor dem Tribunal zu stehen, der fühlte sich an die spanische Inquisition erinnert – nur dass am Ende des Gerichtstages keiner verbrannt wurde.

25

Obwohl man mich in Frankfurt ursprünglich nicht haben wollte, gehörte ich von Beginn an zu den Protagonisten des Hauses. Nachdem uns die Zuschauer in der Eröffnungspremiere von Edward Bonds »Lear« – einem extrem brutalen Stück, in dem gefoltert und gemordet wird – scharenweise davongelaufen waren, ging es nun darum, sie mit dem darauffolgenden Stück von J.M. Synge, »Der Held der westlichen Welt«, wieder zu versöhnen und ins Theater zurückzuholen. Ich spielte Christy Mahon, die Titelrolle, einen nicht unsympathischen irischen Aufschneider, der die abenteuerlichsten Geschichten über sich verbreitet, sich zum Helden von Connemara stilisiert und am Ende des Stücks von seinem Vater vor der versammelten Dorfgemeinschaft in einer Kneipe verprügelt und als Lügner entlarvt wird. Ein Stück mit einem sehr speziellen irischen Humor, der nicht jedermanns Sache ist und der die Herzen des Frankfurter Publikums, das sich auch bei diesem Stück zahlenmäßig zurückhielt, nicht wirklich erwärmen konnte.

Im Laufe meiner ersten Frankfurter Jahre spielte ich den Wurm in Friedrich Schillers Drama »Kabale und Liebe« – ein Intrigant, der

seinem Namen alle Ehre macht –, und danach war ich Büchners
»Woyzeck« in einer Inszenierung von Peter Palitzsch, einem Schüler
von Bertolt Brecht. Woyzeck ist ein von seinen Vorgesetzten gedemütigter Soldat. Um seinen spärlichen Sold aufzubessern, stellt er
sich einem dubiosen Arzt als Proband für dessen hochgradig gesundheitsgefährdende Experimente zur Verfügung und wird impotent.
Er hört Stimmen und leidet unter Wahnvorstellungen. Marie, seine
Geliebte, betrügt ihn mit einem Nebenbuhler, und nachdem Woyzeck das entdeckt hat, überredet er sie zu einem Waldspaziergang
und ersticht sie auf einer Bank.

Die Proben waren sehr speziell. Unsere Darstellerin der Marie
hatte ernste psychische Probleme und litt, was wir alle wussten,
unter Verfolgungswahn. Ich blickte also in die Augen einer schwer
gestörten Frau, die Stimmen hörte und ein Problem hatte, das ich
mir vorzustellen bemüht war, um meine Rolle spielen zu können.
Palitzsch ging auf Nummer sicher und probierte die Szenen zusätzlich mit einer streng geheim gehaltenen Zweitbesetzung – aus Sorge
darüber, dass meine labile eigentliche Partnerin vor der Premiere
ausfallen könnte. Das war dann aber nicht der Fall, jedoch spielte
sie nicht alle Vorstellungen. Monate später zeigte mir einer unserer Bühnenarbeiter einen Bericht in der Bildzeitung. Da konnte ich
dann lesen, dass die lebensmüde Kollegin aus dem dreizehnten Stock
eines Hochhauses gesprungen war. Ihren spektakulären Sturz in die
Tiefe hatte man auf einem neben dem Artikel platzierten Foto mit
einem dicken Pfeil markiert.

Auch vor dem »Woyzeck« hatte es die übliche Besetzungsdiskussion gegeben, während der mein schärfster Konkurrent und
Mitbewerber um die Rolle mit seiner proletarischen Herkunft zu
punkten versuchte. Im Gegensatz zu mir kam er aus einer Familie, die, wie er behauptete, immer schon von den Herrschenden
unterdrückt worden sei. Er wisse aus eigener Erfahrung, wie es
sich anfühle, ausgebeutet zu werden, und immer wieder betonte

er, dass sein Vater Bergarbeiter gewesen und an einer Staublunge gestorben sei.

Trotzdem vertraute man mir den Woyzeck an. Eben dieser Kollege war es dann auch, der im Foyer des Theaters im Laufe einer der vielen Vollversammlungen mit einer flammenden Philippika, und mehrfach den Genossen Lenin zitierend, zum Kampf aufrief gegen das, was sich zeitgleich in unmittelbarer Nähe des Theaters abspielte. Dort wurde nämlich gerade die neue Zentrale einer großen Bank hochgezogen, was damals in Frankfurt an vielen Ecken passierte. Der Kapitalismus zeige uns seine hässliche Fratze, so der Kollege, und verhöhne uns mit seiner Gier und seiner Macht. Es sei höchste Zeit, gegen diesen gesellschaftlichen Urfeind auf der Bühne Position zu beziehen. Einmal in Schwung gekommen, verstieg sich unser Redner ganz nebenbei zu der Aussage, dass die Diktatur Stalins ein zwar bedauerlicher, aber nichtsdestotrotz notwendiger Irrtum auf dem Weg zur Befreiung der Menschheit gewesen sei. Allen in der Versammlung war klar, dass Stalin, einer der größten Massenmörder in der Geschichte, nicht auch nur im Ansatz ein Vorbild für uns sein konnte. Trotzdem: Keiner widersprach, auch ich schwieg, denn unser selbsternannter Chefideologe vertrat ja die, obschon nicht von allen im Ensemble geteilte, politisch-korrekte Grundhaltung. Dass genau dieser Schauspieler ein paar Jahre später im Fernsehen zu einer Berühmtheit avancierte und sogar Werbung für Waschmittel in einem lächerlichen Bärenkostüm machte – das gehört zu den vielen Merkwürdigkeiten, die unsere gemeinsamen Frankfurter Jahre hervorgebracht haben.

Ein anderes Bespiel für den fortschrittlichen Geist unseres Theaters lieferte mein Förderer, der Dramaturg Horst Laube, bei einer Publikumsdiskussion. Er kam auf Solschenizyn und sein Buch »Archipel Gulag« zu sprechen, nannte es »Archipel Gulasch«, verballhornte damit den Titel und zog den Bericht Solschenizyns über das entsetzliche Leiden in den russischen Straflagern für eine billige Pointe ins Lächerliche, was ihm dann auch das wohlwollende Schmunzeln einiger seiner revolutionären Genossen einbrachte. Das war der Moment, in dem ich mich endgültig von meinem Freund und Gönner distanzierte. Seine hochtrabende Überheblichkeit und die Kälte, mit der er sich seinen Kommentar nicht verkneifen konnte, fand ich einfach nur abstoßend.

Genauso, wie es schon in der Besetzungsfrage darum ging, dass jeder seine Meinung sagen durfte, war es unsere selbstauferlegte Pflicht, das ritualisierte Procedere auch in anderen Bereichen zu übernehmen. Welche Stücke wollten wir spielen, welcher Regisseur sollte welche Tragödie oder Komödie inszenieren? Welcher Kollege oder welche Kollegin sollte von uns neu dazu engagiert werden? Es gab zahlreiche Arbeitsgruppen und Kommissionen. Ich interessierte mich vor allem für die Frage: Wer bekommt welche Gage – und ließ mich in die Gagenkommission wählen. Das führte zu dem für mich recht erfreulichen Ergebnis, dass ich als meine erste Amtshandlung mein eigenes, meiner Ansicht nach viel zu niedriges Gehalt erhöhen konnte. Ich war auch in der Vorsprechkommission und durfte mitentscheiden, wer neu ins Ensemble kommen sollte. Das war heikler als gedacht und wir stellten fest, dass wir uns keineswegs darüber im Klaren waren, nach welchen Kriterien wir zu entscheiden hatten. Gab es überhaupt objektive Kriterien, oder war alles nur eine Frage des persönlichen Geschmacks?

Einmal sprach ein Schauspieler aus Pforzheim vor. Er war ungeheuer nervös und hatte vor Aufregung einen trockenen Mund. Wir boten ihm an, Wasser zu besorgen, was er ablehnte, denn er wollte uns keine Umstände machen. Kaum aber hatte er sein Vorsprechen beendet, griff er hastig zu der mit Wasser gefüllten Kaffeetasse auf meinem Tisch, die wir Raucher als Aschenbecher benutzten, und stürzte die giftige Brühe in einem Zug hinunter: »Ich schluck die bittere Pille«, sagte der arme Kerl noch, bevor er sich das antat. Fassungslos nahmen wir sein Verhalten zur Kenntnis, konzentrieren uns dann aber auf die künstlerische Bewertung seiner Darbietung, waren uns schnell einig, ihn nicht in unserem Ensemble sehen zu können, und teilten ihm das auch mit. Woraufhin sich der Pforzheimer Kollege höflichst bedankte und schon kurz darauf schnell und unauffällig wieder verschwand, dass man glauben konnte, er sei nie da gewesen.

Dieses Erlebnis gab mir zu denken: Mitansehen zu müssen, wie ein Bewerber vor unser aller Augen den letzten Rest seiner Würde über Bord wirft – das fand ich kaum zu ertragen. Noch am selben Tag trat ich aus der Vorsprechkommission aus.

26

1976 bekam ich mein allererstes Filmangebot: Ich sollte den Eduard in einer Verfilmung der »Wahlverwandtschaften« von Goethe spielen. Ich überlegte lange hin und her. Da ich nicht die geringste Erfahrung vorzuweisen hatte, wusste ich nicht, was mich als Filmschauspieler erwarten würde. Trotzdem sagte ich zu und machte mich in den sommerlichen Theaterferien auf den Weg zu den Dreharbeiten in die fränkische Provinz.

Mit meinem ersten Drehtag betrat ich unbekanntes Terrain. Allein der Anblick der Kamera war mir nicht geheuer. Richard Burton hatte sie in einem Interview einmal ein »gefühlloses, kaltes Monster« genannt – und genauso empfand ich es auch. Ich fühlte mich bloßgestellt, denn mir war klar: einer Kamera kann man nichts vormachen – selbst den raffiniertesten Versuch, die eigene Unsicherheit zu kaschieren, registriert sie mit beängstigender Präzision. »Camerafrightening« ist ein bekanntes Phänomen, unter dem viele Schauspieler leiden, auch wenn die wenigsten das zugeben würden. So sehr ich mich immer wieder bei der Arbeit zu entspannen versuchte – es gelang mir einfach nicht. Und mit Neid und Bewunderung schaute ich den Kollegen zu, denen das ganze technische Drumherum nichts auszumachen schien.

Jeden Abend wurden im Beisein des gesamten Teams die Muster des vorangegangenen Drehtages gezeigt und begutachtet. Und jeden Abend schockierte es mich aufs Neue, mitansehen zu müssen, wie gehemmt ich mich als Schauspieler vor der Kamera präsentierte. Ich spielte nachdenken, anstatt wirklich nachzudenken. Ich tat so, als würde ich einen Brief lesen, aber ich las ihn nicht. Mir zuzuschauen, war eine Qual und diese abendlichen Demütigungen machten mich von Mal zu Mal mutloser. Irgendwann zählte ich nur noch die Tage und sehnte ein Ende der mir so fremden Filmerei herbei … Unmittelbar nach der letzten Klappe fuhr ich dann zurück nach Frankfurt. Ich war gescheitert und schwor mir, für immer auf das Kino zu verzichten und mich ganz aufs Theater zu konzentrieren.

27

Der »Urfaust« von Goethe stand auf dem Spielplan, ein schwieriger Text und eine große Herausforderung. Peter Palitzsch sollte inszenieren, hatte aber Bedenken wegen der, wie er fand, zu kurzen Probenzeit und stieg frühzeitig aus dem Projekt aus. Daraufhin beschlossen wir Schauspieler, das Stück ohne Regisseur herauszubringen – sozusagen als erster emanzipatorischer Versuch, uns von unseren Regie-Autoritäten zu befreien. Wir kamen uns ungeheuer mutig vor und die Erwartungen an jeden Mitwirkenden waren hoch: mitbestimmt in einem Kollektiv ein Stück zu erarbeiten – das hatte es am deutschen Theater noch nie gegeben. Als es darum ging, die Rolle des Mephisto zu besetzen, bekam ich den Zuschlag: »Redl sieht aus, als sei er 500 Jahre alt«, war das Argument, das alle überzeugte. Ich nahm das mal als Kompliment …

Für die Probenarbeit galt ab sofort, dass ich mich wohl oder übel einer sich strikt demokratisch wähnenden Meinungsmehrheit zu unterwerfen hatte und die oft wenig qualifizierten Kommentare meiner Mitspieler, die sich nun als Regisseure ausprobieren durften, ertragen musste … Die brutale Härte, mit der mich meine eigenen Kollegen dann im Laufe der Arbeit am »Urfaust« kritisierten, war eine völlig neue Erfahrung für mich. Zumal es einige unter uns gab, die offensichtlich der Ansicht waren, einen ungehemmten Meinungsfreibrief zu besitzen. Von allen Selbstzweifeln befreit, glaubten sie nun, alles ungestraft aussprechen zu dürfen, was ihnen gerade so durch den Kopf ging. Bei manchen Kollegen hatte ich das Gefühl, dass sie den häufig am eigenen Leibe erfahrenen Frust, der ihnen im Laufe ihrer Karriere in der Arbeit mit autoritären Regisseuren widerfahren war, nie verarbeitet zu haben schienen und sich deswegen regelrecht an mir abarbeiteten. Kurz vor der Premiere kam es dann dazu, dass nicht nur ich, sondern auch mein Gretchen und mein Faust genug hatten von diesem ganzen »Hier-darf-jeder-mal-Regie-machen-Schwachsinn«. Wir verweigerten uns jeder weiteren Kritik und machten uns zu Verbündeten in unserem Widerstand. Nach den Endproben verließen wir das Theater, gingen in eine nahe gelegene Bierkneipe, kritisierten, was es zu kritisieren gab, überlegten, was wir für verbesserungsbedürftig hielten und betäubten uns mit Alkohol, um besser schlafen zu können. Schließlich war es dann so weit: Die Premiere stand vor der Tür.

Am frühen Abend des mit Spannung erwarteten Ereignisses ging es mir nicht gut. Ich tigerte durch die Wohnung und war extrem nervös. Ich fand einfach keine Ruhe, legte mich schließlich aufs Sofa und hörte Mozarts 40. Sinfonie in g-Moll. Etwas Unerwartetes geschah: Wie von Zauberhand mobilisierte die Musik mein ermattetes Selbstwertgefühl, nahm mir alle Verzagtheit und gab mir meine Entschlossenheit zurück. Mit neu erwachtem Optimismus und innerlich wieder halbwegs stabil, machte ich mich auf den Weg ins Theater. Dort schloss ich mich in meine Garderobe ein, schminkte mich selbst und fieberte allein und ohne das übliche »toi toi toi« der Kollegen meinem Auftritt entgegen. Nachdem der Inspizient mich gerufen hatte, ging ich auf die Bühne wie in eine Schlacht – entschlossen und zu allem bereit. Alles, was ich mir vorgenommen hatte, gelang und ein gut gelauntes Publikum trug mich durch den Abend.

Nach der Premiere war alles eitel Sonnenschein, und selbst die Kollegen, die mich am härtesten kritisiert hatten, wollten mich nun umarmen und mit mir feiern. Ich entzog mich dieser allgemeinen Versöhnungsgefühlsduselei und verkniff es mir auch nicht, die, die mich schlecht behandelt hatten, einfach nicht zu beachten.

Unser heroischer Versuch einer mitbestimmten Schauspielerproduktion war der erste und zugleich letzte seiner Art am Schauspiel Frankfurt. Einen zweiten hat es bis heute nicht gegeben und die Erfahrung, die wir 1976 mit dem »Urfaust« gemacht haben, hat mich in meinem Verdacht bestätigt, dass sich Kunst und Mitbestimmung nicht unbedingt vertragen.

28

Ein Regisseur, mit dem ich besonders gern gearbeitet habe, war Peter Löscher. Auch ihn kannte ich schon aus Wuppertal und er inszenierte nun in Frankfurt Shakespeares »Was ihr wollt«. Endlich konnte ich jetzt Sir Toby spielen, einen abgetakelten, manisch-depressiven Säufer, der ein sehr spezielles Problem hat: Je mehr er trinkt, desto nüchterner wird er. Eine verlorene Seele, melancholisch und komisch zugleich – eine Figur wie aus der Welt von Samuel Beckett. Dieser Sir Toby ist zweifelsfrei eine meiner schönsten, liebsten und wohl auch gelungensten Rollen überhaupt gewesen. Die Premiere wird mir unvergesslich bleiben, denn an diesem Abend gelang mir etwas, wovon ich immer geträumt hatte: Bereits nach meinem ersten Auftritt konnte ich machen, was ich wollte – das Publikum fraß mir aus der Hand. Ich fühlte mich wie der Rattenfänger von Hameln, dem eine glückliche Kinderschar bereitwillig überallhin folgt. Es war ein lang ersehnter Triumph und vor allem ein Sieg über mich selbst.

Am Morgen danach bekam ich einen Anruf von Wilfried Minks, der mir den »Hamlet« an der Freien Volksbühne Berlin offerierte. Eine verlockendes Angebot, das ich leider wegen meiner Frankfurter Verpflichtungen nicht annehmen konnte.

Unter Minks spielte ich stattdessen den Zettel in Shakespeares »Sommernachtstraum« am Schauspiel Frankfurt. Zettel ist die klassische Komikerrolle schlechthin: ein einfacher, einfältiger Handwerker, Anführer einer Laienspielschar und der selbsternannte Star der Truppe. Im Laufe einer Probe unter freiem Himmel außerhalb Athens verirrt er sich in einem Wald und wird von Puck, einem Waldgeist, in einen Esel verwandelt. Und dieser Esel steht nun zu Tode erschrocken und mutterseelenallein im Schatten riesiger Bäume und weiß nicht, wohin mit sich. Er schlottert vor Angst, und um sich Mut zu machen, singt er ein Lied. Die schöne Feenkönigin Titania kommt des Weges und auf der Stelle verliebt sie sich in das Tier. Gefangen im Liebesrausch und mit Hilfe ihrer Elfen lockt sie das verängstigte Objekt ihrer Begierde zu sich auf ihr Lager und sorgt dafür, dass ihm Hören und Sehen vergeht. Bei Tagesanbruch liegt Zettel dann wieder allein im Wald – in seiner ursprünglichen Gestalt und auf dem Boden einer Lichtung. Er erwacht und weiß nicht, was mit ihm geschehen ist. Sosehr er sich auch zu erinnern versucht, es fällt ihm einfach nicht mehr ein: »Ich hatte einen Traum … Mir war, ich war – kein Mensch kann sagen, was … Des Menschen Ohr hat's nicht gesehen, des Menschen Aug' hat's nicht gehört …«

Inzwischen war auch die Zeitschrift »Theater heute« auf mich aufmerksam geworden. In ihrer Umfrage unter den Theaterkritikern des Landes nach den besten Schauspielern des Jahres tauchte nun zum ersten Mal auch mein Name auf. Das bedeutete mir viel, denn eine positive Kritik oder gar eine persönliche Auszeichnung in »Theater heute« sorgte stets für überregionale Aufmerksamkeit, die keiner meiner Kollegen ignorieren konnte.

Höhepunkte meiner Frankfurter Theaterzeit waren die jährlichen Einladungen zum Berliner Theatertreffen, einem Wettstreit unter den Besten der Besten. Dort gastierten wir vor einem äußerst kritischem Publikum, dem man nichts vormachen konnte. Wehe, man hatte keinen wirklich überzeugenden Ausdruck für sein künstlerisches Anliegen gefunden – man wäre besser zu Hause geblieben, um nicht die geballte Ablehnung der Berliner erfahren zu müssen. Das begann in der Regel mit höhnischen Bemerkungen noch während der Aufführung und konnte in einem bösartigen, langanhaltenden Buhkonzert enden. In Berlin erfolgreich zu bestehen, war für alle Theaterschaffenden der Ritterschlag. Und im Anschluss an die Vorstellungen zogen wir durch die Berliner Kneipenszene. Sehr beliebt war das Bermudadreieck in Charlottenburg: »Zwiebelfisch«, »Diener« und »Florian« – das waren die angesagten Anlaufstellen, wo sich schon die großen Kollegen vergangener Tage die Nächte um die Ohren geschlagen haben. Es gab keine Sperrstunde in der damals noch geteilten Stadt, und nicht selten wankten wir erst am frühen Morgen selig betrunken zurück in unsere Hotels.

29

Im Frankfurter Ensemble gab es einen ganz außergewöhnlichen Schauspieler – Peter Roggisch. Leider ist er schon lange tot und lebt nur noch in den Erinnerungen weniger. Er war mein Vorbild und mein Freund … Auf der Bühne hatte er eine beispiellos elektrisierende Präsenz und ihn zu sehen, war stets ein Erlebnis. Hoch nervöse, labile Charaktere – der Oswald in Ibsens »Gespenster« zum Beispiel – lagen ihm besonders. Ich hatte ihn, bevor er nach Frankfurt kam, als Hamlet in Stuttgart gesehen und ihn dafür bewundert, wie glaubhaft er sowohl die gedankliche Schärfe als auch die emotionale Labilität der Rolle verkörperte, wie übergangslos er von heiterer Leichtigkeit in abgründige Schwermut wechseln konnte.

Gleich zu Beginn der gemeinsamen Frankfurter Zeit verabredeten wir uns in einer Bar in Sachsenhausen, direkt hinter dem Schweizer Platz. Wir tranken Wodka und hatten uns viel zu erzählen. Fatalerweise war der Wodka nicht eisgekühlt und seine lauwarme Temperatur hätte uns eigentlich warnen müssen … Nachdem wir auf dem Boden der Flasche angelangt waren, torkelten wir zum Ausgang und machten uns auf den Heimweg. Sternhagelvoll marschierte Peter zu seinem Wagen, griff in seine hintere Hosentasche, packte sein Geld und seine gesamten Papiere auf das Autodach, klemmte sich hinter das Lenkrad und brauste davon. Wie er in seinem Zustand überhaupt noch fahren konnte und dass er tatsächlich heil zu Hause ankam, wird mir für immer ein Rätsel bleiben. Seine Papiere jedenfalls waren am nächsten Tag nicht mehr aufzufinden.

Ich, ebenfalls sternhagelvoll, hatte in Frankfurt gerade erst ein Zimmer in der Wohnung eines Kollegen gefunden, der vorübergehend verreist war. Von der Bar bis dorthin waren es nur ein paar Schritte zu Fuß. Das aber hatte ich vergessen. Erinnern kann ich mich nur noch daran, dass es mir gelungen war, ein Taxi heranzuwinken. Mit heftigen Artikulationsproblemen gab ich das Fahrtziel an und versuchte dann, in den Wagen einzusteigen. Das aber wusste der erfahrene Taxichauffeur, ein in sich ruhender Gemütsmensch mit wachem Geist und einem starken Frankfurter Dialekt, zu verhindern: »Horsche Se mal, Sie befinde sich diiirekt vor irää Haustüär, gell !?« Dabei deutete er auf die Tür mit der Nummer 25 auf der gegenüberliegenden Straßenseite. Ich bin dem Mann ewig dankbar, denn mit Sicherheit hat er mir viel Ärger erspart. Ein anderer Fahrer hätte mich wahrscheinlich stundenlang durch die nächtliche Stadt kutschiert und mir mein letztes Geld abgeknöpft. Also stieg ich nicht in den Wagen meines Retters ein, sondern griff tief in meine Hosentaschen, ortete den Hausschlüssel und steuerte auf die Treppen meiner Bleibe zu. Ich gab mir Mühe, nicht zu stolpern – aber dann: Filmriss. Am nächsten Morgen erwachte ich mit einem grauenhaften Kater und traute meinen Augen nicht: Das Erste, was ich sah, waren zahlreiche dunkle Handabdrücke überall an den frisch tapezierten Wänden einer Wohnung, die mir nicht gehörte. Ich musste in der Nacht auf etwas Glitschigem ausgerutscht sein – etwas, was mein Magen allem Anschein nach nicht hatte behalten wollen – und danach versucht haben, mich an den Wänden der Wohnung wieder hochzuhangeln. Nie wieder habe ich nach diesem Erlebnis warmen Wodka getrunken.

Peter Roggisch war schwul und verheiratet mit einer Malerin, die kein Problem mit seiner sexuellen Orientierung hatte. Er war nicht nur klug und belesen, sondern auch ein leidenschaftlicher, großzügiger Genießer, mit dem man wunderbar tafeln konnte. Ich vermisse ihn sehr. Denn die lebhaften Auseinandersetzungen mit ihm, die sich endlos hinziehen konnten, haben mich geprägt. Wir trafen uns meistens bei ihm zu Hause, denn dort konnten wir stundenlang ungestört Musik hören: uralte Aufnahmen mit den Comedian Harmonists oder auch die Lieder von Friedrich Holländer mit der großartigen Greta Keller:

»Menschenkind, warum glaubst du bloß
Gerade dein Schmerz, dein Leid wären riesengroß?
Wünsch Dir nichts, dummes Menschenkind
Wünsche sind nur schön, solang' sie unerfüllbar sind.
Wenn ich mir was wünschen dürfte
Käm' ich in Verlegenheit
Was ich mir denn wünschen sollte

Eine schlimme oder gute Zeit.
Wenn ich mir was wünschen dürfte
Möcht' ich etwas glücklich sein
Denn sobald ich gar zu glücklich wär'
Hätt' ich Heimweh nach dem Traurigsein.«

Unvergessen für mich der Abend, an dem ich in Peters Wohnung zum ersten Mal das Streich-Quintett in C-Dur von Schubert gehört habe. Eine alte Aufnahme mit Isaac Stern aus dem Jahre 1952. Die ergreifendste Musik, die mir je zu Ohren gekommen ist – ungeheuer, ja geradezu maßlos sehnsüchtig und zerbrechlich, als sei sie nicht von dieser Welt und käme von ganz weit her, um die Menschen zu trösten.

Als ich meinen Frankfurter Freund Jahre später am Bochumer Theater wiederbegegnet bin, war ich erstaunt – und auch ein bisschen enttäuscht. Aus ihm war ein seltsam beruhigter Mensch geworden, der seine nervös vibrierende, messerscharfe Intelligenz verloren zu haben schien. Auf seinem Garderobentisch, auf dem in früheren Zeiten immer ein belebendes Getränk gestanden hatte, flackerte nun nur noch eine einsam brennende Kerze. Auch in seinen Rollen auf der Bühne war er offenbar hauptsächlich auf Harmonie und Versöhnung aus und ich hatte den Eindruck, dass er eher meditierte, als dass er spielte. Er wollte wohl nicht mehr der Schauspieler sein, der er einmal gewesen war. Er wollte den Konkurrenzkampf nicht mehr. Wichtig schien es ihm jetzt, ein Mensch zu sein, der den Frieden in sich trägt und anderen gegenüber Milde walten lässt. Selten habe ich einen Kollegen, den ich nach Jahren wiedergesehen habe, so verwandelt erlebt.

Die Zeit am Frankfurter Theater war hart. Ich arbeitete rund um die Uhr: morgens Probe, am Nachmittag Sitzung, abends Vorstellung. Danach Kneipengang bis tief in die Nacht, um das, was hinter mir lag, hinunterzuspülen. Zu später Stunde offenbarten selbst die verbissensten linkslastigen Kollegen, die, nebenbei bemerkt, nicht immer die begabtesten waren, ihr eigentliches Problem. Nachdem sie in den Versammlungen noch behauptet hatten, sich nicht für bürgerliche Befindlichkeiten zu interessieren und neurosenfrei zu sein, da es für sie als Schauspieler in erster Linie darum ging, die Gesellschaft zu verändern, fingen sie nachts schon nach nur wenigen Gläsern heftig an zu jammern, weil sie sich verkannt und ungeliebt fühlten. Es war fast schon ergreifend, mitansehen zu müssen, wie sehr sie darum bettelten, auch einmal ein wenig gelobt zu werden. Der gesellschaftliche Auftrag, den ihr Beruf ihnen auferlegt hatte, schien ihnen plötzlich herzlich egal zu sein, und alles, was sie sich über die Jahre mühevoll ideologisch zusammengebastelt hatten, fiel nun nachts in sich zusammen wie das berühmte Kartenhaus. Übrig blieb fast immer ein zu kurz gekommenes, unglückliches Menschlein. Ich fand es bemerkenswert, wie unbeholfen und fast schon verblödet selbst einigermaßen intelligente Menschen argumentieren, wenn Alkohol durch ihr Gehirn wabert. Zugegebenermaßen war auch ich all zu oft einer dieser fast schon Verblödeten.

Frankfurt bescherte mir alles in allem viel zu wenig Schlaf, denn immer war ja irgendwo irgendetwas los, was ich nicht verpassen wollte. Ich erlebte eine intensive, ungeheuer anstrengende, aber auch aufregende Zeit – nach der ich mich allerdings keineswegs zurücksehne.

Die Treulosigkeit ist sozusagen
eine Lüge der ganzen Person.
Jean de la Bruyère

30

In Frankfurt lernte ich Marlen kennen. Ich hatte sie schon in Stuttgart auf der Bühne gesehen und war fasziniert von ihrer Ausstrahlung und ihrem Können. Vor allem ihre Stimme hatte es mir angetan.

Wir saßen im »Gemalten Haus« in Sachsenhausen beim Apfelwein und verliebten uns gleich am ersten Abend ineinander. Marlen, die 10 Jahre älter als ich war, hatte eine bewegte Vergangenheit, und mit zwei Kollegen im Ensemble war sie schon einmal zusammen gewesen. Wir wurden rasch ein Paar und fanden eine gemeinsame Wohnung in der Morgensternstraße 6. Da der Vermieter aber nur an Eheleute vermietete, nahmen wir das zum Anlass, so schnell es eben ging, im Frankfurter Römer zu heiraten.

Bei unserer standesamtlichen Trauung passierte etwas Eigenartiges. Beim Unterschreiben der Eheurkunde verrutschte mir der Stift – von meinem Namen war nurmehr ein krummer Strich übrig. Auf die mir unangenehme Nachfrage des Standesbeamten, ob denn in meiner Unterschrift alle Buchstaben enthalten seien, antwortete ich mit einem kleinlauten »Ja« und kam mir vor wie ein Betrüger, der eigentlich gar nicht heiraten wollte.

Nun lebte ich mit einer sehr selbstbewussten Frau zusammen, einer Frau, die ich mir immer gewünscht hatte und mit der ich auch ein bisschen angeben konnte. Gern hätten wir ein gemeinsames Kind gehabt, doch nachdem Marlen aufgrund einer ungewollten Schwangerschaft Mitte der sechziger Jahre eine sogenannte Engelmacherin aufgesucht hatte, konnte sie keine Kinder mehr bekommen. Unser Alltag wurde schon bald zu einer unerwarteten Herausforderung, da ich mir eingestehen musste, dass mir Marlens selbstbestimmte Art zu schaffen machte. Das, was sie an Erfahrung bereits hinter sich hatte, nagte an meinem Ego. Ich fühlte mich ihr gegenüber unterlegen – was letztendlich dann wohl auch der Grund dafür war, dass ich mich schon bald nach unserer Hochzeit für Frauen zu interessieren begann, die deutlich unerfahrener waren als sie. Aber natürlich konnten mich diese sogenannten Seitensprünge nicht glauben machen, dass ich mich auf Augenhöhe mit Marlen bewegte. Selbst wenn ich es übertrieb und tagelang nicht nach Hause kam, sie nur noch auf der Bühne traf, eine Szene mit ihr spielte, bei der ich daran denken musste, gerade erst das Bett einer anderen Frau verlassen zu haben – selbst das konnte mein angeschlagenes Selbstwertgefühl nicht stabilisieren und sorgte auch nicht für ein Gefühl von Souveränität. Ich verhielt mich eher wie ein Idiot, der es nicht besser wusste.

Während der jährlichen sechswöchigen Theaterferien machten wir ausgedehnte Reisen mit unserem VW. Wir fuhren die gesamte französische, spanische und portugiesische Küste ab und durchkreuzten auch das Innere der jeweiligen Länder. Wie ungeheuer riskant und geradezu lebensgefährlich das teilweise war, ist uns damals nicht bewusst gewesen. Die »Route Nationale« zum Beispiel, auf der wir in der Regel gen Süden in Richtung Montpellier fuhren, war zu jener Zeit noch eine Landstraße und keine Autobahn. Auf dieser einfachen zweispurigen Straße bretterten wir durch die Nacht – unangeschnallt und als Beifahrer auch manchmal schlafend – bei einem Gegenverkehr mit selbstmörderischen Überholmanövern. Die zahllosen ausgebrannten Autowracks am Straßenrand sahen aus wie Trophäen, die der Tod dort vergessen hatte. Das aber machte uns damals keine Angst. Sechs Jahre lang wiederholten wir das Abenteuer Sommer für Sommer – was sollte uns schon passieren?

Unvergessen unsere Reisen durch die wunderbaren Weiten Spaniens, das noch bis weit in die siebziger Jahre eine Diktatur war und von dem altersschwachen Generalissimus Franco mit eiserner Hand regiert wurde, dem Hitler gegen Ende des spanischen Bürgerkrieges mit Hilfe seiner Legion Condor an die Macht verholfen hatte. Ein ganz besonderes Erlebnis war unser Aufenthalt in Pamplona während der alljährlichen Fiesta. Selbstredend saßen wir in dem Café, in dem Hemingway getrunken und geschrieben hatte – bei flirrender Hitze und mit eiskaltem Weißwein im Glas. »A las cinco de la tarde«, dann brachen wir zu einer »Corrida« in der nahe gelegenen, riesigen Arena auf, die wegen der tief stehenden Sonne zur Hälfte im Schatten lag. Drei Matadore präsentierten sich dem Publikum und jeder von ihnen musste zwei Kämpfe überstehen. Allein schon ihr pompöser Einzug zu Beginn des Spektakels war großes Theater. Gegen Ende des Nachmittags kam es aber zu einem dramatischen Zwischenfall: Der Matador, den das Publikum nach seinem ersten Kampf ausgebuht hatte, weil er in der direkten Konfrontation mit einem störrischen Stier zurückgewichen war, kniete sich nun direkt vor das Eingangstor der Tiere, um seinen Mut zu beweisen und seine Schmach vergessen zu machen. Als das Tor geöffnet wurde, stürmte ein riesiger Bulle aus der Dunkelheit des Gewölbes ins grelle Tageslicht, hielt inne, schnaufte, scharrte mit den Hufen, schien sich zu orientieren und galoppierte dann direkt auf den ihn schon erwartenden Torero zu. In vollem Lauf nahm er den Unglücklichen auf die Hörner, durchbohrte seinen Unterleib und wirbelte ihn hoch in die Luft. Ein Aufschrei des Entsetzens ging durch die Reihen der Zuschauer, als der schwer verletzte Matador auf den Boden krachte. Nicht weit entfernt von mir sah ich ihn blutüberströmt im Sand der Arena liegen. Eine entsetzliche Stille lag über dem Kampfplatz. Ein paar Helfer versuchten, den Schwerverletzten zu retten, zerrten ihn auf eine Bahre und trugen ihn eilig davon.

So also sah er aus, der Tod am Nachmittag, über den Hemingway so viel geschrieben hatte. Am Tag darauf nannte die Mutter des gestorbenen Toreros ihren Sohn in einem Interview mit der Lokalzeitung einen Helden, auf den sie ihr Leben lang stolz sein würde.

Während eines Aufenthaltes in Paris gingen wir in die Comédie Francaise, um uns »Bérénice« von Jean Racine anzuschauen. Ein französischer Klassiker, den der große Theaterzauberer Klaus Michael Grüber inszeniert hatte. Im Prinzip sind die Stücke Racines reinste Deklamation und eine recht steife Angelegenheit: wenig Handlung und dafür endlos lange Monologe. Eine Herausforderung für selbst den geduldigsten Zuschauer. Wir aber erlebten das genaue Gegenteil. Der Vorhang ging auf und ein Mann stand allein an der Rampe. Er begann mit einem Seufzer, »mais helas!«, und beklagte sein Schicksal: wie unendlich traurig und verzweifelt er darüber sei, dass er seine große Liebe verloren habe und dass er diese Frau, die nirgends zu finden war, sehnsuchtsvoll vermisse. Im Publikum war es totenstill. Zufällig schaute ich zur Seite und sah Marlen – zutiefst ergriffen und in Tränen aufgelöst. Was war geschehen? Ein Schauspieler hatte es vermocht, den Schmerz einer verlorenen Liebe derart glaubhaft und überzeugend zu vermitteln, dass das Publikum sich ihm nicht entziehen konnte und mit ihm fühlte. Ein Auftritt, den ich als Zuschauer so nur ganz selten im Theater erlebt habe.

31

Nach allem, was ich in meiner Zeit in Frankfurt erlebt habe, ist mir die Vision von Mitbestimmung am Theater fremd geblieben. Sie ging einher mit einem Bedürfnis nach gesellschaftlicher Veränderung: Alte Autoritätsstrukturen wurden im Zuge des Aufbruchs der 68er-Bewegung hinterfragt und eine hierarchisch geführte Institution wie die der Städtischen Bühnen in Frankfurt war da ein willkommenes Versuchsfeld. Man übertrug die Macht und die daraus folgende Verantwortung auf gewählte Vertreter, die dann mit den Problemen des Modells fertigzuwerden hatten.

Welchen Einfluss kann die Mitbestimmung haben? Wer als Schauspieler arbeitet, unterwirft sich einer subjektiven Beurteilung und ist abhängig davon, dass Menschen an ihm Gefallen finden. Er liefert sich aus – und zur brutalen, aber unumstößlichen Wahrheit dieses Berufes gehört es, dass Ausstrahlung und Talent nicht verhandelbar sind. Meine Erfahrungen in Frankfurt haben mir deutlich gezeigt, dass sich Kunst und künstlerische Prozesse nie einer Mehrheitsmeinung beugen dürfen, selbst wenn es sich manchmal noch so richtig und gerecht anfühlt. Im Grunde ist es ganz einfach: Wenn ich einen Schauspieler auf der Bühne sehe, dann hat er entweder meine sofortige Aufmerksamkeit, oder er hat sie nicht – warum auch immer das so sein mag. Das Einberufen einer Vollversammlung, die meine Meinung bestätigt oder dem, was ich vertrete, widerspricht, erscheint mir wenig sinnvoll. Ausstrahlung und Talent kann man sich nicht erarbeiten und ohne diese elementaren Grundvoraussetzungen hat man als Akteur auf einer Bühne nichts zu suchen. Der verzweifelte Versuch, mit Hilfe mitbestimmender Kollegen die eigene Talentlosigkeit wegzudiskutieren, ist und bleibt ein sinnloses Bemühen und ein ganz und gar vergeblicher Schrei nach Gerechtigkeit.

Der Beruf des Schauspielers hat seine dunklen Seiten und mit allzu viel Gerechtigkeit sollte man nicht rechnen. Vom Publikum nicht angenommene Schauspieler fühlen sich verletzt und gedemütigt, und nicht selten werden sie zu Alkoholikern. In der Mehrzahl sind das die, die sich jahrelang erfolglos abgestrampelt und nie den Mut aufbracht haben, sich ihr Scheitern einzugestehen. Ich habe einige dieser zutiefst unglücklichen Kollegen kennengelernt und erlebt, mit wie viel Elan und Selbstvertrauen sie ihren Beruf begonnen haben, und sehe heute, was aus ihnen geworden ist – manche von ihnen erkenne ich kaum wieder.

Natürlich gibt es auch die Kollegen, die der Beruf bekannt, reich und berühmt gemacht hat. Paradoxerweise aber werden auch einige derer zu Alkoholikern, weil sie sich, zerfressen von ewiger Unzufriedenheit, ständig fragen: Was habe ich alles nicht erreicht? Und: Wie lange hält mein Erfolg noch an? Ich habe Bruno Ganz einmal darauf angesprochen, wie es ihm, als einem der angesehensten Schauspieler seiner Generation, passieren konnte, dass er nach tagelangen Alkoholexzessen alle Vorstellungen an der Berliner Schaubühne hatte absagen müssen, um schließlich in ein Spital in der Schweiz eingeliefert zu werden, wo er dann über vier Wochen im Koma lag: »Ja, was soll ich sagen? Es ist halt nie genug«, war seine Antwort.

Auch in meinem Leben hat der Alkohol eine unrühmliche Rolle gespielt und es gab Zeiten, auf die ich alles andere als stolz bin. Aus heutiger Sicht würde ich sagen: Ich habe die Kurve gekriegt. Aber wie das im schlimmsten Fall mit dem Alkohol enden kann, habe ich schon in den späten neunziger Jahren in der legendären Berliner »Paris Bar« gesehen. Da standen zwei schon etwas betagtere, sehr prominente Kollegen am Tresen und gaben sich hemmungslos die Kante. Sie hatten jegliche Kontrolle über sich verloren und waren kaum noch ansprechbar. Altersgeil und in der Annahme, dass ihr Prominentenstatus die Damenwelt beeindrucken würde, grabschten sie jungen Frauen hinterher, die an ihnen vorbeikommen wollten. Es war ein unsagbar trostloser Anblick, ein Absturz ins Bodenlose – und das in aller Öffentlichkeit. Vor übrigens zahlreich anwesenden Theaterzuschauern, die das mitansehen mussten. Das Schlimmste, was einem als Schauspieler passieren kann, denke ich, ist das Mitleid der Menschen, die dich einmal bewundert haben.

32

1978, nach sechs Jahren am Schauspiel Frankfurt, wollte und musste ich mich verändern. Ivan Nagel, der damalige Intendant des Deutschen Schauspielhauses in Hamburg, hatte mir und Marlen ein nicht nur künstlerisch äußerst verlockendes Angebot gemacht. Zudem hatte sein zukünftiger Mitstreiter Luc Bondy, einer der jüngsten und hellsten Sterne am Theaterhimmel der siebziger Jahre, den wir bereits aus Frankfurt kannten, den ausdrücklichen Wunsch geäußert, uns in Hamburg dabeihaben zu wollen, und bot mir sogleich den »Tartuffe« von Molière an.

Dieses Angebot hätte ich normalerweise nie abgelehnt, nur war ich in Frankfurt gerade erst auf den Regisseur Frank Patrick Steckel getroffen, unter dessen Regie ich den Leonhard in Hebbels »Maria Magdalena« spielte. Die Rolle eines ehrgeizigen jungen Mannes, der die Tochter eines rechtschaffenen Tischlers sitzen lässt, nachdem sie ein Kind von ihm erwartet. Ein Regisseur wie Steckel war mir bis dato noch nicht begegnet. Er kam aus der Kaderschmiede der Berliner Schaubühne und schon im Laufe unserer ersten gemeinsamen Arbeit war er zu meinem künstlerischen Ziehvater geworden. Ihm vertraute ich ganz und gar, weil er sich darauf verstand, mir ein genaues Gespür für meine Ausdrucksmöglichkeiten zu vermitteln. Allerdings hatte er so seine Probleme damit, aus dem Schatten seines Lehrmeisters Peter Stein herauszutreten, den er unbewusst kopierte und dessen Autorität ihn traumatisiert zu haben schien.

Die Schaubühne unter Peter Stein: Das war der heilige Gral in den Augen aller deutschen Theaterschaffenden, und für Steckel muss es sehr hart gewesen sein, sich dort als Anfänger mit seiner ersten Inszenierung, dem »Fatzer« von Bertolt Brecht, zu behaupten. Mein Bruder, der nach einem abgebrochenen Medizinstudium dann doch Schauspieler geworden war, spielte die Hauptrolle und war Augenzeuge folgender Begebenheit: Kurz vor der Premiere gab es die übliche »Abnahme« des Ergebnisses einer sechswöchigen Probenarbeit durch die Leitung des Theaters – also durch Stein, seinen Dramaturgen und seinen sonstigen Mitarbeitern, den sogenannten »Mänteln«, die so genannt wurden, weil die Herrschaften stets im Pulk auftraten und stets in lange schwarze Mäntel eingehüllt waren. Der Durchlauf vor den Augen einer sich ungeheuer cool gebenden, mitleidlosen Gang machte den Schauspielern Probleme, die sie während der Probenarbeit nicht gehabt hatten. Hochgradig nervös, verängstigt und durch und durch unsicher mühten sie sich ab, den künstlerischen TÜV dieses Tages zu überstehen. Zu besichtigen war ein Durchlauf, der Steckel nicht gefallen haben konnte. Stein hingegen nahm es demonstrativ locker zur Kenntnis, dass sich seine Schauspieler angesichts seiner Person beim Spielen fast in die Hosen gemacht hatten, und kommentierte das Ganze so: »Mh …

Ja, Frank, verstehe, verstehe … Du willst so inszenieren wie ich … Mh … mh … Pech, mich gibt's schon.«

Mit Steckel also hatte ich mich nun freiwillig, ohne Not und mit einer allzu voreiligen Vertrauensseligkeit in eine, wie sich schon bald zeigen sollte, nicht ganz unproblematische künstlerische Abhängigkeit begeben. Er hatte das Angebot, Oberspielleiter in Bremen zu werden, mit dem Auftrag, das dortige, am Boden liegende Stadttheater neu zu beleben. Seine Zusage war an die Bedingung geknüpft, dass Marlen und ich ihm an die Weser folgten, da er uns dort als seine Zugpferde präsentieren wollte. Marlen fand das Angebot aus Hamburg weit verlockender, ich jedoch vertraute meinem Meister Steckel und nahm seine großherzigen Versprechungen ernst. Ich war so überzeugt von der Richtigkeit meiner Haltung, dass es mir tatsächlich noch rechtzeitig gelang, Marlen zum Mitkommen nach Bremen zu überreden. Verträge wurden unterschrieben, und schon kurz darauf begann es kompliziert zu werden.

Auf uns wartete nämlich noch eine letzte gemeinsame Produktion am Schauspiel Frankfurt unter Steckels Regie. Wir hatten uns kein geringeres Werk als das monströse, als nahezu unspielbar geltende Drama »Penthesilea« von Heinrich von Kleist vorgenommen – mit Marlen als männermordender Amazonenkönigin und mir als verliebtem Krieger Achilles. Wie es damals so üblich war, wurden vor der eigentlichen Probenarbeit ausführliche Leseproben angesetzt. Ganze Materialordner, die das thematische Umfeld des gewaltigen Projekts behandelten, mussten von allen Beteiligten ausführlich studiert werden. Referate wurden verteilt und diese zu schreiben, war anstrengende Seminararbeit, denn es musste ja alles, was man formulierte, sorgfältigst recherchiert und belegt werden. Zwei Wochen vergingen. Dann hatten wir genug von all der Theorie und es kam zu einem ersten Zusammentreffen auf der Probenbühne …

33

Für Steckel war die Arbeit an »Penthesilea« der Griff in die Sterne. Eigentlich, ließ er uns wissen, könne man das Projekt gleich ad acta legen, denn wie um alles in der Welt solle man diesem genialischen Wahnsinn des Textes auch nur im Ansatz gerecht werden. Und: es glaube doch wohl kein Mensch, dass die zur Verfügung stehenden Schauspieler in der Lage seien, die ungeheuer komplizierte Sprache Kleists zu bewältigen. Wer könne sich denn sicher sein, von der gewaltigen emotionalen Wucht dieses Dramas nicht völlig überfordert zu sein? Die Latte hing also dermaßen hoch, dass nicht wenige von uns Schauspielern das Ganze schon rasch als aussichtslos betrachteten.

Nun aber lernte ich Steckels mir bis dahin völlig unbekannte Seite kennen. Wir begannen mit den Proben, und auf einmal schien unsere überaus gründliche Vorbereitung gar nicht mehr so wichtig gewesen zu sein. Frei nach Steckels Motto »Das machen wir jetzt mal nach Marke Praktisch« verwandelte sich der Himmelsstürmer in einen rigorosen Pragmatiker: Wenn die Latte zu hoch hänge, sodass ein Sprung darüber nicht möglich sei, könne man ja auch unter ihr durchlaufen. Anstatt sich vom hohen Anspruch der gewaltigen Aufgabe und der deprimierenden Vision unvermeidlichen Scheiterns lähmen zu lassen, solle man sich lieber in Demut und Bescheidenheit üben und sich auf das konzentrieren, was machbar sei. Das sei immerhin ehrenwert und auch die Zuschauer würden einem solchen Vorgehen sicher Verständnis und Respekt entgegenbringen – allein schon wegen des außergewöhnlichen Schwierigkeitsgrades der Unternehmung. »Sich klein zu machen«, pflegte Steckel zu sagen, »ist schließlich auch eine Tugend.«

Die Proben wurden zu einer Tortur. Täglich waren wir mit unserem inzwischen tief verinnerlichtem Problem konfrontiert, dem wortgewaltigen Text nicht gewachsen zu sein. Eine der schönsten Liebesszenen in deutscher Sprache, in der Achilles seine Amazonenkönigin staunend betrachtet und sie mit unvergleichlichen Worten beschreibt, wurde als Kaffeekränzchen inszeniert – als Kaffeekränzchen!

»Achilles: Wer bist du, wunderbares Weib? Penthesilea: Ich sagte still! Du wirst es schon erfahren. – Was atmest Du? Achilles: Den Duft deiner süßen Lippen. Penthesilea: Nein, es sind die Rosen, die Gerüche streun. Achilles: Ich sollte sie am Stock versuchen. Penthesilea: Sobald sie reif sind, Liebster, pflückst du sie …«

Kurz vor der Premiere hatte Steckel derartiges Muffensausen, dass er mich eines Abends im Flur vor meiner Garderobe abfing, um mir mitzuteilen, dass ich die Probenarbeit bis zur Premiere doch bitte ab sofort allein erledigen möge, da er mir momentan nicht mehr helfen könne.

Es ist mir heute völlig schleierhaft, warum ich das damals ohne Widerspruch hingenommen habe. Vielleicht, weil ich in jenen Jahren nie auf die Idee gekommen wäre, den selbstverständlichen Autoritätsanspruch eines Regisseurs in Frage zu stellen. Was interessanterweise in krassem Widerspruch zu den damaligen gesellschaftlichen Entwicklungen stand. Da gab es schließlich die klare Ansage, den Autoritäten eine Abfuhr zu erteilen, den Gehorsam in Frage zu stellen und den Untertanengeist aus den Köpfen zu kriegen. Und nun das: Regisseure einer sich antiautoritär gebenden jungen Generation, die sich von ihren autoritären Vätern abgewendet hatten, waren plötzlich deren Widergänger, und Steckel war beileibe nicht der Einzige.

Der Druck, den wir jetzt hatten und der sich Tag für Tag verstärkte, ließ Marlen und mich zur Selbsthilfe greifen: Wir probten unsere Szenen auf dem Teppich unserer gemeinsamen Wohnung – in Heimarbeit sozusagen –, um Verabredungen festzulegen, aber auch, um in der bedrohlich näher rückenden Premiere nicht gänzlich unterzugehen.

Bei den Endproben auf der Bühne kam es dann zum Eklat. Susanne Raschig, Steckels Frau, die für Bühne und Kostüm verantwortlich war, hatte mir als Achilles – ebenso wie den übrigen Griechen – einen Plastikpanzer verpasst, in dem ich mich kaum bewegen konnte. Ich war nicht einmal in der Lage, mich hinzuknien. Das jedoch war im Lauf des Stückes mehrfach vorgesehen und führte zwangsläufig dazu, dass die Probe nun ständig unterbrochen werden musste. Steckel platzte schließlich der Kragen und in einem allerletzten Aufbäumen vor der nahenden Katastrophe raffte er sich auf, der längst fälligen Auseinandersetzung mit Susanne Raschig nicht mehr aus dem Weg zu gehen. Rücksichtslos gebärdete er sich als Chef im Ring, eliminierte alles, was unser Spiel behinderte, und setzte sich umgehend einer wüsten Tirade übelster Beschimpfungen seiner erbosten und vor aller Augen gedemütigten Frau aus, die ja für die von ihm in letzter Minute aus dem Weg geräumten Probleme die Verantwortung trug.

Nach der ersten Hauptprobe saßen wir Schauspieler abgeschminkt und erschöpft im fünften Stock des Theaters an einem großen Tisch und warteten darauf, dass Steckel nun gleich alles, was er in einem ersten Durchlauf auf der Bühne gesehen hatte, in einer detaillierten, viele Stunden dauernden Kritik kleinteilig auseinandernehmen würde. Das war seine übliche Methode und es war, wie jeder von uns wusste, kein Zuckerschlecken, diese endlose Prozedur ertragen zu müssen. Dieses Mal erschien Steckel sehr spät – dafür aber hatte er einen Auftritt wie aus einem Italo-Western von Sergio Leone: In wehendem schwarzen Mantel, mit bleichem, todernstem Gesicht und flankiert von zwei nicht von seiner Seite weichenden Assistenten, betrat er den Raum und setzte sich zu uns an den Tisch.

Nach einer schier unerträglich langen Pause sagte er mit kalter Stimme: »Marlen … ich habe dir kein einziges Wort geglaubt!« – Stille, denn das war das Todesurteil für die Darstellerin der Penthesilea. Der Richter hatte gesprochen. Marlen stand auf und verließ wortlos den Raum. Ich dagegen hielt mich bedeckt wie alle Anderen auch und wollte abwarten, was passieren würde. Was aber hätte passieren sollen? Die Hauptdarstellerin hatte uns gerade verlassen und jeden zum Verstummen gebracht. Natürlich hätte ich ebenfalls aufstehen müssen, um Marlen hinterherzugehen und ihr beizustehen … Und natürlich hätte ich das in meinen Augen unverschämte

Verhalten unseres Regisseurs offen attackieren müssen. Aber ich vermochte nichts dergleichen – und werde nun bis zum Ende meiner Tage damit leben müssen, mich in einem wichtigen Moment meines Lebens feige verhalten zu haben.

Später einmal erzählte mir Marlen, dass sie nach ihrem Abgang in ihre Garderobe gegangen sei, sich mit einem Lippenstift auf dem Spiegel schriftlich von mir verabschiedet habe, um kurz darauf aus dem Fenster zu springen. Was sie letztendlich davon abgehalten hat? Ich weiß es nicht, und sie hat es mir auch nie verraten.

Die Premiere wurde – alle hatten es geahnt – zu einer unrühmlichen Veranstaltung, besser gesagt: zu einer Katastrophe. Und Steckel ward für lange Zeit nicht mehr gesehen. Das Schlimmste aber stand uns Schauspielern noch bevor: Weil es am Repertoire-Theater so üblich ist, mussten wir die Aufführung noch mindestens weitere vierundzwanzigmal spielen. Das verlangten die treuen Abonnenten. Und so gingen wir in die allabendlichen Vorstellungen mit einem stets wiederkehrenden, lähmenden Gefühl von Vergeblichkeit – um nach getaner Arbeit und einem spärlichen Applaus am Ende des Stückes diese sich unbarmherzig wiederholende, bittere Erfahrung beim Griechen mit reichlich Ouzo hinunterzuspülen.

In der Provinz ist schon Regen
eine Zerstreuung.
Edmond de Goncourt

34

Mit Steckel, der uns im Stich gelassen hatte mit einem Drama, das einfach nicht zu bewältigen war, sollten wir nun also nach Bremen gehen. Wenn ich heute darüber nachdenke, ist es mir nach wie vor schleierhaft, warum wir die Verabredung mit Steckel nicht schon am Abend der Penthesilea-Premiere aufgekündigt haben.

Zur letzten Vorstellung unseres gescheiterten Unternehmens kam unser Regisseur noch einmal angereist, mit wundem Blick und einem Blumenstrauß in der Hand, um sich mit schlechtem Gewissen kleinlaut zu entschuldigen für das, was er uns eingebrockt hatte. Er lud uns ein in unser griechisches Lokal, gab sich einfühlsam und sanft und lobte uns für unser Durchhaltevermögen. Wir wiederum zeigten uns versöhnlich, denn wir waren einfach nur froh über das endgültige Aus dieses höchst unerfreulichen Betriebsunfalls und außerdem viel zu erschöpft, um an eine angemessene Abrechnung zu denken.

Widerwillig und gewiss auch aus Angst vor den unwägbaren Folgen eines eventuellen Vertragsbruchs folgten wir Steckel nach Bremen. Und kamen in ein reizendes, überschaubares Städtchen, das still vor sich hin zu schlafen schien. Als Erstes kaufte ich mir ein Fahrrad, dann gingen Marlen und ich Kaffeetrinken und im Bürgerpark spazieren. Wir besuchten die kleinen Schweinchen in der Fußgängerzone und auch die Bremer Stadtmusikanten auf dem Rathausplatz – und das war's dann auch schon. Mehr gab es nicht zu sehen und zu erleben. Wir fanden eine schöne große Altbauwohnung in einem Viertel, das außerhalb der Innenstadt lag und bürgerliche Gediegenheit ausstrahlte. Unser neuer Arbeitsplatz war das Goethe-Theater. Der Spielort, an dem nun unsere zweijährige Verbannung in den Norden Deutschlands begann.

Die Arbeit dort begann im Herbst 1978 und als Erstes spielte ich den Mortimer in Friedrich Schillers Drama »Maria Stuart«. Zusammen mit Marlen als Königin Elisabeth. Die Spielleitung hatte ein heute völlig zu Recht vergessener Regisseur, ein ehrgeiziger, aber bemitleidenswerter Hysteriker, der, wie sich schon bald herausstellen sollte, dem Druck der Eröffnungspremiere nicht gewachsen war. Auf den Proben verhielt er sich kindisch. Er schrie herum, stöhnte wie

114

ein krankes Tier, wenn etwas nicht klappte, jammerte ständig oder verlor sich in Selbstmitleid. Darüber hinaus quälte er uns mit überflüssigen Einfällen und hanebüchenen Regieanweisungen. Irgendwann hörten wir ihm einfach nicht mehr zu und besannen uns auf uns selbst. Während der Endproben nahm endlich Steckel das Ruder in die Hand, und die Premiere wurde zu einem unerwarteten Erfolg. Eine geheime Gesetzmäßigkeit am Theater sagt, dass immer das Gegenteil dessen eintrifft, was man während der Proben erhofft oder erwartet hat – und genau das hatte sich bei unserer »Maria Stuart« wieder einmal wundersam bestätigt.

Die Rolle des Mortimer war eine große Herausforderung. Ich spielte den irischen Schwärmer, der sein Leben herzugeben bereit ist für die Befreiung der von der protestantischen Elisabeth inhaftierten katholischen Maria Stuart, mit glühender Inbrunst und mit feuerroten langen Haaren. Schillers Drama ist in fünffüßigen Jamben verfasst und somit für den Darsteller des Mortimer auch eine sprachlich anspruchsvolle Aufgabe. Um ihr gerecht zu werden und um den Eifer dieses fanatischen Idealisten glaubhaft zu vermitteln, ging es in erster Linie darum, sich dem Rhythmus der Sprache anzuvertrauen und Schillers Verse sowohl gedanklich, als auch emotional zu beglaubigen. Es wurde ein wilder Ritt und ich musste höllisch aufpassen, mich nicht zu vergaloppieren. Das alles schien mir gut gelungen zu sein, denn mit diesem Mortimer kam ich erneut in »Theater heute« auf die Liste der besten Schauspieler des Jahres, was mich, ehrlich gesagt, überraschte. Aber natürlich freute ich mich darüber, dass mir dieser Coup an einem Theater in der Provinz geglückt war.

Nach dieser ersten Premiere hatte ich erst einmal eine Menge Freizeit, da ich an einem Dreispartenbetrieb engagiert war, an dem sich Schauspiel, Oper und Ballett die Anzahl ihrer Vorstellungen auf der Bühne teilen mussten. Also ging ich in den »Lustigen Schuster«, eine verwahrloste Eckkneipe in der Nähe unserer Wirkungsstätte, und traf dort auf meinen Kollegen Ignaz Kirchner. Der döste in der hintersten Ecke des Lokals vor sich hin und trank Weißwein. Ich setzte mich zu ihm, wir tauschten den neuesten Tratsch aus, kamen ins Schwadronieren und schon bald demonstrierte er mir, dass er das Gläserzerbeißen, mit dem er mich schon in Bochum beeindrucken konnte, noch immer nicht verlernt hatte.

Ab und zu hockte ich mich natürlich auch in die Theaterkantine zu meinen Kollegen. Wir sprachen über den Spielplan und so bekam ich zufällig mit, dass Steckel mich offensichtlich mit falschen Versprechungen nach Bremen gelockt hatte. Ich überprüfte das Vernommene mit dem, was auf dem offiziellen Aushang stand, der beim Pförtner hing und gerade erst von der Direktion abgesegnet worden war. Reichlich verdattert musste ich feststellen, dass sich meine Beschäftigung am Bremer Theater in einem sehr bescheidenen Umfang bewegen würde. Die großen Rollen, die mich in den Norden der Republik gelockt hatten, waren nicht in Sicht. Ich fühlte mich übel hintergangen, telefonierte mit dem Büro meines ehemaligen künstlerischen Ziehvaters und forderte ein Gespräch unter vier Augen. Ich bekam einen Termin bei Steckel und einen Tag später betrat ich sein Büro. Er wusste wohl ganz genau, warum ich ihn aufsuchte, denn er empfing mich mit einem süffisanten Lächeln und fragte mich, was ich auf dem Herzen hätte. Ich verlor die Fassung und schrie ihn an: ob er denn noch alle Tassen im Schrank hätte und was ihm überhaupt einfiele, mich auf Sparflamme zu setzen, nachdem ich ihm doch wie ein Leibeigener nach Bremen gefolgt sei. »Warum hast du mir das angetan und warum hast du mir deinen Sinneswandel verheimlicht?«

Steckel schwieg und malmte mit den Backenknochen. »Werd doch erst mal ein Mensch«, blaffte er mich an.

Ich war fassungslos. Das Einzige, was mich überhaupt dazu bewogen hatte, ihm in die Provinz zu folgen, war sein Versprechen, mit mir zu arbeiten. Warum hätte ich mich, um ein Mensch zu werden, ausgerechnet freiwillig nach Bremen begeben sollen? Ich war stinksauer auf Steckel und ab sofort war er nur noch ein rotes Tuch für mich. Es hatte mich tief getroffen, dass nicht einmal die Anerkennung in »Theater heute« einen nennenswerten Einfluss auf die perspektivischen Entscheidungen meines Schauspieldirektors gehabt zu haben schien. Zutiefst bedauerte ich meinen Entschluss, dem Schauspielhaus in Hamburg, vor allem aber dem Regisseur Luc Bondy, abgesagt zu haben. Aber ich war ja selber schuld, denn ich hatte eine extrem falsche Entscheidung getroffen. Dass das nun nicht mehr zu leugnen war, war natürlich Wasser auf Marlens Mühle – trotzdem unterließ sie es, mir meinen Irrtum jetzt um die Ohren zu hauen. Unsere Beziehung hatte sich im Lauf der letzten Monate fast unmerklich entschleunigt und wir vermieden es, uns allzu oft miteinander zu beschäftigen. Und so ging sie ihrer und ich meiner Wege.

35

Ich fand Trost im Gitarrenspiel und vertonte die skurrilen Gedichte von Ronald D. Laing, einem amerikanischen Psychiater und Bestsellerautor.

»Mummy'll scream
If you had a wet dream
Do not let frustration
Lead to masturbation
Little Billy plays with his willie
That's why he's silly
Ha ha ha«

Darüber hinaus werkelte ich, wie schon in Wuppertal begonnen, an etlichen weiteren, heute längst verschollenen Kompositionen zu selbstverfassten englischen Texten. Wobei ich eigene Texte immer erst schrieb, wenn ich eine fertige Komposition hatte – meine Texte also stets der Musik anpasste, und nicht umgekehrt. Das alles verbesserte meine Laune nicht. Die mir auferzwungene freizeitintensive Beschäftigungslage am Bremer Theater ging mir gewaltig auf die Nerven. Es war eine Zeit wie ein stehendes Gewässer und es gab keine Freunde, denen ich mich hätte anvertrauen können. Ich fühlte mich wie ein flügellahmer Künstler, den man auf dem Abstellgleis eines Provinzbahnhofs vergessen hatte.

Ich ließ mich gehen, schlief bis in die Puppen, streunte ziellos durch die Stadt, aß zu viel Kuchen und verbrachte fast täglich ganze Nachmittage im »Lustigen Schuster«. Ich machte die Bekanntschaft einiger reizender Kolleginnen und fand Gefallen daran, mich bereitwillig auf sie einzulassen. Dass ich verheiratet war, spielte absolut keine Rolle und es gab überhaupt keinen Grund für mich, einem Abenteuer aus dem Weg zu gehen. Schließlich forderte mich mein Beruf doch geradezu dazu auf, das Leben in all seinen Facetten zu studieren. Ich verliebte mich in meine Kollegin Maike, die eine tolle Sängerin war und ungewöhnlich laut lachen konnte. Sie lebte wie ich in einer festen Beziehung und wir trafen uns, so oft es ging – meist heimlich nachts in einem versteckt gelegenen Lokal. Bei schummrigem Kerzenlicht und gefühlvollen Liebesballaden aus der Musikbox kamen wir uns näher und erwärmten uns füreinander. Aber natürlich lag ein Schatten über dieser Affäre. »Sag Marlen die Wahrheit – jetzt oder nie«, hörte ich mich eines frühen Morgens zu mir selber sagen.

Nachdem Marlen durch die Indiskretion eines Kollegen Wind davon bekommen hatte, dass ich wohl ein kleines Techtelmechtel hatte, schlich sie eines Abends im Laufe einer Maria Stuart-Vorstellung heimlich in meine Garderobe, während ich noch in der Maske saß. Dort fand sie einen parfümierten Brief und somit den ultimativen Beweis meiner Untreue. Als wir uns kurz darauf auf der Bühne begegneten, sah ich ihr an, dass etwas nicht stimmte … und sie etwas wusste, was ich ihr bis jetzt verheimlicht hatte.

Es war ein sehr besonderer Moment, wie wir uns da gegenüberstanden, ich als Mortimer und sie als Königin Elisabeth. Nachdem ich mein von Schiller geschriebenes Anliegen vorgetragen hatte, reagierte sie ganz anders, als sie eigentlich hätte reagieren müssen: anstatt sich erfreut zu zeigen, wie es ihre Rolle verlangte, fauchte sie mir den Text ihrer Replik mit zornig funkelnden Augen ins Gesicht. Nach der Vorstellung gelang es mir dann aber trotz allem, Marlen wieder halbwegs zu beruhigen, indem ich meine Affäre herunterspielte und sie als flüchtige, unerhebliche Angelegenheit abtat. In Wirklichkeit allerdings hatte sich mein Verhältnis zu Maike zu einer ernsthaften Beziehung gemausert, sodass ich nun doch irgendwann Farbe bekennen musste.

An einem kalten Winternachmittag stapfte ich auf dem Weg nach Hause durch den tiefen Bremer Schnee, um Schluss zu machen mit den ständigen Lügen und Ausreden. Ich wollte meiner Frau die Wahrheit zumuten und ihr sagen, dass ich mich verliebt hätte und nun fest entschlossen sei, mich von ihr zu trennen.

Als ich unseren Flur betrat, schien mich Marlen schon erwartet zu haben. Sie stand mitten im Wohnzimmer und trank einen Tee. Ich druckste nicht lange herum und sagte, was ich zu sagen mir vorgenommen hatte. Die Antwort kam schneller als gedacht – in Gestalt einer fliegenden Teetasse, die nur knapp an meinem Kopf vorbeirauschte, gegen die Zimmerwand klatschte und zerbrach. Es folgte eine lautstarke Auseinandersetzung, während der noch weiteres Porzellan zu Bruch ging. Maike, die sich beruflich nicht mit Marlen vergleichen konnte, aber jünger war als sie, wurde von ihr als kleine lächerliche Boulevardmieze abgekanzelt und übel beleidigt. Empört verteidigte ich mein junges Glück – was Marlen natürlich noch wütender machte. Ein weiteres Zusammenleben als Ehepaar schien nun nicht mehr möglich.

36

Mein zweites Jahr in Bremen bescherte mir dann doch noch einige interessante Projekte. Steckel inszenierte »Nach Damaskus« von August Strindberg. Darin spielte ich einen altersweisen Bettler, der den »Unbekannten«, den Protagonisten des Stücks, einen ruhelosen Mann auf der Suche nach dem Sinn des Lebens, mit einfachen, aber klugen Fragen konfrontiert. Ich selbst war mal gerade 31 Jahre alt, also eigentlich viel zu jung für die Abgeklärtheit meiner Figur und stand so vor der Aufgabe, souveräner wirken zu müssen, als ich es im wahren Leben war. Zu meiner großen Verwunderung stellte sich schon bald heraus, dass die Zuschauer durchaus bereit waren, mir zu glauben – nämlich immer dann, wenn ich mir das, was ich zum Ausdruck brachte, auch selbst glaubte.

Das für mich eigentliche Erlebnis während der Arbeit an »Nach Damaskus« aber war die Beschäftigung mit dem Autor des Dramas und seinem autobiographischen Roman »Plädoyer eines Irren«. Darin beschreibt Strindberg das Verhältnis zu seiner Frau, der Schauspielerin Siri von Essen, und gibt dem Leser einen Einblick in seinen ehelichen Alltag. Das schonungslose, bestechend präzise geschriebene Protokoll einer zutiefst zerstrittenen Beziehung gibt Auskunft über sich ständig wiederholende Auseinandersetzungsrituale, zahlreiche Verletzungen und fortwährende Demütigungen, die immer wieder aufs Neue zu einem unbarmherzigen Schlagabtausch führen: Während Strindberg seiner launischen Frau Respekt abverlangt und ihr ihre Grenzen aufzuzeigen versucht, unterminiert sie sein Anliegen mit einer höchst subtilen Demonstration eindeutiger Überlegenheit als attraktive, allseits begehrte Frau – womit sie sein höchst fragiles Selbstwertgefühl verletzt und ihn überdies dem Gespött der Leute preisgibt. Siri von Essen, die Schauspielerin, hat mit Kraft und Zielsicherheit dem unglücklichen Dichter das Leben zur Hölle gemacht – und Strindberg soll kurz davor gewesen sein, den Verstand zu verlieren.

»Plädoyer eines Irren« habe ich damals in einem Rutsch gelesen, auf seltsame Weise angezogen von einem Paar, das sich den Krieg erklärt hat – obwohl ich seinerzeit noch nicht einmal ahnen konnte, dass auch ich Jahre später es mit ähnlichen Verletzungsritualen und nicht enden wollenden Auseinandersetzungen zu tun bekam.

Meine Ehe mit Marlen war mittlerweile an ihrem Tiefpunkt angelangt. Wir hatten das Interesse aneinander verloren und mir kam es vor, als schienen wir nur noch darauf zu warten, dass endlich einer von uns den Mut aufbringen möge, sich vom anderen zu trennen.

Ein weiteres herausragendes Projekt im zweiten Bremer Jahr war »Die Krönung Richards des Dritten« von Hans Henny Jahnn. Das sprachgewaltige Opus Magnum des exzentrischen Autors aus Hamburg führten wir in der ehemaligen Bremer Schlachthalle auf – mit wechselnden Spielorten und einem von Schauplatz zu Schauplatz wandernden Publikum. Mein Bruder Wolf, der auch nach Bremen engagiert worden war, spielte die Titelrolle.

Zusammen mit meinem Kollegen Peter Franke musste ich innerhalb weniger Wochen reiten lernen. Wir spielten zwei Auftragsmörder, zwei brutale Gesellen, die, wild um sich schießend, auf ihren Gäulen in die Halle sprengen und Angst und Schrecken verbreiten. Ein effektvolles Spektakel einerseits, andererseits aber wurde unser Auftritt von den überrumpelten verängstigten Zuschauern als echte Bedrohung wahrgenommen – was natürlich das Besondere an der Sache war. Bevor es losging, saßen wir Abend für Abend bei Schnee und eisiger Kälte draußen vor dem großen Tor der Halle wie festgefroren im Sattel unserer Pferde und warteten auf unseren Auftritt. Wenn sich das Tor dann endlich auftat, konnten wir die stets nervösen Tiere kaum bändigen. Denn obwohl es mehr als zehn Jahre her sein musste, dass innerhalb der Mauern der alten Schlachthalle ein letztes Mal geschlachtet worden war, rochen sie noch immer das vergossene Blut und verweigerten uns beharrlich den Gehorsam. Und es kostete uns viel Mühe und Geduld, den Pferden die Angst zu nehmen, damit sie uns vertrauten.

Wolf hatte sich schon in den siebziger Jahren als allseits geschätztes Ensemblemitglied der Berliner Schaubühne sowohl als Darsteller wie auch als Regisseur Respekt verschafft. Immer wenn die Schaubühne ein neues Stück plante, wurde darüber erst einmal ausführlich diskutiert. Und wenn Wolf das Wort ergriff, hatte er stets die volle Aufmerksamkeit aller Beteiligten. Er galt als intelligenter Kopf, der Stücke analysieren konnte wie kaum ein anderer und ihm gelang es, selbst hochkomplizierte philosophische Zusammenhänge mit einfachen Worten verständlich zu machen. Und so war es nur eine Frage der Zeit, bis Kollegen vorschlugen, Gesprächsrunden in privatem Rahmen zu veranstalten, in denen man sich zum Beispiel mit den Elegien von Rilke beschäftigte. Wer sie kennt, weiß, wovon ich rede. Die Elegien zu entschlüsseln, ist geistige Akrobatik auf allerhöchstem Niveau. Überdies hatte Wolf phantastische Ideen zu den unterschiedlichsten Projekten und immer trug er sie so vor, dass seine Zuhörer noch Jahre später begeistert davon berichteten. Zum Beispiel hatte er die leider nie verwirklichte Idee, Hitlers Tischgespräche, von denen es ja Tonbandaufzeichnungen gibt, auf die Bühne zu bringen, und zwar in einem, wie ich finde, genialen Bühnenbild: auf dem Hügel des Obersalzbergs. Heftiges Schneetreiben. Der Führer sitzt allein auf einem Schlitten und monologisiert mit düsterer Miene unverdrossen vor sich hin.

37

Der Narr in Shakespeares »Was ihr wollt« ist eine schon in jungen Jahren altersklug gewordene Figur – damit kannte ich mich inzwischen aus. Der Narr macht sich über alles und jeden lustig. Ungefragt spricht er aus, was ihm durch den Kopf geht und selbst wenn er sich die größten Unverschämtheiten herausnimmt, passiert ihm nichts, denn er steht unter dem persönlichen Schutz seines Herren. Allerdings ist auch er nur geduldet und dessen Launen ausgeliefert. Das melancholische Meisterwerk des englischen Dramatikers zu inszenieren, erfordert viel Erfahrung und Souveränität. Als Regisseur hatte Wolf zwar das Wissen um die Komplexität auch dieses Shakespeare-Textes, jedoch noch nicht allzu viel Erfahrung in der Arbeit mit Schauspielern. Mit Marlen, der er die Rolle der Gräfin Orsina anvertraute, hatte er ein Problem. Als selbstbewusste und oft sehr fordernde Theaterkönigin, als die sie sich selber gern sah, machte sie es meinem Bruder nicht leicht. Sie mit einem schnellen, erstbesten Vorschlag zufrieden zu stellen, war nahezu unmöglich. Ihre Ansprüche waren sehr hoch und sie liebte es, unbequeme Fragen zu stellen, die sie sich auch gern selbst beantwortete.

Mein von ihrem zuweilen äußerst anstrengenden Gebahren recht angefressener Bruder hatte einerseits Verständnis für sie – andererseits aber wurmten ihn ihre rasch ausufernden Machtdemonstrationen dermaßen, dass er sie zu hassen begann. In einer späten nächtlichen Runde und nach etlichen Schnäpsen brach es dann endlich einmal aus ihm heraus.: »Hör zu, Marlen … mit dir werde ich kämpfen … verstehst du? Mach dich auf was gefasst!« Er meinte es bitterernst und natürlich wollte er einfach nur sagen: »Dich mache ich fertig!« Selbstverständlich durchschaute Marlen seine in ihren Augen absurde Drohung und sie tat etwas, was meinen armen Bruder gänzlich verstummen ließ: Sie lachte ihn aus. Wie nebenbei demonstrierte sie ihm damit auch noch, wie wenig Macht er über sie hatte. Dem wusste der gedemütigte Wolf nichts entgegenzusetzen. Was blieb ihm also anderes übrig, als grollend auf Abstand zu gehen. Um sich seine Autorität nicht noch weiter in der verbleibenden Probenzeit von Marlen untergraben zu lassen, ließ er ihr seine Regieanweisungen über einen Assistenten zukommen … Das gab ihm etwas

Unnahbares und machte ihn – man mag es kaum glauben – tatsächlich eher wieder interessant für Marlen.

Die Premiere wurde trotz alledem ein schöner Erfolg. In der letzten Szene des Stücks sitze ich als Narr auf der Bühnenrampe, schaue in den Zuschauerraum, greife zu meiner Gitarre und singe das Regenlied:

»Die Welt ist schon ein altes Haus –
Mit He-Ho bei Regen und Wind –
Das Stück ist jetzt aus, und ihr geht nach Haus –
Denn der Regen, der regnet jeglichen Tag.«

Nach dem Ende der letzten Strophe ziehe ich eine Flöte aus meiner Jacke und spiele noch einmal die Melodie des Liedes. Erst nach dem Verklingen des letzten Tons schaue ich wieder ins Publikum, schaue in die Gesichter meiner Zuschauer – und sehe: Tränen überall … überall Tränen in ihren Augen.

Auf der Premierenfeier lernte ich Carla kennen, eine Schauspielerin aus Berlin. Vom ersten Moment an fühlten wir uns zueinander hingezogen und ich wich den ganzen Abend nicht von ihrer Seite. Maike hatte sich nach München verabschiedet und der von mir befürchtete Trennungsschmerz war überraschenderweise ausgeblieben. Spät in der Nacht verließen Carla und ich die Kantine und spazierten im ersten Morgenlicht durch den Bremer Stadtpark. Wir lauschten dem Gesang der Vögel, legten uns ins Gras und bald schon schliefen wir unter freiem Himmel in aller Unschuld ein. Als die Sonne mich weckte, hatte Carla sich schon auf den Weg gemacht. Ich schloss die Augen und träumte noch ein bisschen vor mich hin – wieder einmal hatte ich mich verliebt.

Erfolg ist ein großartiges Parfüm –
Es entfernt alle Gerüche der
Vergangenheit.
Elizabeth Taylor

38

Bremen war nicht meine Stadt. Alles, aber auch wirklich alles dort ging mir auf die Nerven. Die vielen beschäftigungsfreien Tage zogen sich endlos dahin und es gab deprimierend wenig Abwechslung. Ich hatte nicht den blassesten Schimmer, wie es mit mir weitergehen sollte. Nachdem ich mich mal wieder darüber aufgeregt hatte, dass ich das Angebot aus Hamburg hatte sausen lassen, erreichte mich ein Brief – aus Hamburg.

Der neue Intendant des Schauspielhauses ließ anfragen, ob Marlen und ich nicht Lust hätten, sich von ihm engagieren zu lassen. Halleluja! Diese unverhoffte zweite Chance war ein Geschenk des Himmels, das wir beide uns auf keinen Fall entgehen lassen wollten, und noch am selben Abend sagten wir zu. Sehr zum Verdruss von Steckel, wie ich schon vermutet hatte. Denn als ich ihn am nächsten Morgen in seinem Büro aufsuchte, um ihn von unserem Entschluss in Kenntnis zu setzen, blickte er mich völlig entgeistert an und schwieg. Nach einer kleinen Ewigkeit brach es aus ihm heraus: Die Kündigung, meine Schadenfreude, es ihm heimgezahlt zu haben, und der Triumph in meinen Augen ließen ihn so wütend werden, dass er kurz davor war, sich mit mir zu prügeln. Gerade noch rechtzeitig besann er sich und stürzte aus dem Zimmer. Und das war's dann – meine Zeit in der Bremer Provinz war zu Ende.

Auch unsere siebenjährige Ehe war am Ende, das wussten Marlen und ich nur allzu gut. Warum wir jetzt den Zeitpunkt eines anstehenden Umzugs nicht nutzten, um endlich einen Schlussstrich zu ziehen und uns mit Anstand voneinander zu trennen – darauf habe ich bis heute keine Antwort. Und da es auch Marlen nicht anders ging als mir, taten wir das Gegenteil dessen, was wir eigentlich hätten tun sollen: Wir mieteten eine gemeinsame Altbauwohnung in Hamburg-Eppendorf und hielten an unserer Verbindung fest. Aus Angst davor, uns von vertrauten Gewohnheiten verabschieden zu müssen? Aus Angst vor dem Alleinsein? Klammerten wir uns an die Hoffnung, dass sich alles irgendwann, irgendwie und vielleicht sogar wie von selbst noch zum Guten wenden könnte?

Nachdem wir also ein weiteres Mal gemeinsam umgezogen waren und uns eingerichtet hatten, war es schon erstaunlich, wie schnell wir uns rasch daran gewöhnten, nebeneinanderher zu leben, ohne uns allzu nahe zu kommen. Und letztendlich fanden wir unser »separates Miteinander« sogar recht praktisch und komfortabel und im Grunde auch ganz angenehm.

Im ersten Hamburger Jahr am Schauspielhaus hatte ich noch ein paar Vorstellungen von »Was ihr wollt« in Bremen zu spielen – was immer eine willkommene Gelegenheit war, Carla zu treffen. Einmal ergab es sich, dass Marlen beim Funk in Baden-Baden zu tun hatte und für drei Tage unterwegs sein würde. Diese Tage wollte ich nutzen, um bei meiner heimlichen Liebe in Bremen zu übernachten. Ich sorgte dafür, dass die Wohnung einen bewohnten Eindruck hinterließ und dass es in der Küche so aussah, als hätte ich gerade erst gefrühstückt: ein bisschen Restkaffee in der Tasse, ein paar Krümel auf dem Teller und ein mit Marmelade verschmiertes Messer daneben. Dann machte ich mich auf den Weg.

Am Tag von Marlens Rückkehr kam ich erst gegen Nachmittag nach Hause und tat so, als käme ich von einer Probe im Schauspielhaus. »Wo bist du denn die ganze Zeit gewesen?«, wurde ich von Marlen gefragt. »Na wo wohl? Im Theater!«, gab ich zur Antwort. »Und wo hast du geschlafen?«, insistierte sie. »Na hier ... zu Hause ... wo denn sonst?« »Und warum lagen da heute die Zeitungen der letzten drei Tage vor der Tür?« So war ich denn überführt worden und mein missglückter Seitensprung ließ mich an die peinlichen Schusseligkeiten meines Vaters denken. Über mein Verhältnis zu Carla schwieg ich mich aber auch weiterhin aus. Marlen schien das egal zu sein – offenbar war ihr schon seit längerem die Lust vergangen, genauer nachzufragen.

39

Herbst 1980. Am Hamburger Theater ging es los mit den »Drei Schwestern« von Anton Tschechow und auf mich wartete hier die Rolle des deutschen Barons Tusenbach. Die Proben unter der Regie des neuen Hausherrn, der ein eigentlich intelligenter, aber immer etwas griesgrämiger, scheinbar ewig unzufriedener Mensch war, gestalteten sich zäh. In seiner introvertierten Verkniffenheit erinnerte er mich an die Figur eines kleinen knausrigen Beamten aus einer von Tschechows Kurzgeschichten. Die Gedankengänge unseres kopflastigen Regisseurs zu verstehen, war nicht immer einfach, denn er verkomplizierte die Dinge so, dass man ihm beim besten Willen oft nicht folgen konnte. Er hatte sich vorgenommen, uns den von Schauspielern angeblich so beliebten Tschechow-Ton, der alles, was gesagt wird, wehmütig und sehnsuchtsvoll klingen lässt, auszutreiben. Daher bestand er bei den Proben darauf, dass wir rigoros und rücksichtslos agierten und das, was wir zu sagen hatten, laut sagten – nach dem Motto: »Bloß keine Befindlichkeiten«. Im unerbittlichen Takt eines Rohrstocks, mit dem er auf den Tisch haute, auf dem er während der Proben saß, begann Marlen als Olga dann so: »Vater/starb/vor einem /Jahr …« Das Problem war nur: Unser Zuchtmeister versuchte von Anfang an, etwas zu eliminieren, was keiner zum Ausdruck hatte bringen wollen. Erschwerend kam darüber hinaus hinzu, dass sich der Chef des Hauses jeden Morgen sehr viel Zeit nahm, mit seiner Frau, die die Mascha spielte, ausführlich über die Interpretation ihrer Rolle zu debattieren – während sich die zum Stillschweigen verurteilten Kollegen verstohlene Blicke zuwarfen. Dass es in den Auseinandersetzungen des Ehepaars unterschwellig immer nur um seine privaten Probleme ging, die offensichtlich nur in der Öffentlichkeit besprochen werden konnten, machte die Sache nicht besser und zu einem mehr oder minder nervtötenden Ritual. So holperten wir der Premiere entgegen – und die war dann auch nicht der große Befreiungsschlag, auf den wir alle gehofft hatten. Das gesamte Ensemble agierte ausnahmslos verkrampft und wie unter Druck. Doch wie auch immer: Ein Anfang war gemacht. Das zu Beginn einer neuen Ära stets etwas kühle und reservierte Hamburger Publikum hatte uns immerhin schon mal in Augenschein genommen und wir hatten unseren neuen Spielort, dieses riesige, nicht ganz einfach zu bespielende Deutsche Schauspielhaus, kennengelernt.

Als Nächstes war die »Dreigroschenoper« geplant – mit Udo Lindenberg als Mackie Messer. Der populäre Rockstar wollte die Rolle unbedingt übernehmen, allerdings: Singen ohne Mikrofon kam für ihn nicht in Frage. Dies wiederum traf auf strikte Ablehnung unseres musikalischen Leiters. Lindenberg sagte also ab und die Theaterleitung berief eine Krisensitzung ein.

Nach stundenlangen Diskussionen kam man auf die Idee, mir die Rolle anzubieten. Am schon späten Abend wurde ich in die Chefetage des Theaters bestellt, mit reichlich Whiskey abgefüllt und dann erklärte man mir, dass ich der Mackie Messer sei, den man sich eigentlich immer schon gewünscht habe – und dass die hier Versammelten im Grunde froh über das Ausscheiden des berühmten Udo seien. Ich schwankte zwischen Mut und Verzagtheit, witterte aber die Chance, die man mir, wenn auch nur aus Verlegenheit, gab und nahm die Rolle kurz entschlossen an.

Für Mackie Messer hatte ich das Bild eines Zuhälters vor Augen – eines Gangsters mit erbarmungslosem Blick und der kalten Autorität eines Haifischs, der, selbst wenn er spricht, zu schweigen scheint.

Unser hochmotivierter Kapellmeister hatte zu Beginn der Proben die unglaublich originelle Idee, die Musik des Orchesters von den Schauspielern á capella singen zu lassen. Beim »Kanonensong« hörte sich das dann so an: »Da da da daaaaaa – ufda ufda ufda.« Was für ein Irrsinn! Tatsächlich übten wir das tagelang, obwohl es völlig idiotisch und eine sinnlose Quälerei war. Glücklicherweise erledigte sich die Sache schon bald von selbst, weil wir das, was unserem musikalischen Leiter vorgeschwebt haben mochte, schlichtweg nicht hinbekamen. Und so konnten wir endlich mit großem Orchester zu proben beginnen.

Die Premiere wurde zu einem überwältigenden Ereignis. Alles funktionierte wie geplant: Mein Mackie Messer hatte Durchschlagskraft und geballte animalische Energie. Darüber hinaus konnte ich das Publikum mit diversen Stepptanzeinlagen und einem spektakulären Hechtsprung durch ein offenes Fenster begeistern. Die weltberühmten Songs, die jeder kennt, sangen wir ohne Mikrophon weit über den Orchestergraben hinaus, hinauf bis in den zweiten Rang eines Hauses mit 1 400 Plätzen. Kaum ein Darsteller würde sich das heute noch zumuten – wissend um das Risiko, sich gesanglich zu überfordern. Kein Wunder also, dass sich Lindenberg schon so frühzeitig verabschiedet hatte. Für mich gab es nichts zu verlieren. Ich machte die Anstrengung des Singens selbst zu einem Ausdruck meines Spiels, und das wiederum verlieh meiner Figur einen genuin expressionistischen Dreh. Nach dem Erfolg der »Dreigroschenoper«-Premiere stand ich als Schauspieler in der ersten Reihe eines berühmten Hauses mit einer langen Tradition.

Meine Rollen konnte ich mir nun aussuchen – und als Nächstes entschied ich mich für Stanley Kowalski aus »Endstation Sehnsucht« von Tennessee Williams unter der Regie von Peter Löscher.

Kowalski ist der polnische Prolet, den Marlon Brando Anfang der fünfziger Jahre zu einer Ikone der Filmgeschichte gemacht hatte. Stanley ist verheiratet mit Stella, die ein Kind von ihm erwartet. Sie bekommen Besuch von Stellas Schwester Blanche, einer hysterischen

Südstaatlerin, die schon bald in einen Konflikt mit dem vulgären, gewaltbereiten Stanley gerät, weil der sich von ihrem aristokratischen Gehabe provoziert fühlt. Nach einer heftigen Auseinandersetzung in der Nacht kommt es zu einer Vergewaltigung, Blanche erleidet einen Nervenzusammenbruch und ihre ohnehin hochgradig instabile Verfassung gerät so sehr aus dem Gleichgewicht, dass sie in eine geschlossene Anstalt eingeliefert werden muss.

Marlen sollte Blanche spielen und die schwangere Stella war mit Carla besetzt worden. Schon nach wenigen Tagen auf der Probenbühne stellte sich heraus, dass die unterschwellige Spannung unserer erotisch aufgeladenen Grundkonstellation der überhitzten Atmosphäre des Südstaatendramas sehr entgegenkam. Marlen wusste ja, dass seit geraumer Zeit etwas zwischen Carla und mir im Gange war, und es kam nun immer öfter zu unverhohlenen Reibereien. Die Art und Weise, wie Marlen mich ansah, während wir miteinander spielten, irritierte mich. Ich war mir nicht sicher: Ist das noch Marlen, oder ist das schon Blanche, die da mit mir spricht? Diese sehr besondere Situation sorgte für eine maximale Wahrhaftigkeit im Spiel miteinander, was das Ergebnis unserer Arbeit natürlich stark beeinflusste. Nach der erfolgreichen Premiere hatten Marlen und ich phantastische Kritiken und alle Vorstellungen waren auf Wochen hin ausverkauft.

Nun hätte es ewig und drei Tage so weitergehen können für mich: die nächste Rolle – der nächste Erfolg. Immer weiter und weiter auf dem Weg zu Ruhm und Größenwahn …

40

Als Nächstes spielte ich den Tartuffe in Molières gleichnamigem Stück, abermals mit Marlen, diesmal in der Rolle einer Frau, der ich als Betrüger in Gestalt eines Verführers den Hof mache und ihr beteuere, mich unsterblich in sie verliebt zu haben. Wir saßen uns gegenüber und ihre Augen signalisierten mir: Das glaubst du dir doch selber nicht, was du mir da erzählst …

Danach spielte ich den Ham in Becketts »Endspiel«, einen blinden alten Mann im Rollstuhl, der Clov, seinen Lakaien, tyrannisiert und sich in langen Monologen über den Zustand einer Welt, in der es nur noch wenige Überlebende zu geben scheint, ergeht. Ein brillanter Text, der der Hoffnungslosigkeit des menschlichen Daseins mit schwarzem Humor begegnet.

Und danach war ich der Hans in Peter Handkes Stück »Über die Dörfer«. Ein anspruchsvolles, allerdings sehr abgehobenes Stück, in dem es um den Verlust von Heimat geht und darum, das Alleinsein zu ertragen. Ein Text wie ein großer Gesang, den wir auf den Leseproben erst mühsam entschlüsseln mussten, bevor er zu interpretieren war. Jede Figur hatte ihre Arie – nur dass die Sätze gesprochen und nicht gesungen wurden. Das Publikum zeigte sich irritiert über das wortgewaltige Oratorium und es tat sich schwer damit, den Klagen der Schauspieler in ihren Rollen Glauben zu schenken.

Bei den Arbeiten mit Peter Löscher im Besonderen machte ich Bekanntschaft mit den Methoden des legendären Actors Studio von Lee Strasberg. Ehemalige Lehrer des Instituts waren seinerzeit nach Europa ausgeschwärmt, um kostenintensive Kurse anzubieten, in denen man sich mit dem sogenannten Method Acting vertraut machen konnte. Für deutsche Schauspieler war diese Methode bislang unerforschtes Terrain – für die Arbeit an einer Rolle aber schien sie sehr brauchbar und effektiv zu sein. Allerdings konnte sie auch in einen ausufernden Selbsterfahrungstrip ausarten, da viele der Schüler ihren Lehrer als Guru betrachteten, der ihnen einen Weg in das Innere ihrer Psyche wies. Ich kannte Kollegen, die aufhörten, am Theater zu arbeiteten und nur noch diversen Kursen hinterherreisten, die sie bis auf die griechischen Inseln führten, um sich dort oder schon unterwegs von ihren Neurosen und persönlichen Traumata zu befreien.

In der konkreten Arbeit, also projektbezogen, versammelte man sich vor Probenbeginn, um sich locker zu machen. Man saß in großer Runde und begann mit Befreiungsübungen, in denen es darum ging, seinen emotionalen Impulsen zu folgen und alle unterschwelligen Ängste und Bedürfnisse herauszustöhnen oder auch herauszuschreien. Ich selbst bin nie so weit gegangen, aber die Labilen unter uns flippten dabei regelmäßig aus, und es war oft nicht ganz einfach, sie wieder einzufangen und zurück in die Wirklichkeit zu holen. Der Kursleiter trug eine hohe Verantwortung für die psychische Verfassung der Teilnehmer und nicht immer hatte ich das Gefühl, dass er sich dessen wirklich bewusst war. Auf einer Abendprobe zum Beispiel kam es im Laufe der Entäußerungen einmal sogar zum Geschlechtsverkehr zwischen einem jungen Kollegen mit seiner Partnerin, worüber wir alle staunten oder befremdet waren, was aber niemanden veranlasste, es zu verhindern.

41

1983 kam dann das richtige Angebot zur richtigen Zeit: Ich sollte den Matti in Brechts »Herr Puntila und sein Knecht Matti« spielen. Worum geht es in dem Stück? Puntila, ein reicher Großgrundbesitzer, ist im nüchternen Zustand ein Ekel, ein unerträglicher Mensch, der schlechte Laune verbreitet und seine Angestellten schikaniert. Sobald er aber getrunken hat, wird er sentimental und versöhnlich, was stets dazu führt, dass er sich mit den eben noch schlecht Behandelten verbrüdert. Matti, sein Chauffeur, begleitet Puntila auf seinen Sauftouren, durchschaut seinen Charakter, hält sich aber bedeckt und denkt sich seinen Teil. Die Idee zu dieser einzigartigen Paarung stammte aus »Lichter der Großstadt« von Charlie Chaplin. Brecht, der ja bekanntermaßen ein ziemlich laxes Verhältnis zu Fragen des geistigen Eigentums hatte, bediente sich dieser Idee, nachdem er Chaplins Film gesehen hatte, und verkaufte sie als seine eigene.

Unser Puntila in Hamburg war besetzt mit dem damals vor allem in Theaterkreisen als Zadek-Schauspieler bestens bekannten Ulrich Wildgruber, einem der letzten Dinosaurier des deutschen Theaters. Obwohl ich schon in dem Handke-Stück mit ihm auf der Bühne gestanden hatte, war es bislang nie zu einem privaten Kontakt zwischen uns gekommen. Ulrich Wildgruber war ein im wahrsten Sinne des Wortes raumgreifender Mime, ein Originalgenie, das dem Theater des 19. Jahrhunderts entsprungen zu sein schien. Überdies war er ein schwerer Hypochonder, der sich selber gern als Auslaufmodell bezeichnete und auf die Frage «Wie geht es dir, Ulli?» stets dieselbe Antwort gab: »Sehr, sehr schlecht – ich sterbe!«

Mir war er, ehrlich gesagt, etwas unheimlich und kurz vor den Proben bat ich den oft wunderlichen, aber immer wieder auch sehr vernünftigen Hermann Lause um Rat, wie ich mit meinem so eigenwilligen Partner in der bevorstehenden Herausforderung umzugehen hätte, um neben ihm bestehen zu können. Der listige Hermann, einer der gewieftesten Kollegen, mit dem ich es je zu tun gehabt habe, kannte Uli schon lange. Er kniff die Augen zusammen, zuckte nervös mit den Lippen und antwortete mir mit seiner unverwechselbaren, immer etwas zu hohen Stimme: »Christian, Christian … das ist ganz einfach: Wenn Uli laut wird, dann wirst du ganz leise – und wenn er zu viel macht, dann machst du ganz wenig.«

Einen besseren Rat hätte mir der gute Hermann nicht geben können. Vom ersten Probentag an befolgte ich ihn und alles ging fast wie von selbst. Nach nur einer Woche waren Uli und ich kongeniale Partner, als hätten wir schon Jahre miteinander gespielt. Wir schaukelten uns gegenseitig hoch, schenkten uns aber auch keinen Millimeter. Kurz gesagt: Wir hatten eine fabelhafte Probenzeit miteinander. Auch außerhalb der gemeinsamen Arbeit waren wir unzertrennlich. Immer gleich nach der Probe ging es zu »Nagel«, einer

Bierkneipe an der Kirchenallee in der Nähe des Theaters, wo wir uns die Nachmittage, die Abende und manchmal auch die Nächte um die Ohren schlugen.

Sogar eine gemeinsame Geliebte hatten wir, allerdings ohne es voneinander zu wissen. Die Auserwählte war unsere Kostümbildnerin Gudrun, die mich eines Tages unabsichtlich über unsere Ménage-à-trois informierte. Zutiefst erschrocken darüber, dass ihr das rausgerutscht war, bat sie mich inständig darum, das mir Anvertraute unter allen Umständen für mich zu behalten, da sie sich vor Ulis Eifersucht fürchtete. Um für gute Stimmung untereinander zu sorgen, lud uns Gudrun eines Abends zu sich zum Essen ein. Als ich bei ihr eintraf, war mein Partner noch nicht da. Ich setzte mich an den Küchentisch und während wir auf Uli warteten, brodelte auf dem Herd ein riesiger Topf Spaghetti vor sich hin. Gudrun schien für zahlreiche Personen gekocht zu haben, gedeckt hatte sie aber nur für drei. Als ich mich darüber wunderte, sagte sie nur: »Wart's mal ab« … Verschwitzt und reichlich verspätet tauchte mein Puntila-Partner endlich auf, nahm Platz und verputzte den ersten gut gefüllten Teller mit reichlich Parmesan in Nullkommanichts – um im Anschluss daran zwei weitere riesige Portionen des italienischen Nudelgerichts in sich hineinzuschaufeln. Am Ende seines sicht- und hörbar lustvollen Gelages wischte er sich den Schweiß vom Gesicht, stöhnte kurz auf und fiel ansatzlos vom Stuhl. Er landete in Embryohaltung auf dem Fußboden, schlief auf der Stelle ein und sah aus wie ein dickliches Kleinkind, das pappsatt und selbstvergessen vor sich hin schnorchelte.

Unser Puntila-Regisseur war Frank Patrick Steckel, dem ich das Frankfurter Penthesilea-Debakel und die Bremer Querelen längst verziehen hatte. Er inszenierte mit professioneller Weitsicht, machte präzise, intelligente Vorschläge und brachte das Stück auf den Punkt. Als Puntila und Matti orientierten wir uns an zwei weltberühmten Komikern: Stan Laurel und Oliver Hardy. Was zur Folge hatte, dass wir mit zahlreichen skurrilen Situationen und slapstickartigen Einlagen glänzen konnten, die dem eigentlich eher klassenkämpferischen Spätwerk Brechts eine unerwartete Leichtigkeit und viel komödiantischen Schwung verliehen.

Die zweite Hauptprobe in Kostüm und Maske wurde zu einer der denkwürdigsten Erfahrungen für mich: Der Durchlauf begann pünktlich um 11 Uhr. Zu Beginn des Stücks saß ich als Matti in einem Buick auf der Bühne und wartete auf meinen Chef. Uli als Puntila kam aus der Seitengasse, ich sah, wie er auf mich zu watschelte, stieg aus, ging um den Oldtimer herum, öffnete ihm den Wagenschlag und er stieg ein, um sich von seinem Chauffeur durch die Gegend kutschieren zu lassen. Kaum saß ich wieder hinter dem Steuer, da ließ mich ein Blick in den Rückspiegel erstarren. Uli war sturzblau – er hatte vermutlich durchgemacht und war schweißgebadet – und das, bevor er seinen ersten Satz gesagt hatte. Wie wollte er in dieser Verfassung die Probe nur bewältigen? Ich war mir sicher, Steckel würde schon bald merken, was da auf der Bühne los war. Er würde den Durchlauf unterbrechen, um ihn schließlich zu beenden. Aber nichts dergleichen geschah. Uli spielte den Puntila an jenem Morgen zwar mit deutlich mehr Elan als sonst, boxte mir auch, ohne dass wir das je verabredet hätten, des Öfteren in die Rippen, um seinen Worten zusätzliches Gewicht zu verleihen, schwitzte überdies wie ein Pferd und hatte aufgrund der ziemlich dicken Wolljacke, die er trug, ständig irgendwelche Fusseln in seinem klatschnassen Gesicht. Insgesamt aber bewältigte er die Probe erstaunlich unfallfrei – ohne erwähnenswerte Textprobleme.

Wie üblich versammelten wir uns im Anschluss zu einer allgemeinen, sehr ausführlichen Kritik mit unserem Regisseur, der bestens gelaunt und außerordentlich zufrieden mit dem Ablauf zu sein schien. Zu Uli sagte er nur: »Pass auf, Uli … den nüchternen Puntila fand ich heute sehr, sehr gut – beim Suff könntest du noch etwas zulegen.« Ich verstand die Welt nicht mehr, begriff aber rasch, dass das, was ich auf der Bühne aus nächster Nähe erlebt hatte, offenbar nicht mit dem übereinstimmte, was man vom Zuschauerraum aus wahrnahm. Eine hochinteressante, mich nachhaltig prägende Erfahrung.

In der Premiere jedenfalls fuhren wir einen unglaublichen Erfolg ein. Rudolf Augstein persönlich schickte uns ein Glückwunschtelegramm und Hellmuth Karasek schrieb im »Spiegel«: »Ein viel umjubeltes Ereignis. Christian Redl, ein exzellenter Schauspieler, ist in dieser Rolle, was man darin nur sein kann: ein lyrischer Prolet, einer, der Kraft hat und Resignation zugleich.« Mehr ging nicht. Ich war Mitte dreißig und auf dem Gipfel eines sehr hohen Berges angelangt – mit einem herrlichen Ausblick in die Zukunft. Ich war mir sicher, dass es von nun an endlos so weitergehen würde.

Der Morgen ist klüger als der Abend.
Russisches Sprichwort

42

Wie schon mein Vater hatte auch ich ein inniges Verhältnis zum Alkohol. Im Gegensatz zu ihm aber vertrug ich ihn einigermaßen. Eine unter den Kollegen des Schauspielhauses unausgesprochene Verabredung führte mich nach fast allen abendlichen Vorstellungen ins »Dorf«, eine höhlenartige Kellerkneipe im Herzen von St. Georg. Dort hatte ich einen eigenen Tisch, der für mich reserviert war und der selbst in meiner Abwesenheit nie vergeben werden durfte.

Dass das auch eingehalten wurde, dafür sorgte Tuschi, der Wirt – ein spirreliger, nervöser Typ mit hektischen Flecken im Gesicht. Als ehemaliger Mauerspringer, dem die Flucht aus der DDR gelungen war, bemühte er sich stets darum, mich bei Laune zu halten. und begrüßte mich, kaum hatte ich das Lokal betreten, mit »Christian!

Hallo! Wo wir sind, is vorn, wa?«. Als Besitzer des Lokals war er fast jeden Abend sein bester Gast – und spätestens ab 22 Uhr konnte er ausgesprochen unangenehm werden. Seine im Preis unterschiedlichen und teilweise abenteuerlich teuren Weine ließ er seiner ahnungslosen Kundschaft in Karaffen servieren. Egal, wer was bestellte, alle bekamen denselben Billigwein vom Discounter, den er in einem Hinterzimmer in großen Mengen gebunkert hatte. So gut wie nie wurde der dreiste Betrug beanstandet, da die Karaffen ja nichts über den Inhalt verrieten. Nur die Bedienungen wussten Bescheid, aber die meist sehr jungen Studentinnen waren von Tuschi instruiert worden, ihre Mitwisserschaft für sich zu behalten. Stets arbeiteten sie in Unterzahl und waren somit pausenlos im Einsatz, denn im »Dorf« war immer viel los. Ihr permanent gestresster, launischer Chef hielt sie auf Trab, bezahlte sie mäßig, engagierte und feuerte sie nach Belieben und das Trinkgeld behielt er selbstverständlich für sich. Er schrieb nie auf, was bestellt und serviert worden war, sondern überraschte seine Gäste am Ende des Abends mit geradezu gespenstisch schnell aus dem Gedächtnis addierten Phantasierechnungen. Aus reiner Angst davor, sich ein eventuelles Lokalverbot einzufangen, wurden seine unverschämten Forderungen stets anstandslos beglichen. Falls es doch einmal vorkam, dass einer der über den Tisch gezogenen Gäste, dem das Gefühl, zu viel bezahlt zu haben, den Abend verdorben hatte, aufmuckte, drohte der unberechenbare Ex-Ostberliner augenblicklich mit der Polizei. Einmal ging er sogar so weit, dass er einen besonders renitenten Gast niederschlug, ihn mit dem Fuß am Boden hielt und gleichzeitig die Polizei telefonisch um Hilfe rief – mit schriller Stimme und schiefer Brille auf der Nase. Ein Anblick reinsten Irrsinns.

Mein Tisch galt als Anlaufstelle für all die Nachteulen, die kein richtiges Zuhause hatten und sich gern in lange Gespräche verwickeln ließen. Wenn junge Schauspielschüler oder Schauspielschülerinnen zu mir kamen, ließ ich mich nicht lange bitten. Bereitwillig gab ich Auskunft über meinen Beruf, vor allem aber schwadronierte ich stundenlang über die damit verbundenen Probleme – und wenn ich spürte, dass meine aufmerksamen Zuhörer mich bewunderten, lief ich zu Hochform auf. Voraussetzung für gute Laune, gute Gespräche und einen gelungenen Abend überhaupt war immer der Alkohol. Ohne ihn ging gar nichts. Erst ein ganz bestimmter Pegel verschaffte mir das nötige Vertrauen in mich selbst, um mich von meiner besten Seite zeigen und einen bleibenden Eindruck hinterlassen zu können.

Oft saß ich aber auch alleine an meinem Tisch in der Nische direkt hinter dem Tresen, ergab mich süßen melancholischen Anwandlungen oder auch einer tieferen Traurigkeit und lauschte den Liedern von Leonard Cohen. »Waiting for the Miracle« oder »Avalanche« zum Beispiel konnte ich gar nicht oft genug hören, ebenso Bob Dylans »License to kill«. Aber auch die wüsten Säufergesänge von Tom Waits hatten es mir angetan. »Yesterday is here« zum Beispiel war mein einsamer Favorit.

Stundenlang hockte ich Abend für Abend in schlechter, verrauchter Luft in diesem engen Kellerloch, immer bis spät nach Mitternacht, wartete auf ein Wunder, amüsierte mich oder badete in Trübsal. Als zuverlässiger Stammgast war ich schon bald eine fragwürdige Berühmtheit. Es war wie im Zoo: Neugierige Zuschauer besuchten im Anschluss an die Theatervorstellungen dieses ewig überfüllte »Dorf«, um mir und meinen Kollegen beim Trinken zuzuschauen. Gerade noch hatten sie uns auf der Bühne bewundert, und schon wurden sie Zeugen, wie meine Kollegen und ich sich langsam, aber sicher volllaufen ließen. Jahrelang bemerkte ich nicht, dass ich mich als Mensch nur über meinen Beruf definierte und ansonsten wenig mit mir anzufangen wusste. Und dass ich für viele nur dieser seltsame Schauspieler war, der seine Zeit in einer Säuferkneipe totschlug.

Alkohol trank ich auch schon bei den Proben im Theater und erst recht während der Vorstellungen. Nach dem Spiel auf der Bühne

dann sowieso, erst in der Kantine, dann in der Kneipe. Und natürlich gab es immer einen Grund: Ging es mir schlecht, brauchte ich
Alkohol – ging es mir gut, brauchte ich erst recht Alkohol. Und
wenn mal überhaupt nichts los war und ich mich langweilte, dann
gab es ja immer noch den Alkohol.

43

»Ihr Menschenbrüder, die ihr nach uns lebt
Lasst euer Herz nicht gegen uns verhärten
Und lacht nicht, wenn man uns zum Galgen hebt
Ein dummes Lachen hinter euren Bärten …«

Unmittelbar vor dieser ersten Strophe der Ballade, in der Mackie
Messer das Publikum um Verzeihung bittet, erlebte ich meinen ersten Alptraum auf offener Bühne, in der 84. Vorstellung der »Dreigroschenoper« – drei Jahre nach ihrer Premiere.

Letzte Szene, Vorspiel des Orchesters … Als gefesselter und
zum Tode verurteilter Gangster Macheath stand ich direkt an der
Rampe und wartete auf den Einsatz des Dirigenten – der gab das
Zeichen … Und ???: Blackout. Der Text war weg, ich hatte den Einsatz verpasst … Wie nicht anders zu erwarten, spielte das Orchester
munter weiter und wie ein Ertrinkender, der nach Luft schnappt,
weil er um sein Leben fürchtet, schnappte auch ich im weiteren Verlauf der Ballade nach meinem Text, dessen Zeilen mir immer erst
in allerallerletzter Sekunde wieder einfielen. Eine gefühlte Ewigkeit
quälte ich mich so durch alle vier Strophen des Abgesangs und endlich, endlich war es vorbei. Das Stück war aus.

Ich stand schweißgebadet hinter dem geschlossenen Vorhang, war
so erschöpft, dass ich kaum noch atmen konnte und wartete auf

den Applaus … Alles um mich herum verschwamm … Vor aller Augen hatte ich versagt. Mein Gedächtnis, auf das ich mich immer verlassen konnte, hatte mich im Stich gelassen … Das Publikum applaudierte und schon beim Verbeugen, das ich wie versteinert inmitten des Ensembles absolvierte, dachte ich mit Angst an die nächste Vorstellung. Eins war klar: Ich musste diesem lähmenden Angstgefühl mit einem sofortigen Entzug begegnen, musste jetzt sofort den Alkohol absetzen, denn der gerade erst erlebte Alptraum war ein Zeichen, das ich keinesfalls ignorieren durfte.

Vor der Vorstellung am Abend danach war ich stocknüchtern – woran ich mich aber erst einmal gewöhnen musste. Was ich nicht geahnt hatte: Alles wurde noch schlimmer. Die Entzugserscheinungen setzten mir heftiger als erwartet zu … Von kaum zu ertragender Nervosität gepeinigt, stand ich hinter der Bühne, fieberte meinem Auftritt entgegen und memorierte unablässig meinen Text. Schließlich war es so weit, ich musste raus in die Schlacht und die Tortur begann. Während ich wie betäubt und fremdgesteuert agierte, wanderte mein Blick immer wieder direkt ins Publikum. Stumm saß es da – in einem großen abgedunkelten Zuschauerraum, der aussah wie der Schlund einer riesigen Kröte, die mich zu verschlucken drohte. Mit letzter Kraft hangelte ich mich durch das nicht enden wollende Stück und nachdem ich auch diese Vorstellung überstanden hatte, ging ich weder in die Kantine noch ins »Dorf«, sondern direkt zu mir nach Hause.

»Helfen kannst du dir nur selber«, dachte ich und erinnerte mich an ein Buch von Jack London – »König Alkohol« –, das ich als Jugendlicher einmal gelesen hatte. Ich fand es in meinem Bücherregal, las es gleich noch einmal und begegnete mir darin. Und tatsächlich half es mir, zu verstehen, dass ich mit einem ernst zu nehmenden Problem konfrontiert war.

Jack London wusste, worüber er schrieb. Seine Schilderung dessen, was der Alkohol aus einem Menschen machen kann, schockierte mich erneut. Wie die meisten Trinker hatte auch ich mein Problem nicht erkennen wollen und es wie eine Lappalie behandelt. Nachdem mir Londons Buch aber im wahrsten Sinne des Wortes abermals in die Knochen gefahren war, bekam ich Angst, Angst um mich und Angst davor, meine Karriere bereits zerstört zu haben. Von hier auf jetzt machte ich Schluss mit dem Alkohol.

Die ersten Tage meines Entzugs waren nur schwer auszuhalten. Ständig war ich versucht, mir wenigstens ab und an mal ein Gläschen zu gönnen. Schon bald aber fand ich wundersamerweise Gefallen daran, meine alten Gewohnheiten hinter mir zu lassen und mich zu disziplinieren. Nach wie vor ist es mir ein Rätsel, wie mir das gelingen konnte: trotz ständig wiederkehrender Versuchungen, nicht rückfällig zu werden. Nachdem ich es dann tatsächlich geschafft hatte, ein halbes Jahr trocken zu bleiben, fühlte ich mich wieder halbwegs stabil und hoffte, das Schlimmste überstanden zu haben.

Die Hoffnung war allerdings verfrüht, denn in der Zwischenzeit hatte sich ein ungebetener Gast in meinem Kopf eingenistet, der mich von nun an nie mehr verlassen sollte: die Textangst – das Schreckgespenst aller Schauspieler. Meinem guten Vorsatz, auf Alkohol während der Arbeit zu verzichten, blieb ich zwar mit tapfer auferlegter Selbstdisziplin weiterhin treu – dummerweise aber hielt mich das nicht davon ab, mich nach getaner Arbeit dann doch wieder meinen alten Gewohnheiten hinzugeben.

Obwohl ich ein mulmiges Gefühl hatte, weil ich genau wusste, wie leichtfertig ich gerade dabei war, alles wieder aufs Spiel zu setzen, gelang es mir, mein Problem zu verdrängen. Ich verhielt mich wie früher und bildete mir ein, jederzeit mit dem Trinken aufhören zu können.

In dieser äußerst instabilen Gefühlslage bekam ich von meinem Intendanten das Angebot, den Danton aus Büchners »Dantons Tod« in der Eröffnungspremiere der kommenden Spielzeit zu spielen. »Das spielt sich zwar nicht von selbst, aber warum nicht?«, dachte ich mir und sagte zu. Doch schon kurz darauf änderte der Herr des Hauses seine Pläne und bot mir jetzt den »Ödipus« von Sophokles an. Um mir das Ganze schmackhaft zu machen, sagte er noch: «Man kann ja auch mal die Treppe rauf fallen ...«

Begeistern konnte ich mich für diese Alternative nicht. Ich war mir nicht sicher, ob ich in meiner immer noch angeschlagenen Verfassung diese anspruchsvolle Rolle bewältigen könnte. Auf der anderen Seite aber war das Angebot auch eine Herausforderung, der ich mich zu stellen hatte. Also verscheuchte ich meine Bedenken und erklärte mich bereit, mich auf das Ödipus-Abenteuer einzulassen.

Schon bald aber beschlich mich ein mulmiges Gefühl, das mich noch lange begleiten sollte. Und je mehr ich mir Mut zu machen versuchte, um dieses Gefühl nicht länger zuzulassen – umso weniger wollte es mir gelingen.

Ungeheuer ist viel
Doch nichts ungeheurer
Als der Mensch.
Sophokles

44

Das alte Theben wurde belagert von einer bösartigen Sphinx, einem drachenartigen Ungeheuer mit Menschenkopf, das den Thebanern ein Rätsel aufgab: »Was ist das? Am Morgen geht es auf vier, am Mittag auf zwei und am Abend auf drei Beinen?« Wer das Rätsel nicht lösen konnte, wurde von der Sphinx gefressen oder von ihr erwürgt. Nachdem zahlreiche tapfere Männer an der Aufgabe gescheitert waren, hatte Ödipus die Antwort: »Der Mensch.« Damit befreite er die Stadt von ihrem Fluch und aus Dankbarkeit dafür ernannte man ihn zum König von Theben. Das besiegte Ungeheuer aber, das nun seine Macht verloren hatte, stürzte sich aus Scham und Verzweiflung ins Meer.

Ödipus war als Waisenkind aufgewachsen, seine Eltern hatte er nie kennengelernt. Als junger Mann machte er sich auf den Weg zum Tempel nach Delphi, um das Orakel nach seinem Schicksal zu befragen. Dort wurde ihm prophezeit, dass er seinen Vater töten und seine Mutter heiraten würde. Um dieser furchtbaren Vorhersage zu entkommen, floh er aus der Stadt. Die Götter aber entschieden, dass die Prophezeiung des Orakels in Erfüllung ging: Ödipus erschlug seinen Vater und heiratete die Frau, von der er nicht wusste, dass sie seine Mutter war. Jahre später traf er auf einen blinden Seher, der ihn mit der grausamen Wahrheit konfrontierte. Daraufhin stach sich der unglückliche König beide Augen aus.

Zur Vorbereitung auf die Rolle des Ödipus flog ich nach Athen, stieg in einen Bus, ließ mich nach Delphi fahren und besuchte den dortigen Tempel. Delphi war ein stiller abgelegener Ort inmitten einer grandiosen Landschaft, und das, was sich dort vor vielen Jahren der Sage nach ereignet haben sollte, schien immer noch präsent zu sein. Nach dem Besuch des Tempels nahm ich mir ein Taxi und ließ mich zu jenem Kreuzweg fahren, an dem der Sohn seinen Vater erschlagen haben soll. Mein Fahrer verstand nicht, was ich an dem einsamen Ort zu finden hoffte, und während wir unter sengender Sonne auf einer kurvenreichen Straße eine kahle Berglandschaft durchquerten, erzählte ich ihm auf Englisch die Geschichte des Königs, der dem Spruch des Orakels nicht entkommen konnte. Von dessen tragischem Schicksal schien mein aufmerksamer Zuhörer – ein Einheimischer, wohlgemerkt – noch nie etwas gehört zu haben. Überschwänglich bedankte er sich für meinen kleinen Vortrag und versprach mir, seiner Familie und seinen Freunden davon zu berichten.

Am Abend desselben Tages besuchte ich das prächtige, in einem riesigen Tal eingebettete Amphitheater von Delphi und schaute mir eine Aufführung des »Gefesselten Prometheus« von Aischylos an. Der Text des Dramas war in altgriechischer Sprache verfasst worden, einer Sprache, die wie eine uralte, nie gehörte Melodie klang. Ich verstand kein einziges Wort – aber ich wusste ja, worum es ging. Prometheus hatte das Feuer unter die Menschen gebracht. Der Göttervater Zeus bestrafte ihn dafür, indem er ihn an einen Felsen schmieden ließ und dafür sorgte, dass ein Adler ihm eine Wunde schlug und von seiner Leber fraß. Da sich das Organ aber immer wieder erneuerte, kam der Raubvogel in regelmäßigen Abständen zurück, um die frisch verheilte Verletzung mit spitzem Schnabel wieder aufzuhacken.

Ich saß inmitten zahlreicher einheimischer Zuschauer. Gerade erst hatte der von Zeus bestrafte Prometheus damit begonnen, sein Schicksal zu beklagen, da entdeckte ich einen Adler am Horizont, der ruhig und mit riesigen Schwingen geradewegs auf das Amphitheater zuflog. Direkt über dem Schauplatz des Dramas begann er zu kreisen, um sich schließlich sanft auf dem sandigen Boden der Bühne niederzulassen – direkt vor den Füßen des an den Felsen geschmiedeten Prometheus. Augenblicklich verstummte der in seiner Rede, schien nicht zu begreifen, was ihm da widerfuhr, und starrte gebannt auf den gefiederten Besucher. Es war ein unglaublicher Moment. Eine solche Stille inmitten einer Ansammlung von Menschen hatte ich noch nie erlebt – es schien, als hätte die Welt das Atmen eingestellt. Das prächtige Tier verhielt sich völlig regungslos – was den Schauspieler schließlich dazu ermutigte, in seiner Rezitation fortzufahren, und tatsächlich sah es so aus, als würde der Adler aufmerksam seinen Worten lauschen … Nach vielleicht zwei, drei Minuten schwang sich der Vogel wieder auf, flog mit der ganzen Kraft seiner mächtigen Flügel hinauf in den Abendhimmel und tauchte ein in einen sich weit ausdehnenden, blutroten Horizont. Lange noch schaute das ergriffene Publikum dem Adler nach, der sich langsam mehr und mehr zu einem kaum noch sichtbaren Punkt verkleinerte, bis er sich in der heraufziehenden Dämmerung verlor.

Ich reiste zurück nach Athen, fuhr mit dem Taxi zum Hafen von Piräus, ging in eine kleinen Taverne, in der nur alte Männer saßen und Karten spielten, und aß dort das beste Tzatziki meines Lebens. Ich nahm mir ein billiges Hotel, übernachtete in einem aberwitzig winzigen Zimmer, und am Morgen darauf ging ich an Bord einer Fähre nach Mykonos, eine der schönsten Inseln der Kykladen.

Nach Mykonos hatte mich mein alter Freund und Kollege Mathias Fuchs gelockt, der dort schon jahrelang seine Sommerferien verbrachte und mich jetzt am Hafen erwartete. Wir stiegen in einen Bus und fuhren auf einer kurvigen, nur notdürftig reparierten Straße zu einer wenig bewohnten Bucht, wo Mathias ein kleines Häuschen besaß. Er lud mich ein in ein uriges Restaurant direkt am Meer und machte mich gleich am ersten Abend mit den Gepflogenheiten der Einheimischen bekannt, deren Gastfreundschaft mich tief beeindruckte. Ich fand Quartier in einer sehr alten Fischerhütte direkt am Strand und ließ die Tage verstreichen. Langsam kam ich zur Ruhe. Ich schwamm täglich ausgiebig im Meer und schlief mich endlich mal aus. Immer gegen Abend saß ich dann auf meiner Terrasse und befasste mich mit dem eigentlichen Anlass meiner Reise in dieses sagenumwobene Land – mit dem »Ödipus«-Drama, das Friedrich Hölderlin vor über 150 Jahren ins Deutsche übertragen hatte.

Auf einer Kykladeninsel, inmitten einer nur scheinbar ruhigen Ägäis, die schon den umherirrenden Odysseus auf der Suche nach seiner Heimat verzweifeln ließ, krank vor Sehnsucht nach seiner Penelope, hoffte ich auf Inspiration für meine vor mir liegende Aufgabe. Angesichts des Meeres, über dem die griechischen Sagen zu schweben schienen, die vom Anbeginn der Zeit und von Göttern und unsterblichen Helden berichten, las ich nun die Worte des von einem tragischen Schicksal geschlagenen Königs und versuchte, sie mir zu eigen zu machen. Es fiel mir schwerer als gedacht. Immer wieder brach ich ab, zweifelte, beruhigte mich wieder und probierte es dann erneut. Irgendetwas in mir schien mich die ganze Zeit über warnen zu wollen – es waren kryptische Botschaften, die ich nicht entschlüsseln konnte. Brennend gern hätte ich das Orakel befragt, was die Götter mit mir vorhatten, aber auch, was es wohl zu bedeuten hätte, dass das mulmige Gefühl, das ich nun schon seit Wochen mit mir herumtrug, einfach nicht verschwinden wollte.

45

Nach meiner Rückkehr aus den Sommerferien 1984 versammelten sich alle Beteiligten der Ödipus-Produktion auf der Probebühne des Schauspielhauses zu einer Leseprobe. In den darauffolgenden szenischen Proben konzentrierte sich unser Regisseur auf ein paar nur wenig hilfreiche theoretische Betrachtungen, hielt sich mit konkreten Anweisungen zurück und ließ uns machen. Eigentlich hätte mich das ermuntern sollen, kreativ und frei von Angst drauflos zu probieren, um mich der schwierigen Rolle mit einer gewissen Naivität nähern zu können. Da unser Spielleiter aber allein schon durch seine Anwesenheit ein Klima der Befangenheit verbreitete und sich auch über die ersten Probentage hinaus nur selten dazu entschließen konnte, ab und an mal einzugreifen, wurde es kompliziert. »Ganz offensichtlich hat er nicht die geringste Ahnung, wohin die Reise gehen soll«, schoss es mir durch den Kopf. Neben den üblichen Problemen beim Finden einer Rolle musste ich nun also auch noch das seltsam wirkende Gesicht eines Regisseurs ertragen, auf dem sich ein zunehmender Widerwille gegen alles, was ich ihm anbot, eingegraben zu haben schien. Und da er im Laufe der folgenden allmorgendlichen Proben nicht die geringsten Anstalten machte, sein Verhalten zu verändern, hielt ich es nicht mehr für ausgeschlossen, dass das Ödipus-Abenteuer früher als gedacht in eine bedrohliche Schieflage geraten oder sogar scheitern könnte. Und für das Scheitern würde dann wohl nicht nur der Regisseur, sondern auch der Hauptdarsteller zur Verantwortung gezogen werden müssen …

Die Zeit ging dahin und anstatt hilfreiche Vorschläge zu machen, nervte uns unser Regisseur mit endlosen Vorträgen, die wirkungslos verhallten, da nicht einer von uns auch nur annähernd in der Lage war, seinen geistigen Höhenflügen zu folgen – genauso, wie ich es schon bei den »Drei Schwestern« erlebt hatte. Und so verbrachten wir Schauspieler etliche Tage unserer kostbaren Probezeit damit, eine Situation halbherzig zu skizzieren – nur um das bescheidene Ergebnis unserer zaghaften Bemühungen schon kurz darauf wieder zu verwerfen. Täglich probten wir fünf Stunden – aber derart unverbindlich und orientierungslos, dass mir Angst und Bange wurde. Ein Bühnenbild war nur in Teilen vorhanden, noch gab es keinen konkreten Ort für mich, der mir bei der Orientierung, wie sich der König gegenüber seinen Untertanen präsentiert, hätte helfen können. Fast alles blieb offen und beliebig und die Premiere rückte immer näher. Der Chor der alten Männer sollte nun plötzlich, einer Eingebung unseres Spielleiters folgend, von nur einer Person dargestellt werden, und zwar von einem Mann. Zu meiner großen Verwunderung war die Rolle der Iokaste, der Mutter des Ödipus, auch mit einem Mann, nämlich mit Peter Roggisch besetzt worden – ausgerechnet mein alter Freund aus Frankfurt spielte meine Mutter. Aus Furcht vor einer dauerhaften Blockade in meinem Kopf weigerte ich mich fortan, darüber nachzudenken, worauf ich mich eingelassen hatte.

Eines schon recht späten Tages besuchte uns ein Dramaturg des Hauses, setzte sich ganz nach hinten in den Zuschauerraum und sah uns eine gute halbe Stunde lang bei der Arbeit zu – um uns, den Darstellern, im Anschluss daran dezidiert und mit besorgter Miene mitzuteilen, dass nicht einer von uns in der Lage sei, einen Hölderlin-Text zu sprechen. »Nicht einer, Herrschaften! – Nicht einmal im Ansatz!«, fügte er theatralisch hinzu.

147

Danach hätten wir das Ödipus-Projekt eigentlich beenden müssen – zu vieles war unklar, zu vieles wahrscheinlich nicht mehr zu erreichen. Eine lähmendes Gefühl von Vergeblichkeit hatte sich wie Mehltau über die Produktion gelegt. Das Arbeitsklima war vergiftet, Fragen wurden nur äußerst ungern diskutiert und gerade erst war uns mit großem Ernst bescheinigt worden, dass wir der Sprache Hölderlins »nicht einmal im Ansatz« gewachsen seien. Und dennoch machten wir weiter – trotz alledem und warum auch immer.

Zwei Wochen vor der Premiere wurde mir dann mitgeteilt, dass ich auch noch die Rolle des Chors zu übernehmen hätte. Ich fühlte mich wie ein Boxer in der achten Runde – und das war der erste Schlag, der mich voll erwischte: Wie sollte ich in der knappen verbleibenden Zeit die zusätzlichen Berge Text bewältigen? Keiner wusste darauf eine Antwort und es blieb mein Problem.

Zehn Tage vor der groß angekündigten Eröffnungspremiere hatte unser Intendant dann doch ein Einsehen. Kurz vor Mitternacht rief er das Ensemble in sein Büro und teilte uns sinngemäß Folgendes mit: »Herrschaften, wir haben es nicht geschafft. Ich betone: wir! Ich mache keine Schuldzuweisungen, aber das, was wir bisher auf den Proben erarbeitet bzw. nicht erarbeitet haben, ist absolut nicht vorzeigbar. Wir müssen nun den Mut aufbringen, der Presse die Situation zu erklären, und das wird morgen geschehen. Morgen wird auch die Premiere abgesagt. Wir kapitulieren vor einem großen Stück und werden uns keine Ausreden einfallen lassen. Also, Herrschaften, das war's mit Ödipus. Schlaft euch mal aus!«

Wie soll ich meine Erleichterung beschreiben? Ein Gefühl von himmlischer Errettung im allerletzten Moment durchströmte mich, ein riesiges und wunderbares Glücksgefühl. Natürlich gingen wir nicht schlafen, sondern in die nächstgelegene Kneipe, um den unerwarteten Befreiungsschlag ausgiebig zu begießen.

Alles wäre am Ende gut gegangen, wenn unser Intendant Wort gehalten hätte – aber da gab es ja noch unseren Chefdramaturgen, den

Rasputin des Theaters. Sein Wort hatte enormes Gewicht und sein Dramaturgendasein hatte ihn im Laufe der Jahre zu einem unentbehrlichen Berater gemacht. Er mochte den Alkohol und nachts umgab er sich gern mit weiblichen Groupies, die ihm selbstlos zu Willen waren. Diese allseits geachtete, aber auch gefürchtete graue Eminenz schickte nun weit nach Mitternacht einen Assistenten los, um uns, die vom Chef des Hauses persönlich Entlassenen, zu suchen, einzusammeln und zurück ins Schauspielhaus zu beordern. Wir gingen von einem schlechten Scherz aus, nachdem der Assistent uns aufgestöbert hatte und uns in aufgeregtem Tonfall darum bat, ihm unverzüglich zu folgen.

Angekommen im Büro des Intendanten, sahen wir einen in sich zusammengefallenen, käsebleichen Hausherren mit noch tiefer herunterhängenden Mundwinkeln als sonst. Wie er da so hinter seinem Schreibtisch hockte, sah er aus wie eine verdruckste, schwer beleidigte Schildkröte. Ihm gegenüber hatte sich Rasputin in Stellung gebracht, gebärdete sich wie ein bolschewistischer Parteifunktionär, ergriff sofort das Wort und verkündete uns sinngemäß: »Das kommt aber sowas von überhaupt nicht in Frage, was euch da erzählt worden ist. Die Premiere findet statt!« Und dann – tatsächlich: »Im Namen Hölderlins! Ödipus wird nicht abgesagt!« Hilflos fragende Blicke suchten unseren Regisseur, der sich nun vollends in sich verkrochen zu haben schien und leise zu Protokoll gab: »Ich bin derselben Meinung. Eine Absage sollten wir uns nicht leisten.«

Das war der zweite Schlag. Ein noch heftigerer Volltreffer als der erste. Sollten wir jetzt etwa die lang und breit begründete Erkenntnis, dass wir ein Arbeitsergebnis hatten, das kein Ergebnis war, einfach vergessen? Wie sollte ich in zehn Tagen in einer Premiere eine Rolle spielen, die mir nach wie vor ein Rätsel war? Ich hatte keine Ahnung … ich wusste nur, dass ich nichts, aber auch gar nichts in der Hand hatte, was auch nur ansatzweise vorzeigbar gewesen wäre. »Was geschieht hier gerade?«, dachte ich. Sollte ich jetzt den Preis für unser aller Versagen bezahlen?

Noch einmal ergriff der sichtlich ermattete Hausherr das Wort, brachte seinen schlaffen Körper in eine straffere, fast schon aufrechte Haltung und sagte sinngemäß in gequältem, aber dennoch apodiktischem Tonfall: »Herrschaften, es reicht! Morgen Abend ist Probe. Wir streichen den Chor, beginnen mit dem ersten Akt und ich möchte euch sehr herzlich bitten, das Problem, das hier scheinbar immer noch im Raum herumgeistert, zu vergessen und nicht mehr zu thematisieren.«

Tatsächlich versammelten sich alle am nächsten Abend auf der Probebühne. Alles auf Anfang also. Den großen Schreibtisch des mächtigen Herrschers, der mir ein Minimum an Halt und Orientierung gegeben hatte, gab es nicht mehr … Stattdessen sollte ich nun als König Ödipus auf einem Küchenstuhl direkt an der Rampe Platz nehmen und von da aus mit meiner Rede an das Volk bzw. Publikum beginnen. Ich saß auf einem mickrigen Holzstuhl, hörte mein wild pochendes Herz und mich die ersten Worte sagen. Da plötzlich fiel es mir wie Schuppen von den Augen: Sie brauchen einen Schuldigen! Ja, sie brauchen einen Schuldigen – und die Wahl war auf mich gefallen. Einer musste daran glauben. Einer musste die Verantwortung für dieses Scheitern übernehmen. Schlagartig wurde mir klar, dass ich die nächsten Minuten nicht unbeschadet überstehen würde … Ich kollabierte, bekam keine Luft mehr, kippte von meinem Stuhl und fiel zu Boden – und das war dann der dritte, fast tödliche Schlag.

Ein Arzt in schwarzem Anzug, den man in der Hamburger Künstlerszene nur Dr. Mabuse nannte, wurde gerufen und war schon kurz darauf in meine Garderobe gekommen. Dr. Mabuse, der Tag und Nacht unter einer Geheimnummer zu erreichen war, kümmerte sich hauptsächlich um die prominente Kundschaft der Stadt. Nachdem er meinen Blutdruck gemessen hatte, gab er mir zu verstehen: »Das wäre es fast gewesen, lieber Herr Redl, ist Ihnen das klar? Wenn Ihnen das, was Sie soeben erlebt haben, in der Premiere passiert wäre, hätten Sie die Bühne wohl nicht mehr lebend verlassen.«

Somit war ich endgültig außer Gefecht gesetzt und ich sehe immer noch die riesige Erleichterung in den Augen des Hausherrn, der mir die Suppe eingebrockt hatte und der sich vermutlich nicht einmal dafür verantwortlich gefühlt hätte, wenn ich das Debakel mit meinem Leben bezahlt hätte. Der Presse ließ er nun mitteilen: »Leider ist unser Hauptdarsteller erkrankt – für längere Zeit voraussichtlich –, sodass wir für die Eröffnung des Hauses auf ein anderes Stück zurückgreifen müssen. Eine Aufführung des Ödipus wird es auch in Zukunft nicht geben.«

Über viele Wochen war ich nun nicht mehr fähig, Theater zu spielen. Alle meine Vorstellungen wurden abgesagt oder umbesetzt und ich begab mich in ärztliche Behandlung. Danach fuhr ich nach Sylt und starrte tagelang aufs Meer.

46

Nach ungefähr sechs Wochen kehrte ich zurück nach Hamburg und hatte Schwierigkeiten, mich in meinem alten Leben zurechtzufinden. Tagelang stromerte ich lustlos durch die Stadt – ohne mir irgendetwas vorgenommen zu haben. Abends landete ich wie immer im »Dorf«, beließ es dort aber bei ein, zwei Gläsern Bier und verließ das Lokal, bevor ich es mir anders überlegte.

Das Ödipus-Debakel hatte mir schwer zugesetzt und ich hatte keine Vorstellung davon, was aus mir werden sollte und ob ich jemals wieder auf einer Bühne stehen würde. Die Leichtigkeit war mir abhandengekommen. Ich hatte mein Selbstvertrauen und all meinen Mut verloren – elementare Voraussetzungen, um vor einem Publikum bestehen zu können. Mein geliebter Beruf war über Nacht zu einer erdrückenden Last geworden, ich fühlte mich krank vor Überforderung und hoffnungslos verloren, und in meinen dunkelsten

Stunden war ich davon überzeugt, dass ich nie mehr auf die Beine kommen würde. Ich kündigte meinen Vertrag mit dem Schauspielhaus zum Ende der laufenden Spielzeit und plante eine längere Auszeit. Um meinen noch laufenden Vertrag zu erfüllen, musste ich allerdings noch zahlreiche ungespielte Vorstellungen nachholen. Dazu war ich vertraglich verpflichtet und da ich ein gewisses Verantwortungsgefühl mir selbst gegenüber noch nicht gänzlich verloren hatte, war die Vertragserfüllung eine Selbstverständlichkeit für mich. Dennoch kostete es mich Überwindung, den alten Beruf wieder auszuüben. Die Zeit des unschuldigen Theaterspielens jedenfalls war endgültig vorbei – und es sah auch nicht so aus, als ob sie je wiederkehren würde.

In der Situation meldete sich Luc Bondy bei mir und bot mir an, zu ihm an die Schaubühne nach Berlin zu kommen. Von meinem Ödipus-Debakel in Hamburg schien er nichts mitbekommen zu haben. Ich nahm seinen Anruf als Wink des Schicksals und als Chance für einen Neuanfang in einer anderen Stadt – und sagte zu.

Und dann, eines späten Abends, rief Peter Zadek an, der offenbar gerade zufällig in Hamburg war. Zum ersten Mal hörte ich jetzt seine oft zitierte, nölige Stimme am Telefon: »Hallo …« – »Hallo.« – »Hier ist Peter …« – »Welcher Peter?« – »Na, Peter!« – »Welcher Peter?« – »Was hast'n du vor morgen Abend?« – »Das weiß ich noch nicht.« – »Aber ich weiß es … morgen Abend spielst du ›Verlorene Zeit‹!« – »Wieso das denn?« – »Uli Wildgruber liegt in der Herzklinik in Timmendorf … Du musst für ihn einspringen und den Wally spielen.« – »Wie soll das gehen? Ich habe das Stück nicht gelesen. Wie soll ich denn in ein paar Stunden den ganzen Text lernen?« – »Den liest du einfach ab! – Lesen kannst du doch, oder?«

Am Morgen nach diesem sonderbaren Anruf fand ich mich wieder auf einer sogenannten Verständigungsprobe und begegnete dort Eva Mattes und Ilse Ritter – zwei erprobten Zadek-Heroinen auf dem Höhepunkt ihrer Karriere. Der große Meister hatte meinen

Text von dem Requisiteur des Theaters in ein »New Yorker«-Magazin einkleben lassen und diesen Text hatte ich dann während der Probe die ganze Zeit vor der Nase. Damit war sichergestellt, dass ich meine Sätze ablesen konnte und meine Stichworte nicht verpasste. Und wie auf der Probe agierte ich dann auch am Abend vor Publikum: als unsicherer, verklemmter Tollpatsch, der sich hinter einem Magazin verschanzt … Als heilloser Trottel mit einem viel zu kleinen Hut auf dem Kopf, der einem dubiosen Freund leichtsinnigerweise in ein New Yorker Appartement folgt und dort auf zwei Frauen trifft, deren aggressive Sexualität ihn so aus der Fassung bringt, dass er vor lauter Aufregung nur noch herumstottert, orientierungslos in eine Torte fasst, sich hektisch mit der Hand ins Gesicht greift und danach aussieht, als hätte man mit Sahnepatronen auf ihn geschossen … Wildgruber hatte daraus eine grandiose Nummer gemacht und auch mir gelang es am Abend vor ausverkauftem Haus, die zahlreichen Pointen der Rolle so abzuschießen, dass sich das Publikum vor Lachen bog. Zadek saß in seiner Loge und hatte, wie mir nach der Vorstellung berichtet wurde, seine helle Freude an meinem Spiel.

Es war verrückt: Noch vor wenigen Wochen hatte ich am Boden gelegen, nicht mehr weitergewusst und mich fast schon aufgegeben. Und nun das – ein völlig unerwarteter Triumph, der sich wie eine Wiederauferstehung anfühlte. Ich war wieder da.

Am Abend darauf wurde ich von Zadek zu einem vertraulichen Gespräch in die Bar des »Reichshofs« gebeten. »Du warst toll gestern Abend – ganz wunderbar … Warum bist du so wunderbar?« … »Hör mal«, fuhr er fort, »mir fallen da ganz viele tolle Stücke ein, die ich mit dir machen möchte, aber wie ich höre, willst du ja jetzt unbedingt an diese alberne Studentenbühne in Berlin gehen?« – »Das stimmt, tut mir leid, Peter, wir haben schon über einen Vertrag gesprochen …« – » Aber ich brauche dich hier in meinem Ensemble.« – »Das tut mir wirklich leid, aber ich bin im Wort.« – »Ach so …« Und dann – nach einer kleinen Pause: »Was verdienst'n da?«

Nachdem ich ihm die Höhe der Berliner Gage genannt hatte, überlegte Zadek keine Sekunde: »Bei mir bekommst du 1000 Mark mehr …«

Um der Wahrheit die Ehre zu geben: Sein Versprechen, mich in vielversprechenden Rollen zu besetzen, und natürlich auch die Aussicht auf mehr Geld ließen mich schwach werden.

Ich rief Luc Bondy in Berlin an, entschuldigte mich bei ihm und bat ihn, mich aus unserer mündlichen Vereinbarung zu entlassen – woraufhin Luc über viele Jahre kein Wort mehr mit mir sprach. Am nächsten Tag unterschrieb ich bei Peter Zadek, dem damals neben Peter Stein berühmtesten und renommiertesten Regisseur des deutschen Theaters.

Zadek hatte eine beeindruckende Präsenz und strahlte eine geradezu dämonische Aura aus, der sich nur die Wenigsten entziehen konnten … auffällig war eine riesige Beule in seinem Genick, die ihn wie ein verwachsenes Fabelwesen aussehen ließ. Schon ein halbes Jahr nach unserem Treffen im »Reichshof« sollte ich ihn dann genauer kennenlernen.

Nachdem sein Vorgänger das Handtuch geworfen hatte, übernahm also Peter Zadek das Haus an der Kirchenallee. Als Erstes sollte ich bei ihm eine kleine, allerdings sehr komische Rolle in »Die Herzogin von Malfi« spielen, einem Stück des Shakespeare-Zeitgenossen Christopher Marlowe, mit dem er seine Hamburger Intendanz eröffnen wollte.

47

Als Chef war Zadek ein Fall für sich. Alles, was er entschied, entschied er spontan und nach Gutsherrenart. Wenn er ein Stück probierte, verlangte er den uneingeschränkten Zugriff auf seine Schauspieler – alle, die besetzt worden waren, hatten immer anwesend zu sein. Im Grunde seines Wesens betrachtete er uns als Leibeigene und liebte es, uns hin und wieder mit spontanen Entscheidungen zu überraschen. In der Regel probierte er von 10 bis 16 Uhr und wer gerade nicht dran war, hatte zu warten. Also kam es schon mal vor, dass die gerade Unbeschäftigten Kollegen vier bis fünf Stunden Zeit hatten, um still vor sich hin zu dösen, über ihr Leben nachzudenken oder aber um sich gegenseitig alle möglichen Geschichten zu erzählen – bevor sie dann endgültig in der sechsten Stunde unverrichteter Dinge von einem Assistenten nach Hause geschickt wurden. Keiner wagte es, gegen diese Willkür aufzumucken – weder die Stars und erst recht nicht die Kleindarsteller. Ausnahmslos alle beugten sich dem Willen des großen Zampano.

Die Probenarbeit selbst war eine Herausforderung in jeder Hinsicht. Zadek gab grundsätzlich keine Regieanweisungen. Er ließ uns ausprobieren, was uns in den Sinn kam – wochenlang, wenn es sein musste, ohne irgendetwas festzulegen. Er ermunterte uns, die Arbeit an der Rolle als einen permanenten kreativen Prozess zu betrachten, und er hasste es, wenn wir versuchten, ein Ergebnis vom Vortag, nur weil er eventuell gelacht oder uns dafür auch schon mal gelobt hatte, zu wiederholen. »Warum bist du so langweilig?«, nölte er dann: »Mach doch mal was Neues!«

Der ständige Zwang, immer wieder etwas Neues kreieren zu müssen, war für uns Schauspieler enorm anstrengend und ging mit gewaltigem unterschwelligen Stress einher. Zu meiner Verwunderung konnte es selbst so sturmerprobten Kollegen wie Gert Voss oder Ulrich Wildgruber passieren, dass sie mit einer Blockade zu kämpfen hatten und nicht mehr weiterwussten. Dann war es Zadek, der ihnen mit einem kleinen, aber ungemein klugen Hinweis half, diese zu überwinden. Darin war er ein Meister. Nach wochenlangem Beobachten konnte er einem mit drei, vier präzisen Sätzen den Weg hin zur Rolle weisen. Seine künstlerische Autorität stand somit völlig außer Frage. Wie kein Zweiter verstand er es aber auch, seine kleine Gemeinde zu manipulieren. Entweder er lobte uns: »Das war toll! Das war ganz wunderbar!«, womit er uns glücklich machte, oder aber er kritisierte das Gesehene und stürzte uns in Ratlosigkeit: »Was spielst du denn da? Habe ich das inszeniert?« So oder so: Er hatte immer alle und alles im Griff.

Während einer Probenpause hielt ich den Zeitpunkt für gekommen, Zadek zu fragen, was ich denn nun in der nächsten Spielzeit bei ihm spielen würde, zumal wir ja bereits an der Bar im »Reichshof« über verschiedene Projekte miteinander gesprochen hatten. Die Antwort war ein kalter, oszillierender Blick – und für einen Moment war ich wie paralysiert. Es war der stechende Blick einer Schlange, der mich fixierte, aus Augen, die ich nur aus Tierfilmen kannte. Nachdem ich mich halbwegs gefangen hatte, blickte Zadek mir wieder freundlich ins Gesicht und lächelte verschmitzt. Ihm war es natürlich nicht entgangen, dass er mich verunsichert hatte. Seelenruhig wandte er sich dem Käsebrötchen zu, das er sich gerade erst geschmiert hatte, biss genüsslich hinein und ließ sich viel Zeit beim Zermalmen des viel zu großen Teils. Dann sagte er: »Du fragst mich, was du bei mir spielst. Hör mal, woher soll ich das denn wissen? Ich weiß doch nicht einmal, ob ich überhaupt mit dir arbeiten kann!« Ich glaubte, mich verhört zu haben und war außerstande, ihm zu antworten. All die vielen schönen Rollen, die ihm angeblich zu mir einfallen würden, waren nur der Köder gewesen, um mich in seinen Zoo zu locken. Zadek wollte mich schlichtweg ausprobieren und einfach nur mal schauen, ob ich ihn zu irgendetwas inspirieren würde – selbstverständlich mit ungewissem Ausgang für mich … Die süffisante Überheblichkeit, mit der er mir die Abfuhr erteilt hatte, war für mich nur schwer zu verdauen. Trotzdem dachte ich keine Sekunde darüber nach, jetzt alles hinzuschmeißen – im Gegenteil: Warum sollte ich nicht ihm und mir beweisen, dass ich es überhaupt nicht nötig hatte, die Rolle der beleidigten Leberwurst zu spielen?

48

Herbst 1985. Die mit Bombast angekündigte Malfi-Premiere im Schauspielhaus stand unter einem hohen Erwartungsdruck. Tout Hamburg war gekommen und alles ging schief. Jutta Hoffmann in der zentralen Rolle der Herzogin konnte nicht einmal im Ansatz überzeugen – trotz ihrer herausragenden schauspielerischen Fähigkeiten. Eine erotisch-monströse elisabethanische Adlige aus der Medici-Dynastie, der die Männer reihenweise verfallen – das war sie einfach nicht. Der schon während der Premiere sich anbahnende Flop muss den großen Zadek tief gekränkt haben, und in Windeseile sprach es sich herum, dass sein Neustart ein Fehlstart war.

Noch heute erinnere ich mich an eine Begegnung von Zadek mit Rudolf Augstein wenige Tage nach der Premiere bei einem Brunch in der Villa von Antje Ellermann, einer umtriebigen Hamburger Verlegerin. Wildgruber, Mattes und Lause waren ebenfalls eingeladen worden. Augstein hatte sich verspätet und tauchte mit einer Flasche Bier in der Hand auf. Offensichtlich stark angetrunken, war er dennoch hellwach. Bestens gelaunt bekam er alles mit, was um ihn herum geschah, und wenn er sich in ein Gespräch einmischte, dann brillant und messerscharf. Seine Argumente trieben die allgemeine Diskussion auf die Spitze, die Situation wurde zunehmend ungemütlich und Zadek begann sich unwohl zu fühlen. Ihm war nicht entgangen, dass der berühmte Chef des Spiegels dabei war, sich auf ihn einzuschießen. Und bevor es für den Intendanten des Schauspielhauses nun allzu brenzlig zu werden drohte und er das Geschehen nicht mehr unter Kontrolle haben könnte, ergriff er mit einer fadenscheinigen Begründung die Flucht. Er hatte es mit der Angst zu tun bekommen, und ich weiß noch, mit wie viel innerer Schadenfreude und kaum verhohlener Genugtuung nicht nur ich ihm bei seinem Abgang hinterher sah.

Das Malfi-Debakel überstand ich unbeschadet. Zusammen mit der extra aus Hollywood angereisten und übrigens ganz zauberhaften Christine Kaufmann konnte ich in unseren gemeinsamen Szenen sogar noch punkten. Trotzdem hielt mich Zadek weiterhin auf Abstand, was meine Beschäftigungslage unter seiner Regie betraf. Dafür spielte ich dann zwei schöne Rollen bei Wilfried Minks: den Koch in »Mutter Courage« von Bertolt Brecht mit Eva Mattes als Partnerin sowie den zornigen Sohn in »Bauern sterben«, einem ungemein wuchtigen Drama von Franz Xaver Kroetz.

Bald schon lernte ich einen jungen Mann kennen, den Zadek aus Berlin mitgebracht hatte und der sich in Hamburg mit einem furiosen Einstand zu präsentieren wusste: Ulrich Tukur. Er spielte den Obersturmbannführer Kittel in »Ghetto« von Joshua Shobol mit eiskaltem, aasigem Charme – und mit einer unverschämten Beiläufigkeit und Leichtigkeit, dass ich aus dem Staunen nicht mehr herauskam. Tukur war Zadeks Favorit und der neue Protagonist im Ensemble, der in Zukunft alle wichtigen Rollen spielen würde. Offenbar hatten sich die Zeiten geändert und ich musste an einen Satz von Sören Kierkegaard denken, den ich einmal aufgeschnappt hatte: »Das Vergleichen ist das Ende des Glücks und der Anfang der Unzufriedenheit.«

49

1986 trennte ich mich von Marlen. Nach vierzehn Jahren Ehe wussten wir uns nichts mehr zu sagen. Das Band, das uns einmal zusammengehalten hatte, war schon vor langer Zeit gerissen und irgendwann hatte ich aufgehört, mich um Gemeinsamkeiten zu bemühen und mich mehr und mehr aus unserer Beziehung zurückgezogen. Ratlos und verlegen saßen wir uns im »Reichshof« gegenüber, gingen höflich miteinander um und besiegelten die Trennung bei Kaffee und Kuchen. Ich konnte sehen, wie fassungslos sie war, und hatte ein grausam schlechtes Gewissen. Sie fühlte sich von mir verraten, hintergangen und alleingelassen. Von Schuld will ich heute nicht sprechen, ganz sicher aber von einem Versagen, für das ich mehr als sie die Verantwortung trug.

Ich bezog eine kleine Zweizimmerwohnung in St. Georg in der Schmilinskystraße 7. Von dort waren es nur ein paar Schritte um die Ecke bis zum »Dorf«, meinem zweiten, eigentlichen Zuhause. Dass ich dort Stammgast war, war allgemein bekannt und falls man mich treffen wollte, wusste jeder, wo ich zu finden war – allein oder in Gesellschaft.

Mein alles entscheidendes Gespräch mit Zadek wegen seiner Pläne mit mir stand noch immer aus. Ich bekam einen Termin und hatte mir fest vorgenommen, auf der Stelle zu kündigen, falls er seine bereits gegebene Antwort erneut bestätigen sollte. Als ich sein Büro betrat, war Zadek allein. Wie ein zu fett geratener Biber fläzte er sich auf seinem Sofa und empfing mich sichtlich genervt: »Du gehst mir auf den Geist, weißt du das? Was willst du denn spielen, sag doch mal?« Ich antwortete, dass ich das im Moment nicht sagen könne, da ich doch erst grundsätzlich mit ihm über meine Perspektive reden müsse. »Also«, sprach er, »den Othello, den spielst du bei mir nicht – den Jago … vielleicht.« »Warum den Jago?«, fragte ich. »Weil du ein dummes, verlogenes Arschloch bist.« »Das war's dann wohl, Peter – ich kündige und fliege morgen nach Mykonos«, sagte ich daraufhin, drehte mich um und verließ sein Büro. »Wenn hier einer kündigt, dann bin ich das!«, rief er mir noch hinterher. Da aber war ich schon längst draußen und auch ein bisschen erstaunt darüber, dass mir ein so selbstbewusster Abgang gelungen war.

Am Nachmittag klingelte mein Telefon. »Wann kommst'n du wieder von deiner Insel?« »Nicht vor Ende Oktober.« »Okay. Na gut. Dann warten wir eben auf dich.« Wieder einmal glaubte ich mich verhört zu haben. Doch dann gab Zadek mir zu verstehen, dass ich trotz meiner Kündigung noch unbedingt und unter seiner Regie den

Rodrigo Quast in »Lulu« von Frank Wedekind spielen müsse – in seiner letzten Produktion am Haus, denn inzwischen hatte auch er als Intendant das Handtuch geworfen. Was für eine Wendung: Vor kurzem hatte er mir noch gedroht, mich von der Besetzungsliste zu streichen, wenn ich sein Theater verlassen würde – und nun war er bereit, meinetwegen den geplanten Probenbeginn für »Lulu« in den Herbst zu verschieben.

50

Im langersehnten Urlaub auf Mykonos fühlte ich mich wie befreit. Ich saß in einer Taverne am Meer und hatte viel Zeit, mir Gedanken über meine Zukunft zu machen – die so weit gingen, dass ich mir vorstellen konnte, in den kommenden Jahren mehr freiberuflich zu arbeiten. Meine starker Abgang in Zadeks Büro, dachte ich, sei doch schon mal ein guter Anfang gewesen, um mich zukünftig noch unabhängiger zu machen von Leuten, die mir sagen wollen, was ich zu tun oder zu lassen habe.

Dass ich gerade in meinem Beruf immer und überall auf das Wohlwollen anderer angewiesen bin, war mir vorübergehen entfallen, und mit der Hoffnung auf eine glänzende berufliche Perspektive im Hinterkopf genehmigte ich mir zahlreiche Ouzos und glaubte an mich wie selten zuvor. Nach acht erholsamen Wochen reiste ich zurück nach Hamburg.

Dort angekommen, ließ ich mich auf die Arbeit mit Zadek ein und hatte das Glück, Peter den Großen noch einmal in Hochform zu erleben. Schon bei den Proben war es ausnahmslos allen Beteiligten bewusst, dass das Lulu-Projekt ein einmaliges, außergewöhnliches und aufsehenerregendes Ereignis werden könnte. Und was alle ahnten, sollte zur Gewissheit werden: Die Premiere im Februar 1988

mit der wahnwitzig mutigen Susanne Lothar in der Titelrolle wurde zu einem triumphalen Erfolg. Ebenso großartig war Jutta Hoffman als Gräfin Geschwitz mit einem grenzdebilen Sprachfehler. Zadek obsiegte und alle seine Schauspieler und Schauspielerinnen wurden ausgiebigst gefeiert. Wir gastierten mit »Lulu« in Berlin, in Wien und in Paris und hatten eine tolle Zeit miteinander. In Wien wartete Gert Voss, der Star des Burgtheaters, nach der Vorstellung am Bühnenausgang auf mich, um mich an seine Spielstätte zu locken. »Peymann würde sich übrigens auch sehr freuen«, sagte er noch …
Sein Anliegen ehrte mich sehr, dennoch entschied ich mich gegen diese zweifellos verlockende Option. Immer schon war Wien eine Art heimlicher Sehnsuchtsort gewesen – aber dort leben, das wollte ich dann doch nicht.

Nie vergesse ich auch unser Gastspiel in Paris. Schon am frühen Morgen streifte ich mit Uli Wildgruber durch die Markthallen der Stadt, deren üppige Auslagen die Phantasie und vor allem den Appetit anregten. Wir bestellten Austern, tranken gekühlten Weißwein und schwelgten in frankophiler Seligkeit. Einmal in Genießerstimmung ging es nun darum, den morgendlichen Auftakt noch zu überbieten: Gegen Mittag dann orderten wir in einem sorgfältig ausgewählten Restaurant noch einmal Austern, um uns anschließend in aller Ausführlichkeit durch ein üppiges Fünf-Gänge-Menü zu schlemmen. Bestens gesättigt trennten wir uns am Ende der mittäglichen Orgie für ein Schläfchen im Hotel, um uns nach der abendlichen Vorstellung ein drittes Mal die herrlichen Früchte des Meeres zu gönnen und sie zum Abschluss eines langen Tages mit einem köstlichen Entre deux mers hinunterzuspülen. Wie hat der gute Uli das geliebt. Für mich war es eine Freude, ihm, dem Primus inter Pares im Club der Hedonisten, beim Essen und Trinken zuzuschauen. Unvergesslich, wie er die Austern schlürfte, mit welcher Wollust er dabei zu Werke ging. Oder wie er in großer Runde als wiedergeborener Bacchus den Wein hinunterschlenzte und mit funkelnden

Augen über das ganze Gesicht strahlte, wenn er – entrückt vor lauter Glückseligkeit – laut ausrief: »Was für ein herrliches Leben!«

Wenn alles egal ist,
und das Reden verstummt,
und der Griff zum Glas
zum Ereignis wird …
»Sehnsucht«

51

Schon bald wurden die ausschweifenden Abende voller Euphorie und Glückseligkeit wieder von trüben Gedanken unterwandert und mein Leben war nun immer öfter ein heftiges Auf und Ab, dem ich mich schutzlos ausgeliefert fühlte. Als Schauspieler hatte ich die Ödipus-Krise überlebt – als Mensch war mir mein Leben verrutscht. Es gab Tage, an denen ich mich fragte, wie es geschehen konnte, dass das Scheitern mit »Ödipus« alles, was mir bis dahin beruflich gelungen war, ausgelöscht zu haben schien. Und dann wieder gab es Tage, an denen ich mich für einen der besten Schauspieler des Landes hielt. Einerseits neigte ich zu grandioser Selbstüberschätzung, andererseits konnte sich diese überbordende Euphorie schlagartig in ihr düsteres Gegenteil verkehren. Woher kam diese Zerrissenheit? Was war los mit mir? Mit 21 Jahren hatte ich am Bochumer Theater begonnen und damals ging ich davon aus, dass ich meinen Beruf mindestens 50 Jahre lang ausüben würde. Schon nach 15 Spielzeiten aber erlitt ich einen fast tödlichen Betriebsunfall – im besten Alter von 36 Jahren. Nach nicht einmal einem Drittel meines Berufsweges war mir das Vertrauen in mich als Schauspieler nahezu abhandengekommen. Schlimmer noch: Das ungute Gefühl, vielleicht doch nicht stabil genug zu sein für diesen Beruf, hatte mächtig an mir zu nagen begonnen und ließ mir keine Ruhe mehr. Dass es mir dann trotz der Ödipus-Katastrophe gelungen war, am Theater wieder Fuß zu fassen und Erfolg zu haben, machte mich eher misstrauisch. Erfolg erschien mir wie tellurisches Feuer, das hell auflodert und sofort wieder erlischt – Erfolg hatte keinen wirklichen Wert mehr für mich, denn etwas in mir hatte sich grundlegend verändert: Meine Freude über einen gelungenen Abend reichte mittlerweile kaum mehr für eine halbe Nacht. Schon der Morgen danach brachte mich dazu, wieder zu grübeln und über Dinge nachzudenken, die meinem Zweifel Nahrung gaben. So geriet ich mehr und mehr in eine Spirale des Misstrauens gegen mich selber, hechelte nach Anerkennung und wurde ein Getriebener auf der Suche nach Bestätigung.

Wenn ich mal nichts zu tun hatte, ließ ich mich einfach treiben mit einem dumpfen Gefühl von Schwermut und Leere. Ich hatte bizarre, fast immer nur kurzfristig dauernde Liebschaften, die mich im Grunde nicht interessierten, und verhielt mich gleichgültig, unberechenbar und egoistisch. Und wieder ging das alles nicht ohne Alkohol. Auf der Suche nach dem großen Gefühl verliebte ich mich in meine Nachbarin, die mein Sehnen aber nicht erwiderte und mir schon früh und frei heraus zu verstehen gab, dass sie sich eigentlich nur für mich interessierte, weil ich ein in Hamburg nicht ganz unbekannter Schauspieler war. Letztendlich war sie es dann, die mir eines schlimmen Tages den Laufpass gab.

Tatsächlich war mein Leben in schwere Turbulenzen geraten. Auf einer Kunstausstellung, zu der ich reichlich betrunken erschienen war, gefiel mir das Bild eines mir unbekannten Malers – ein leicht verwischtes Portrait einer halbnackten Frau. Ich kaufte es für 4 000 DM, und da es recht groß war, ließ ich es am nächsten Morgen zu mir nach Hause transportieren. Ich hing es über mein Bett, um es dann nur eine Stunde später so scheußlich zu finden, dass ich es in einem Anfall von Vernichtungswut in kleine Stücke zersägte und es im Müll entsorgte.

52

Nachdem Zadek hingeschmissen hatte, war Michael Bogdanov, ein in England sehr erfolgreicher Regisseur, ausersehen worden, das Hamburger Schauspielhaus zu übernehmen. Bogdanov war ein gutmütiger, freundlicher Waliser mit russischen Vorfahren, der es faustdick hinter den Ohren hatte. Nächtelang konnte man in großer Runde mit ihm im »Dorf« hocken, und gegen Morgen lagen alle Beteiligten unter dem Tisch – nur er nicht. Seine Inszenierung von Shakespeares »Julius Cäsar« war bei den Hamburger Kultur-Verantwortlichen auf eine solche Begeisterung gestoßen, dass sie ihn zu Zadeks Nachfolger kürten. Bogdanov brachte mich dann auch dazu, meinen Vertrag mit dem Schauspielhaus noch einmal zu verlängern. Aus reiner Sympathie, halbherzig und nicht unbedingt aus künstlerischen Gründen willigte ich ein. Zu seiner Spielzeiteröffnung plante er den »Hamlet« mit Uli Tukur in der Titelrolle und mich wünschte er sich als Totengräber. Sein Wunsch erschien mir etwas zu bescheiden und ich forderte die Rolle des Königs. Nach einer erneut gemeinsam durchzechten Nacht hatte ich ihn dann von meiner Forderung überzeugt.

Nach der endgültigen Trennung von Marlen erlebte ich im »Dorf« Abende voll berstender Lebenslust. Und dann gab es Abende, da ertrank ich in Alkohol und bleiernem Trübsinn. Aus mir war ein finsterer Zeitgenosse geworden, gekleidet in einen schwarzen Mantel, mit einem ebenso schwarzen Borsalino auf dem Kopf und der aggressiven Ausstrahlung eines Mannes, den man besser nicht anspricht. Wenn ich mir vorstelle, wie viel ich trinken musste, um mich selber auszuhalten, wie viel Lebenszeit ich in dieser winzigen Ecke hinter dem Tresen des »Dorfs« verbracht und wie viele Menschen ich mit den unsinnigsten Geschichten vor den Kopf gestoßen habe – dann wundere ich mich schon, wie ich diese lange traurige Phase meines Lebens einigermaßen heil überstehen konnte.

Ich kaufte ich mir ein 8-Spur-Revox-Tonband-Gerät und richtete mir zu Hause ein kleines Studio ein – mit Mischpult, Effektgeräten, einem Keyboard und allem, was dazu gehört. Ganze Tage verbrachte ich anschließend damit, eigene Kompositionen mit englischen Texten aufzunehmen, die ich mir auf Mykonos ausgedacht hatte.

»Last night
I was sailing through dark spaces
Into the early morning smell
Shivering with the cold
Birds with long black wings
We're circling in the sky
I heard their small sad voices
What were they talking about?
I saw lions on white beaches
Sleeping in the sand
The birds were almost out of sight
And I could feel the morning coming.«

Acht Spuren standen mir zur Verfügung und ich spielte alle Instrumente – Gitarre, Bass, Keybord, Schlagzeug – selbst ein. Ich erinnere mich an einen sehr besonderen Tag im Winter: Direkt nach dem Aufstehen frühstückte ich nur kurz und begann gleich darauf mit dem Aufnehmen einiger halbwegs ausgereifter musikalischer Ideen. Kurz vor Mitternacht fiel ich nach fast 15 Stunden dann halb tot vor Erschöpfung in mein Bett – ohne eine einzige Pause gemacht zu haben. Den ganzen Tag über hatte ich alles um mich herum vergessen und ich schlief mit einem unbeschreiblichen Gefühl innerer Genugtuung auf der Stelle ein. Selten hatte ich mich nach getaner Arbeit so restlos glücklich, zufrieden und erfüllt gefühlt … Und auch heute noch kommt es mir so vor, als sei das der sinnvollste Tag meines Lebens gewesen.

Ich studierte nun die François-Villon-Balladen, die mich seit meinem vierzehnten Lebensjahr beschäftigten, erfüllte mir einen langgehegten Wunsch und suchte mir Musiker, die ein eigenes, professionell eingerichtetes Studio besaßen. Ich stellte eine Textauswahl zusammen und gemeinsam machten wir uns daran, den mittelalterlichen Versen in der expressionistischen Nachdichtung von Paul Zech einen kongenialen musikalischen Ausdruck zu verpassen – wobei wir auf viele meiner schon älteren Kompositionen zurückgreifen konnten. Es entstanden eigenwillige Klangbilder mit Hilfe einiger teilweise sehr skurriler Instrumente, die dem entsprachen, was ich mir erhofft hatte

Zum ersten Mal stand ich jetzt als Sänger vor einem Mikrophon. Ich war unter Stress und brauchte etliche Anläufe, um ein einigermaßen akzeptables Ergebnis zu erzielen. Wir nahmen zwölf Lieder auf und brachten das Ganze auf einer LP heraus, der wir den Titel »Vierzehn und ein Viertel Jahr« gaben – nach einer Zeile aus einer der Liebesballaden. Kaum hatten wir die Studioarbeit beendet, wollten wir die Lieder unbedingt auch vor Publikum präsentieren, luden Michael Bogdanov zu uns ein und spielten ihm unser Material vor. Er nannte, was er hörte, »beachtlich« und gab uns die Chance, den Balladenabend mit Band im Malersaal des Schauspielhauses zum Besten geben … François Villon: Er war meine Welt. So wie er wollte ich gesehen werden: wild und verwegen, verrückt und unberechenbar. Heute staune ich, wie beharrlich ich mich weigerte, zur Kenntnis zu nehmen, dass all das mit mir und meinem realen Leben rein gar nichts zu tun hatte,

Im Laufe weniger Wochen erspielten wir uns ein eigenes Publikum, das sich schon bald zu einer treuen Fangemeinde mauserte. Die abendlichen Vorstellungen glichen einem sakralen Ritual und stets begann ich mit dem Prolog, den ich wie ein Gebet sprach:

»Als mich das Blut durchkochte dreißig Jahr
Und Tag und Nacht nur Gram und Schande war

Da bin ich auch kein großes Licht gewesen
Auch nie als Narr von einem König angestellt
Mich haben harte Reiserbesen
Hineingefegt in diese Welt
Des ganzen Lebens schwarze Litanei
Vom Mutterleibe bis zum Todesschrei
Die langen Wanderungen durch die
Kalten Gelächter der Menschen – und zuletzt
Der Streich des Henkers haben
Böse Falten in meine Gesicht gewetzt
Mich so herumgehetzt wie Wölfe
Fort aus einem warmen Bett gejagt
Und nie nach mein Leid gefragt ...«

Zwei ganz besonders reizende junge Damen kellnerten zu der Zeit im »Dorf«: Katharina und Nicole. Nachdem sie den Villon-Abend zum ersten Mal gesehen hatten, kamen sie aufgewühlt von der Vorstellung zurück ins Lokal, setzten sich zu mir an den Tisch und strahlten mich an. Die Erinnerung an das gerade Erlebte hatte ihnen rote Bäckchen in ihre Gesichter gezaubert und sie bedankten sich überschwänglich. Ihre Begeisterung rührte mich fast zu Tränen, da ich ihnen offenbar einen Abend geschenkt hatte, den sie so bald nicht vergessen würden. Katharina lernte übrigens bald darauf Uli Tukur kennen, mit dem sie heute verheiratet ist.

53

Eines Abends tauchte Paulus Manker im »Dorf« auf. Er kam aus Wien, galt als genialer Schauspieler und hatte den Ruf eines gefürchteten Bösewichts. Er gastierte am Thalia Theater, bei der Hamburger

Konkurrenz sozusagen. Unsere erste Begegnung verlief suboptimal, denn wir konnten uns absolut nicht ausstehen. Später sagte er mir einmal, dass ich zu Beginn unserer Bekanntschaft der mit Abstand unangenehmste Mensch gewesen sei, den er je getroffen hatte. Nach diesem etwas verunglückten Auftakt kam es aber schon bald zu einem klärenden Gespräch – und danach verstanden wir uns ausgezeichnet, denn uns verbanden nun einmal zahlreiche Gemeinsamkeiten. Zum Beispiel machte es uns einen Riesenspaß, das Lokal aufzumischen. Wir zündelten auf den Tischen, bis Panik ausbrach und der sowieso zu Hysterie neigende Tuschi dann hektisch versuchen durfte, das Feuer wieder zu löschen. Großes Vergnügen bereitete es uns zum Beispiel, Kollegen, die wir nicht leiden konnten, vorzuführen, indem wir sie in Gespräche verwickelten, die sie in ihrer Eitelkeit bestätigten – was sie aber nicht mitbekamen und sich somit zum Affen machten. Was immer wir uns ausgedacht hatten – stets amüsierten wir uns prächtig. Unsere besondere Aufmerksamkeit galt allerdings den jungen Damen, die wir mit Getränken versorgten und, wenn es sich ergab, auch ab und an mal mit nach Hause nahmen.

Allerdings konnte das auch unerwünschte Folgen haben. Ich erinnere mich an die nächtliche Heimkehr mit einer schon ziemlich angetrunkenen Eroberung im Arm. Erst in meinem Hausflur realisierte ich, wie besoffen sie wirklich war, und anstatt sie einfach in das nächste Taxi zu setzen und die Sache auf sich beruhen zu lassen, half ich ihr beim Treppensteigen. Das war mühsam und nicht ganz ungefährlich, wie sich zeigen sollte. Denn nachdem wir schon fast den zweiten Stock und damit meine Wohnung erreicht hatten, bekam sie Probleme mit dem Gleichgewicht, schwankte hin und her, verlor den Halt und segelte rückwärts im freien Flug nach unten. Mit einem dumpfen Aufschlag landete sie im Zwischenstock und rührte sich nicht mehr. Nichts Gutes ahnend, eilte ich die Treppen hinunter und versuchte, meine unglückliche Eroberung wieder aufzurichten – was aber unmöglich war. Raymond Chandler hat einmal beschrieben, wie unglaublich anstrengend und kräftezehrend es ist, eine Leiche zu transportieren – schlichtweg, weil sie so schwer ist. Und genau dieses Problem hatte ich in jener Nacht im Hausflur meines Hauses. Ich wuchtete und zerrte den schweren Körper Stufe um Stufe die Treppen hinauf und brauchte fast eine halbe Stunde dafür. Als ich es dann endlich nach oben geschafft hatte, war ich am Ende meiner Kräfte. Ich hielt die völlig weggetretene Dame aufrecht, so gut es ging, bugsierte sie zur Tür hinein und ließ sie auf mein Bett fallen. Und ich war heilfroh, dass der Zwischenfall im Haus offenbar unbemerkt geblieben war.

Als mein schwer lädierter Übernachtungsgast am nächsten Morgen aus seinem Koma erwacht war, bat ich die Dame in aller Freundlichkeit, mich bitte wieder allein zu lassen. Das aber lehnte sie entschieden ab und meinte, ich trüge doch eine Verantwortung für sie, was ich mir einbilden würde, das sei ja wohl das Letzte, außerdem müsse sie noch ein paar Tage bleiben, um sich von ihren Verletzungen zu erholen. Widerstandslos ergab ich mich meinem Schicksal und erst geschlagene drei Tage später gelang es mir endlich, meinen Pflegefall zum Aufbruch zu bewegen. Auf was hatte ich mich da eingelassen? Wieso überhaupt hatte ich versucht, die Frau mit zu mir nach oben zu nehmen, obwohl sie sturzbetrunken war? Was wollte ich mir mit der nächtlichen Aktion beweisen? Was für ein Teufelskerl, was für ein abgebrühter Weiberheld ich bin? Und was hatte mich dazu bewogen, die Kneipenbekanntschaft drei Tage lang rücksichtsvoll zu behandeln?

Paulus Manker hätte mit Sicherheit ganz anders reagiert. Wahrscheinlich hätte er der Dame damit gedroht, sie aus dem Fenster zu werfen. Nachdem ich ihm jedenfalls im »Dorf« von meinem bizarren Abenteuer berichtet hatte, konnte er sich ein mitleidiges Grinsen nicht verkneifen.

Ich kenne Paulus nun schon sehr lange. Er ist einer der rigorosesten Schauspieler, die ich je auf der Bühne gesehen habe. Nicht nur als Schauspieler, sondern auch als Regisseur sind ihm Halbheiten zuwider. Wenn er sich einem Projekt verschrieben hat, zieht er es konsequent und rücksichtslos durch – mit einer beeindruckenden und geradezu berserkerhaften Energie, die ich immer bewundert habe. Ein aktuelles Beispiel seines genialischen Tatendrangs ist seine Inszenierung von Karl Kraus' »Die letzten Tage der Menschheit« – einem kollosalen, ausufernden und eigentlich unaufführbaren Bilderbogen, der sich mit den dramatischen Ereignissen vor und während des Ersten Weltkriegs befasst – in einer alten Fabrikhalle in Wien und vor einiger Zeit auch in Berlin. Paulus kann sehr eigen und verletzend sein – weshalb er sich wenig Freunde gemacht hat. Immerhin hat er es im Laufe seiner Karriere aufgrund zahlreicher verstörender Aktivitäten geschafft, dass halb Wien nicht gut auf ihn zu sprechen ist. Und von ihm stammt der schöne Satz: »Das Böse leuchtet mehr« – als Antwort auf die Frage eines Journalisten, warum er so gern den Bösewicht spielt.

54

Meine sommerlichen Urlaube verbrachte ich nun fast jedes Jahr auf Mykonos. Ich bewohnte einen ehemaligen Ziegenstall direkt am Meer, den die Eigentümer mit einem uralten Bett, einem zusammengenagelten Tisch und einem instabilen Stuhl in einen Übernachtungsraum verwandelt hatten. Wasser musste ich aus einem nahe gelegenen Brunnen schöpfen. Das erforderte eine gewisse Geschicklichkeit, denn es ging darum, den Eimer, der an einer langen Schnur befestigt war, so in die Tiefe fallen zu lassen, dass er das Grundwasser auch schöpfen konnte. Ein kleiner Ruck mit dem Seil, kurz bevor der Eimer die Wasseroberfläche erreichte, war der entscheidende Kniff, dass der rostige Kübel halbschräg eintauchen konnte, um genügend Wasser aufzunehmen – gut gefüllt zog ich ihn dann wieder hoch. Strom war natürlich auch nicht vorhanden, es gab nur Kerzenlicht und einen billigen Gaskocher mit einer Flamme. Aber die Lage der kleinen Hütte und der sagenhaft schöne Blick auf das Meer entschädigten mich mehr als genug für den Mangel an Komfort und die windschiefe, äußerst bescheidene Ausstattung.

Das Licht am Morgen war einzigartig. Noch unglaublicher aber war das Abendlicht – die blaue Stunde. So etwas hatte ich noch nirgendwo gesehen. Ich saß auf meiner Terrasse und fühlte mich reich beschenkt von so viel Schönheit, die mich umgab. Schon früh war ich auf den Beinen, schwamm im Meer und frühstückte anschließend in einem kleinen Restaurant direkt am Wasser. Dessen Besitzer waren einfache, stets gut gelaunte Bauern, die man sich freundlicher nicht wünschen konnte. Bei ihnen nahm ich auch meine Mahlzeiten ein und das Lammfleisch, das sie servierten, war unfassbar zart – ein fast schon überirdischer Genuss.

Fast jede Nacht wurde in der Taverne getanzt und gefeiert, und der Ouzo floss in Strömen. An Schlaf war nicht zu denken, denn das Lachen, Tanzen und die laute Sirtakimusik ließen die Bucht bis weit nach Mitternacht erbeben.

Tagsüber war es so heiß, dass ich mich in meinen Ziegenstall zurückzog und Bücher las, die mein Vorgänger dort zurückgelassen hatte. An keinem Ort der Welt habe ich mich so mühelos auf das Lesen konzentrieren können. Für Dostojewskis »Schuld und Sühne« brauchte ich gerade mal eine Woche – und die Lektüre war die reinste Meditation. Auch die »Dubliners« von James Joyce lagen im Ziegenstall herum. Keine seiner Kurzgeschichten hat mich mehr berührt als »Die Toten«: die Geschichte einer verheirateten Frau, die eines Abends in Gesellschaft von Freunden ein Lied hört, das sie an einen jungen Mann erinnert, der aus Liebe zu ihr gestorben war.

Nachmittags spielte ich stundenlang auf meiner Gitarre und versuchte mich an alten, schon fast vergessenen musikalischen Ideen, die sich in meinem Gehirn abgelagert hatten. Dass ich über viele Jahre ausschließlich eigene englische Texte vertont hatte, kam mir jetzt ziemlich albern vor und so versuchte ich es zur Abwechslung mal mit der deutschen Sprache:

»Die Jahre des Lebens sind lautlos verblüht
Du hattest doch noch so unendlich viel vor
Du schaust in den Spiegel, schaust dir ins Gesicht
Und du siehst dem Tod bei der Arbeit zu …«

Eines Abends überfiel mich die Frage, wie es wohl wäre, wenn meine Lieder mich berühmt machen würden. Als Theaterschauspieler hatte ich einen überschaubaren Bekanntheitsgrad erreicht, mit dem ich einigermaßen umgehen konnte. Ein öffentliches Dasein als bekannter Musiker jedoch, der einer indiskreten Presse ausgeliefert ist, wollte ich mir auf keinen Fall antun. Diese Gedanken hätte ich mir ersparen können. Denn Wochen später wurde mir von einem Hamburger Musikproduzenten, den ich um eine Einschätzung meiner musikalischen Fähigkeiten gebeten hatte, bescheinigt, dass er meine Kompositionen zwar ganz schön fände – aber irgendwie seien sie doch sehr speziell und noch nicht wirklich ausgereift. Immerhin ermutigte er mich, weiterzumachen und meinem Talent zu vertrauen.

Von Mykonos aus machte ich Tagesausflüge zu den benachbarten Inseln. So auch nach Hydra, der Insel, auf der es keine Autos gibt und Lasten aller Art nur mit Hilfe von Eseln transportiert werden. Leonard Cohen hatte dort Jahre zuvor gelebt und auf Hydra auch viele seiner Songs geschrieben. Ich sah mir das Haus an, in dem er gewohnt hatte, ging hinunter zum Hafen und in das Restaurant, in dem er, wie mir der Besitzer stolz erzählte, ein gern gesehener Gast war. Auch entdeckte ich den kleinen Marktplatz, auf dem Cohen nach Sonnenuntergang mit seiner Gitarre unter den Einheimischen gesessen hatte, um ihnen seine neuesten Lieder vorzuspielen. Ich liebte es, mich in die einzigartige Atmosphäre dieser längst vergangenen Abende einzufühlen, die mir plötzlich greifbar nahe wurden.

Immer schon hatte ich eine Vorliebe für Orte, die ich mit ganz besonderen Menschen in Verbindung bringen konnte. In New York Ende der achtziger Jahre zum Beispiel ging ich gleich am ersten Abend nach meiner Ankunft in die legendäre »White Horse Tavern Bar« … in jene Bar, in welcher der von mir bewunderte walisische Poet Dylan Thomas, ein heilloser Vollalkoholiker, im Alter von 39 Jahren tot umgefallen war, nachdem er an diesem Tag seinen 18. Whiskey getrunken hatte. Ihm zum Gedenken trank ich dort einige Biere und versuchte mir vorzustellen, wie der große Dichter sich an dem Abend, an dem er sterben sollte, wohl gefühlt haben mochte. Hatte er geahnt, dass der Tod auf ihn wartete?

Oder immer, wenn ich in Paris war, frühstückte ich in St. Germain im »Deux Magots« – dem berühmten Café-Restaurant, in dem sich die Literaten und Philosophen der Nachkriegsjahre regelmäßig getroffen hatten, um über Politik und Existenzialismus zu diskutieren. Da saß ich dann, trank meinen Kaffee und lauschte den Gesprächen von Sartre, Simone de Beauvoir und Camus, die ich selbst imaginierte …

Meine sommerlichen Ferien auf der Kykladen-Insel waren, wie schon gesagt, zu einem Ritual geworden. An manchen Tagen lieh ich mir ein Motorrad und erkundete die vielen kleinen Buchten der Insel. Nach all den aufreibenden Jahren am Theater fühlte ich mich endlich mal wieder unbeschwert und frei. Viele Stunden verbrachte ich im Wasser, sammelte Seeigel, knackte sie auf und aß deren zartes Fleisch, das ich zuvor mit Essig beträufelt hatte. Oder ich harpunierte Tintenfische, die ich abends über dem offenen Feuer grillte – nicht ohne sie vorher mehrmals kräftig gegen einen Stein geklatscht zu haben, damit sie weich wurden und ihre Tinte verloren. Der Ouzo, den ich dazu trank, schmeckte einfach nur himmlisch und brachte mich immer wieder auf neue Gedanken.

Unter dem Dach meiner Hütte hatte ein Spatz seine Eier ausgebrütet. Eines der gerade erst geschlüpften Vogelküken war aus dem Nest gefallen und lag eines Morgens nackt und noch völlig blind am Boden meiner Terrasse. Vorsichtig hob ich es auf, baute ihm eine Nest direkt neben meinem Bett, gab ihm Futter und päppelte ihn langsam wieder auf. Das Küken kam zu Kräften und schien sich wohl bei mir zu fühlen. Als ihm Flügel gewachsen waren und es Zeit wurde, ihn in die Freiheit zu entlassen, nahm ich den Vogel in die Hand, ging hinaus auf die Terrasse und warf ihn mit Schwung in die Luft. Er flog davon, machte einen großen Bogen und landete direkt wieder in meiner offenen Hand. Offenbar war ich seine Ersatzmutter geworden. Einige Male noch versuchte ich, ihn mit noch mehr Schwung zum Davonfliegen zu bewegen, er aber ließ sich nicht beirren, flog seine Runden und flatterte dann immer wieder zu mir zurück – bis er eines Tages so weit war, dass er endgültig die Freiheit wählte.

Einen meiner Mykonos-Urlaube verbrachte ich zusammen mit Rita, die ich 1988 im »Dorf« kennengelernt hatte. Rita kam aus Wien-Ottakring und aus sehr einfachen Verhältnissen. Sie war zehn Jahre jünger als ich und muss in mir eine verlorene Seele gesehen haben, die es zu retten galt. Sehr bald schon wusste ich, dass sie nicht die Liebe meines Lebens war. Trotzdem ließ ich mich auf eine Verbindung mit ihr ein, die aufgrund meiner indifferenten Einstellung ihr gegenüber immer nur etwas Vorläufiges hatte. Zugegebenermaßen war ich manchmal heilfroh, dass sie für mich da war. Sie gab mir Halt zu einer Zeit, in der ich mich phasenweise nur schwer ertrug. In Hamburg trafen wir uns dann und wann und obwohl auch sie sehr genau spürte, dass aus uns nie ein Paar werden würde, hielt sie das nicht davon ab, sich so oft es ging mit mir zu verabreden.

Es gab Momente, da hätte ich mir eine Beziehung mit Rita vorstellen können – aber eigentlich nur, weil ich nicht mehr daran glaubte, dass noch irgendetwas Aufregendes in meinem Leben auf mich warten würde. Als ich Rita dann eines Tages endgültig verließ, war das ein schwerer Schlag für sie und ich musste mitansehen, wie abgelehnt und verstoßen sie sich fühlte. Ich hätte ihr keine falschen Hoffnungen machen dürfen und unser Miteinander viel früher beenden müssen.

55

Sommer 1989. In Hamburg begannen die »Hamlet«- Proben. War der König, den ich unbedingt spielen wollte, wirklich die richtige Rolle für mich? König Claudius ist ein dunkler Charakter. Er ermordet seinen Bruder und heiratet dessen Frau, die er durch Mord zur Witwe gemacht hat. Es gibt eine sehr interessante Szene, in der er zu beten versucht, weil ihn sein schlechtes Gewissen quält. Was seinen dunklen Charakter betrifft, da hatte Michael Bogdanov mir einen sehr brauchbaren Hinweis gegeben: »Spiele ihn als Nixon – als intriganten Politiker und durch und durch verlogenen Machtmenschen.« Das versuchte ich dann auch. Trotzdem wurde ich in den späteren Vorstellungen das Gefühl nicht los, fast immer nur staatstragend herumzustehen und endlos viel Text von mir zu geben. Geschlagene vier Stunden lang hangelte ich mich durch das Stück und am Schluss, wenn wir uns alle verbeugten, bekam ich maximal höflichen Applaus. Der Kollege Gerhard Garbers aber, der als fröhlicher Totengräber – das war die Rolle, die ich partout nicht spielen wollte – drei Stunden nach Stückbeginn überhaupt erst im Theater aufgetaucht war, um gegen Ende des Abends in einer sehr lustigen Clownsszene zu brillieren, wurde am Schluss der Aufführung mit Applaus überschüttet und vom Publikum stürmisch gefeiert. Da hatte ich richtig danebengelegen mit meiner Entscheidung gegen diese Rolle. Auf meinen inneren Kompass war offensichtlich kein Verlass mehr.

Am schlimmsten allerdings war der Umstand, dass mich die Rolle des Königs erneut mit meinem Ödipus-Alptraum konfrontierte. Zu Beginn des Stückes steht der König an der Rampe und hält eine Rede an seine Untertanen – genau wie auch Ödipus. Alle schauen ihn an. Er ist ganz auf sich allein gestellt. Als ich diese Rede zum ersten Mal probierte, war schlagartig alles wieder da – die Überforderung und mein Zusammenbruch auf jener Abendprobe, die mich als Trauma noch immer verfolgte. In meinem Kopf machte sich Panik breit und ich wurde die Gedanken an mein Versagen nicht mehr los.

Trotzdem probierte ich weiter, bis ich kurz vor der Premiere dann doch wieder den bereits erwähnten Dr. Mabuse, meinen damaligen Retter in der Not, aufsuchen und ihn um Hilfe bitten musste. Offenbar aber war der Doktor schon von irgendjemandem informiert worden, denn er empfing mich mit einem sonderbar wissenden Lächeln. Kaum hatte ich begonnen, ihm meine Situation zu schildern, da unterbrach er mich rasch und sagte: »Lieber Herr Redl, wir wissen doch, was los ist.« Er verpasste mir eine Beruhigungsspritze – einen sogenannten Neurotransmitter, wie er mir erklärte –, und die half mir dann tatsächlich, die Endproben und vor allem die Premiere zu überstehen. Es ging sogar besser als gedacht, denn die chemische Keule wog mich in Sicherheit: Gefasst und fokussiert verließ ich am Eröffnungsabend der neuen Spielzeit meine Garderobe, ging auf die Bühne und überließ mich ganz dem abgründigen Charakter meiner Figur, unbeeinträchtigt von Angst oder Nervosität. Am Ende des Abends wurde mir allseits gratuliert und für einen Moment dachte ich tatsächlich, dass sich das Trauma endlich erledigt hätte.

Schon vor der zweiten Vorstellung aber kam erneut die Angst. Wie ein schleichendes Gift war sie mir den Rücken hoch hinein in meinen Hinterkopf gekrochen und hatte sich dort breit gemacht, um mir zu zeigen, wer das Sagen hat. Die Angst lähmte mich in allem, was ich tat, und ich litt darunter, dass ich dieser Lähmung so ohnmächtig ausgeliefert war. Ein Kollege, der mit mir auf der Bühne stand, hatte es einmal so beschrieben: »Du stehst ganz vorne an der Rampe, hältst eine Rede und gibst dir den Anschein von Souveränität. Ich schaue genauer hin und bemerke, wie du schwitzt, wie deine Hosenbeine flattern und wie dein ganzer Körper zittert, während du gegen die Trockenheit in deinem Mund ankämpfst.«

Mein stets präsenter Doktor verabreichte mir abermals eine, diesmal wesentlich schwächer dosierte Ration des hilfreichen Tranquilizers – allerdings nicht ohne mich eindringlich zu ermahnen, dass das so nicht weitergehen könne. Langsam müsse ich nun lernen, ohne das hochgradig süchtig machende Serum auf der Bühne zu bestehen.

Nach nur vier Vorstellungen war für mich erst einmal Schluss mit »Hamlet«, denn schon zu Beginn des Jahres hatte ich einen Urlaub für meinen ersten Fernsehfilm eingereicht. Ich musste für fünf Wochen nach Stuttgart, um den »Hammermörder« zu spielen.

56

Sehr spät – erst mit Anfang 40 – kam ich zum Fernsehen. Warum das so war, hatte einen Grund: Am Theater der siebziger und achtziger Jahre wurden Schauspieler, die ein Angebot für eine Rolle im Fernsehen bekamen, schief angeschaut. Jedenfalls an den Theatern, an denen ich engagiert war. Fernsehen war in den Augen der meisten Schauspielerinnen und Schauspieler, die an die Kraft der Kunst glaubten, künstlerisch nichts wert. Sich in diesem äußerst fragwürdigen Metier zu tummeln, galt als absolut unter Niveau für einen Schauspieler, der ernst genommen werden wollte. Fernsehen machte man, um Geld zu verdienen – die wahre Kunst aber fand noch immer auf der Bühne statt.

Woher kam dieser sonderbare Hochmut, den auch ich jahrelang proklamiert hatte? Weil wir Theaterleute uns im Himmel der Kunst wähnten? Ehrlich gesagt: Ich habe keine Ahnung. Über meine rigorose Ablehnung des Fernsehens habe ich nie wirklich nachgedacht und sie einfach nur für richtig gehalten. Vielleicht lag es ja am Niveau der künstlerischen Aufgaben, welche die Arbeit am Theater wertvoller erscheinen ließen. Wie auch immer … Als der seriöse Künstler, der ich sein wollte, hielt ich selbstverständlich Abstand zu der Glitzerwelt der Fernsehschaffenden und dem Glamour der roten Teppiche – obwohl mich das ganze Brimborium diverser Preisveranstaltungen zugegebenermaßen doch auch faszinierte.

Schon im Jahr 1986 hatte mir ein gewisser Uwe Schrader die Hauptrolle in seinem Low-Budget-Kinoprojekt »Sierra Leone« angeboten. Kino stand in meiner künstlerischen Bewertung höher als Fernsehen, und so fühlte ich mich angesprochen und lehnte das Angebot nicht gleich ab, trotz meiner negativen Erfahrungen mit den »Wahlverwandtschaften«. Schrader – in der Branche bekannt als »Schmuddel-Schrader«, weil er vorzugsweise in heruntergekommenen Kneipen und nur da, wo Berlin am hässlichsten war, drehte – galt als hoffnungsvoller Jungfilmer und »Sierra Leone« sollte sein zweiter Spielfilm werden. Die Rolle, um die es ging, hieß Fred. Fred war ein junger Mann, der seinen Platz im Leben noch nicht gefunden hatte. Ein Typ also, den ich einfach nur eins zu eins verkörpern musste. Das würde ich schon hinkriegen, dachte ich und sagte Schrader zu.

Das Abenteuer begann und schon sehr rasch hatte ich wieder einmal Probleme damit, beim Drehen entspannt zu agieren. Nach wie vor war das Medium Film ein unsicheres Terrain für mich und erneut musste ich erleben, dass ich all das, was ich mir am Theater angeeignet hatte, beim Film nicht gebrauchen konnte. Im Theater gab mir allein schon die Distanz zum Zuschauer eine gewisse Sicherheit, da ich ja ausschließlich in der Totalen agierte, mit ganzkörperlichem Ausdruck sozusagen, der es mir gegebenenfalls ermöglichte, unerwünscht auftretende innere Unsicherheiten zu kaschieren. Eine Ka-

mera ließ so etwas aufgrund ihrer manchmal penetranten Nähe und
ihrer unbestechlichen Objektivität nicht zu. Und wieder machte mir
die Arbeit nicht wirklich Freude und wieder beschloss ich am Ende
der Dreharbeiten, nie mehr einen Film zu drehen. »Sierra Leone«
schaffte es dann aber überraschenderweise auf diverse Festivals und
verfehlte den deutschen Filmpreis nur knapp. Ich bekam erstaunlich
gute Kritiken und mit einem Mal war man nun auch überregional
auf mich aufmerksam geworden.

57

Jetzt also wartete der »Hammermörder« auf mich … Alles hatte damit begonnen, dass sich der Regisseur Bernd Schadewald, ein alter Kumpel aus der Schauspielschule, bei mir meldete. Ihm sei ein
interessantes Drehbuch mit einer tollen Rolle für mich angeboten
worden. Es ging um einen Polizisten, einen Familienvater mit zwei
Kindern, der sich mit der Renovierung seines Hauses finanziell übernommen hatte. Um sich der erdrückenden Last seiner Schulden zu
entledigen und um seinen Kindern Geschenke zu Weihnachten kaufen zu können, entschloss er sich, das Problem auf eine sehr spezielle
Weise zu lösen: Innerhalb weniger Wochen lauerte er dreimal auf
einsamen Parkplätzen parkenden Autofahrern auf, erschoss sie mit
seiner Dienstpistole von hinten, fuhr mit den Wagen seiner Opfer
vor eine Sparkasse, stürmte hinein, zertrümmerte mit einem riesigen
Vorschlaghammer die Glasscheibe des Kassenschalters und forderte
dann mit vorgehaltener Pistole das vorhandene Bargeld ein. Steck-
brieflich wurde er wegen des brachialen Einsatzes seines Hammers
als der »Hammermörder« gesucht.
   Eine unglaubliche, aber wahre Geschichte, die sich im Stuttgarter
Raum ereignet hatte. Das schier Unfassbare an der Sache: Rohloff,

so der Name des mordenden Familienvaters, war selber Mitglied der »Soko Hammer«, einer Spezialeinheit, die fieberhaft nach dem Täter fahndete. Ebenso unfassbar war, dass sich die Beamten der Soko an einer völlig falschen Zeugenbeschreibung orientierten, was zu einem unbrauchbaren Fahndungsfoto führte und die Suche nach dem Bankräuber und Mörder in eine völlig falsche Richtung lenkte. Es dauerte eine kleine Ewigkeit, bis man dem mitermittelnden Kollegen endlich auf die Schliche kam. Bevor man ihn verhaften konnte, entging er seiner Festnahme damit, dass er sich das Leben nahm – nachdem er seine Frau und seine beiden Kinder mit seiner Dienstwaffe liquidiert hatte.

Selbstverständlich durfte ich mir diese Rolle nicht entgehen lassen: ein Polizist, der zum Mörder wird; ein unscheinbarer Beamter, dem man seine Taten nie zugetraut hätte; ein Familienvater, der Frau und Kinder erschießt und dessen Abgründe die Überlebenden ratlos zurücklassen. Wenn das keine Herausforderung war!

Als die Dreharbeiten Ende 1989 begannen, fragte ich als Erstes den Regisseur und Schulfreund, welche Preise man im deutschen Fernsehen mit so einem Film gewinnen könne. »Das Höchste wäre der Grimme-Preis«, bekam ich zur Antwort. »Den holen wir uns«, versprach ich ihm aus dem Stand.

Glücklicherweise entspannte sich mein Verhältnis zur Kamera im Laufe der Dreharbeiten und es gab Tage, an denen mir die Arbeit sogar richtig Spaß machte. Ich lernte die Kollegen des echten Hammermörders kennen, denen der ganze Fall entsetzlich unangenehm zu sein schien, weswegen sie auch nicht bereit waren, mir nähere Auskünfte über das frühere Mitglied ihrer Hundestaffel zu geben. Im Jahr darauf wurde der Film ausgestrahlt – und gleichzeitig wurde wahr, was ich dem Regisseur versprochen hatte: Er bekam den Grimme-Preis für die beste Regie und ich ihn als bester Hauptdarsteller.

58

Nach den Dreharbeiten zum »Hammermörder« musste ich zurück nach Hamburg: Der König in »Hamlet« wartete auf mich. Die Textangst, die Panik – alles ging wieder von vorne los und schon bald hatten mich die alten Muster fester als je zuvor im Griff. Es begann bereits am Morgen, gleich nach dem Erwachen: Allein der Gedanke an die abendliche Vorstellung versetzte mich in einen kaum zu ertragenden Zustand. Ich machte Spaziergänge, um mich abzulenken, und wie einst in Frankfurt versuchte ich, mich mit Hilfe klassischer Musik zu entspannen. Es half alles nichts. Am Abend auf dem Weg ins Theater ging ich die Lange Reihe hinauf wie zu meiner Hinrichtung. Ich sehnte mich danach, dass diese krankhafte Beklemmung endlich, vielleicht ja mit einem Schlag aufhören würde, und nahezu jeden Tag wünschte ich mir irgendeinen Zufall herbei, der die Aufführung nicht stattfinden lassen würde. Ja, ich spielte sogar mit dem Gedanken, mir etwas anzutun, um nur nicht spielen zu müssen. Im Theater angekommen, schloss ich mich in meiner Garderobe ein, memorierte unzählige Male meinen Text, konnte kaum an mich halten vor Nervosität und wartete darauf, dass man mich um kurz vor acht auf die Bühne rief. Regelmäßig schaute Dr. Mabuse eine halbe Stunde vor Beginn der Vorstellung vorbei, um sich nach meinem Befinden zu erkundigen: »Herr Redl – wie geht's? Brauchen wir wieder was?« Wenn es ganz schlimm um mich stand, verabreichte er mir eine seiner Spritzen, die mich allerdings aufgrund ihrer schwachen Dosierung nicht wirklich ruhiger werden ließen.

Das Theaterspielen war für mich zu einem brutalen Alptraum geworden. Ich litt und sehnte mich nur noch danach, so bald wie möglich von diesem Stück und vor allem von dieser Rolle erlöst zu werden. Nach 54 Vorstellungen ging es nicht mehr. Ich war am Ende meiner Kräfte, suchte Michael Bogdanov in seinem Büro auf und bat ihn, mich umzubesetzen. Obwohl er meinen Wunsch nicht nachvollziehen konnte, tat er mir den Gefallen.

Endlich – endlich war ich raus aus der Mühle und fast alle Kollegen waren sauer auf mich. Hermann Lause, den ich, kurz nachdem mein Ausstieg verkündet worden war, auf dem Flur traf, stellte mich sofort zur Rede. Außer sich vor Empörung beschimpfte er mich: »Aufgeben kommt für einen Schauspieler nicht Frage! Niemals! Du nimmst deine Entscheidung sofort zurück!« Uli Tukur, den die durch meinen plötzlichen Abgang verursachten anstehenden Umbesetzungsproben natürlich auch betrafen, ahnte offenbar als Einziger, was in mir vorging, und signalisierte sein stilles Einverständnis. Es mag ein bisschen abgegriffen klingen – aber das war der Beginn einer wunderbaren Freundschaft.

Wie immer in Momenten großer Erschöpfung fuhr ich ans Meer und starrte stundenlang auf den Horizont.

Da ich das Dasein nicht nutzte,
nutzte das Dasein mich ab.
Gustave Flaubert

59

Die vielen Abende, an denen der Gang auf die Bühne einem Gang aufs Schafott gleichkam, hinterließen Wunden, die bis heute nicht verheilt sind. Ich litt unter einem Druck, dem ich mich nicht gewachsen fühlte. Trotzdem musste es weitergehen. Als ich von meiner Auszeit am Meer zurückgekehrt war, gab es wie schon nach der Ödipus-Katastrophe noch ein paar Stücke im Repertoire, die zu spielen ich mich vertraglich verpflichtet hatte. Die Gewissheit, dass König Claudius im »Hamlet« inzwischen von einem Kollegen übernommen worden war, half mir, die zu bewältigenden Auftritte einigermaßen, wenn auch mehr schlecht als recht zu überstehen.

Wieder einmal war ich am Boden angelangt. Von inhaltloser Schwermut überwältigt, wusste ich an freien Tagen nichts mit mir anzufangen. Wieder ließ ich mich auf wahnwitzige Beziehungen mit Frauen ein, die im Nichts endeten. Wenn ich dagegen eine Frau traf, bei der ich mir einzubilden versuchte, dass sie mir eventuell etwas bedeuten könnte, verlor ich mich in verstiegenen Wunschvorstellungen mit glücklichem Ausgang. Ich sehnte mich danach zu lieben, aber ich liebte nicht. Jeden Abend zog ich um die Häuser, aus Angst, irgendetwas zu verpassen – orientierungslos und immer auf der Suche.

Höhepunkt dieser sehr chaotischen Phase meines Lebens war ein spektakulärer Treppensturz. Wieder einmal war ich auf einer Premierenfeier König Alkohol zu nahe gekommen, der zu dieser Zeit mein zuverlässigster Begleiter war. Beim Verlassen der Feier hatte mich meine ebenfalls nicht mehr nüchterne Begleitung untergehakt und so wankten wir auf eine steile Treppe zu. Ich stolperte, verlor das Gleichgewicht, wir klammerten uns aneinander und gemeinsam segelten wir die Stufen hinunter. Da ich vor dem Aufschlag meinen linken Arm reflexartig vor mein Gesicht gezogen hatte, konnte ich das denkbar Schlimmste gerade noch verhindern. Ich brach mir »nur« das Handgelenk und meine Flugbegleiterin kam wie durch ein Wunder heil davon.

Mit Blaulicht landete ich in der Notaufnahme im St. Georg-Krankenhaus. Als erste Maßnahme zog mir ein völlig übermüdeter Notarzt meinen Arm mit einem kurzentschlossenen Ruck wieder gerade. Das tat so weh, dass ich aufjaulte wie ein Hund, dem man auf die Pfoten getreten hat – was den trotz seiner sichtbaren Erschöpfung umsichtig agierenden Mann aber nur wenig zu beeindrucken schien: »Gehen Sie nach Hause und kommen Sie am Montagmorgen wieder, da werden Sie dann operiert.« Es war Wochenende – wie eigentlich immer in solchen Situationen. Also verbrachte ich zwei schlaflose Tage und Nächte mit höllischen Schmerzen in meiner Wohnung, um mich am Montagmorgen dann sehr früh auf den Weg in die Klinik zu machen.

Ich saß im Wartezimmer und irgendetwas war wohl schiefgelaufen. Es war weder ein Termin für mich eingetragen worden, noch wusste irgendjemand Bescheid über meinen Befund. Zufällig schaute ein Mann mittleren Alters zur Tür herein, der stutzte und mich dann erkannte, weil er mich nur wenige Tage zuvor in meinem Villon-Abend gesehen hatte. Er erkundigte sich nach meinem Befinden und fragte mich, auf wen ich denn warten würde. Ich antwortete, dass ich eigentlich längst auf dem Operationstisch liegen sollte. »Dann kommen Sie mal mit«, sagte der Mann, auf dessen Namensschild Dr. R. Fehse stand, und er war es dann auch, der mich noch am selben Vormittag operierte.

Ich hatte einen komplizierten Trümmerbruch im Handgelenk, den mir der erfahrene Chirurg mit einem Fixateur verschraubte und ihn so stabilisierte. Nach der Operation behielt man mich für eine Woche im Krankenhaus, was mir viel Zeit gab, um über mich und meine Zukunft nachzudenken. Hatte ich diesen Treppensturz gebraucht, um zur Besinnung zu kommen? Haarscharf war ich an einer Querschnittslähmung vorbeigeschrammt und es hätte auch mit einem Genickbruch enden können. Ich hatte Glück gehabt. Was um alles in der Welt ließ mich so leichtsinnig und gedankenlos mein Leben aufs Spiel setzen? Wie sollte es nun weitergehen mit mir? Was sollte ich tun, damit sich etwas änderte? Ich fand keine Antwort und wünschte mir einen Menschen herbei, der mich bei der Hand nehmen und mir helfen würde, einen Weg aus dem Labyrinth meines Daseins zu finden. Aber diesen Menschen gab es nicht. »Alles muss man alleine machen«, sagte mein Bruder Wolf als Kind einmal, als er fast in einem Fluss ertrunken wäre, weil ihm seine kleine Schwester Monika, die heulend am Ufer stand, nicht helfen konnte …

Bevor ich meinen Vertrag mit dem Deutschen Schauspielhaus Anfang der neunziger Jahre endgültig kündigte, um jetzt mehr im Fernsehen arbeiten zu können – meine Haltung diesem Medium gegenüber hatte sich mittlerweile grundlegend geändert, ich wollte schlicht und einfach mehr Geld verdienen –, machte ich noch eine letzte Inszenierung mit Michael Bogdanov und spielte den Caliban in Shakespeares »Sturm« mit Ulrich Wildgruber. Auch Uli war inzwischen gesundheitlich in keinem guten Zustand. Er trank mehr als je zuvor während der Vorstellungen und jedes Mal, wenn er sich im Text verhaspelte, machte ihn das dermaßen wütend, dass er den darauffolgenden Satz, den er zu sagen hatte – egal wie der auch lautete –, laut herausbellte. Das machte seine Darstellung des Prospero nicht gerade zu einem Ereignis.

Caliban ist ein kindliches, naives Monster und eine der wundersamsten Figuren Shakespeares. Die Rolle lag mir und sie half mir, meinem Beruf als Schauspieler wieder ein bisschen mehr Freude abzugewinnen.

60

Die überregionale Resonanz auf den »Hammermörder« war für mich Fluch und Segen zugleich. Einerseits hatte mich der Film schlagartig bekannt gemacht – selbst heute, 30 Jahre nach der Erstausstrahlung, werde ich immer noch, besonders von Taxifahrern, auf ihn angesprochen –, andererseits aber hatte mir die Rolle das Image eines Bösewichts verpasst, das ich über viele Jahre nicht mehr loswerden sollte: »Ein Mann steht in der Tür und der Zuschauer weiß: Gleich passiert was Furchtbares – das muss Redl spielen.« So in etwa dachten die verantwortlichen Fernsehredakteure über mich, die in der Regel nicht ins Theater gehen und in mir nur eine Art Modell für

Gewalttäter sahen. Nie hatten sie mich auf der Bühne zum Beispiel als Komiker erlebt – und selbst wenn man ihnen davon erzählte, wollten sie es nicht glauben, weil sie es sich nicht vorstellen konnten. Also besetzten sie mich über Jahre hinweg immer wieder nur im Rahmen ihrer eigenen, sehr überschaubaren Phantasie.

Zu jener Zeit, in den Neunzigern also, waren Redakteure im deutschen Fernsehen in allererster Linie Bedenkenträger. Sie hatten sehr viel Macht und immer das letzte Wort. Die Angst vor der alles entscheidenden Quote ließ sie manchmal Entscheidungen treffen, die schlichtweg absurd waren – nach dem Motto: Kunst ja, aber nicht ohne Quote. Ergo: Ein Film ohne gute Quote ist kein guter Film. Qualität als Kriterium unter Vorbehalt sozusagen. Redakteure wussten angeblich genau, was das Publikum sehen will und was nicht. Sie machten künstlerische Vorgaben, die ihrer Meinung nach quotentauglich waren und außer Diskussion zu stehen hatten. Eine Serie wie »Breaking Bad« zum Beispiel hätte im deutschen Fernsehen niemals eine Chance gehabt. Schon im Vorfeld wäre ein derartiges Projekt abgeschmettert worden, da man es für unzumutbar gehalten hätte.

Mein Image als Unhold jedenfalls bescherte mir immerhin einen unvergesslichen Nachmittag in Wiesbaden. Am Abend zuvor war der »Hammermörder« wieder einmal wiederholt worden, was ich nicht wusste, als ich ein bis auf den letzten Platz besetztes Café in der Innenstadt betrat. Etwas ratlos stand ich herum und hielt Ausschau nach einem freien Platz. Völlig unerwartet erreichte mich da die schrille Stimme einer schon etwas älteren Dame, die mit ihrem Kaffeekränzchen ungefähr 10 Meter von mir entfernt saß und mir zurief: »Horsche se mal, sin Sie des? Des war ja ferschterlich, isch hab die ganz Nacht net geschlaffe!«

Mitte der neunziger Jahre machte ich überwiegend Fernsehen, drehte aber auch »Lea« – einen poetischen Kinofilm mit Ivan Fila, einem tschechischen Regisseur, der es mit seinen unberechenbaren

Wutanfällen schon am ersten Drehtag geschafft hatte, das gesamte Team gegen sich aufzubringen. Ich spielte einen ehemaligen Legionär, der in seine Heimat zurückkehrt und sich einen Hof und eine junge Frau kauft, der er die Ehe verspricht. Die Arbeit mit Fila war anstrengend, das Ergebnis aber konnte sich sehen lassen. Im Kino war der Film nicht erfolgreich, dafür aber auf Festivals umso mehr. Fila wurde wegen »Lea« sogar von Steven Spielberg nach Hollywood zu einem Gespräch eingeladen und ließ mir immerhin freundliche Grüße bestellen.

Eines Tages im Jahre 1996 fand ich mich wieder auf einem Set in Berlin. Man hatte mich für die Rolle eines Kleingangsters in einem Fernsehkrimi engagiert – und ich lernte Maja kennen …

Könnte es sein, dass ich
ganz einfach getäuscht
worden war, getäuscht von
einer Verführerin?
August Strindberg

61

»Warum verliebst du dich nicht in mich?«

Wir saßen im »Zwiebelfisch«, einer Berliner Institution am Savignyplatz. Maja sah mich prüfend an und mein verblüfftes Gesicht schien sie zu amüsieren.

»Ja, warum eigentlich nicht?«, murmelte ich. Und so begann unsere Geschichte.

1996, wie gesagt: Ein halbes Jahr zuvor waren wir uns an einem gemeinsamen ersten Drehtag begegnet. Als ich auftauchte, saß Maja bereits am Set und blätterte in einer der vielen bunten Zeitschriften, die überall herumlagen. Sie schaute nur kurz auf, sagte »Hallo« und vertiefte sich gleich darauf wieder in ihre Lektüre. Ebenfalls anwesend war ihr damaliger Filmpartner, der mich wohlwollend willkommen hieß. Nach Drehschluss wollten die zwei wie wohl immer durch die Berliner Kneipen ziehen und Maja fragte mich, ob ich Lust hätte, sie beide zu begleiten. Sie musste geahnt haben, dass ich nicht nein sagen würde, und es ging hart zur Sache. Am Ende des Abends war Majas Kollege gut abgefüllt, sie selbst schien halbwegs angeschlagen und ich – als damals gut konditionierter Säufer – hatte mich wacker auf den Beinen gehalten. Was von Maja sehr genau registriert wurde. Fortan lief es darauf hinaus, dass wir unsere Kneipengänge zu dritt für die Dauer der Dreharbeiten fortsetzten.

Nach dem Ende des Films hatte ich schon kurze Zeit später erneut in Berlin zu tun. Auf dem Rückflug nach Hamburg traf ich unversehens auf die schöne Maja, die, als ich das Flugzeug betrat, schon im Flieger saß und einen Piccolo trank. Wir kamen ins Plaudern und auch ich orderte einen Piccolo. Nach der Landung wollten wir das Wiedersehen noch ein bisschen ausführlicher begießen und ich lud sie zu mir nach Hause ein. Maja ließ sich nicht lange bitten, denn ich hatte, wie sie mir später erzählte, während des Fluges ihre Neugier erweckt. Ich hatte ihr nämlich erzählt, dass ich Lieder mit eigenen Texten aufgenommen hätte …

Da saßen wir also auf meinem Sofa, tranken Prosecco, den ich schnell noch organisiert hatte, und ich spielte ihr ein Demo mit Eigenkompositionen vor. Etwas völlig Unerwartetes geschah: Schon nach dem zweiten Lied hatte Maja Tränen in den Augen.

Auch im Verlauf des Abends konnte sie sich kaum beruhigen, schluchzte ständig leise vor sich hin und verbrauchte viele Tempotaschentücher. Ich konnte es kaum glauben, dass eine allseits bekannte Fernsehschönheit wegen meiner Lieder so weinen musste. Offenbar schienen sie Maja daran zu erinnern, wie einsam und unglücklich sie in Wahrheit war, denn nachdem es nichts mehr zu hören gab, wurde ich Zeuge eines bewegenden Geständnisses: Das Glück in der Liebe sei ihr bisher versagt geblieben und die Beziehungen zu allen ihren bisherigen Partnern seien eine einzige Katastrophe gewesen. Ich kam aus dem Staunen nicht mehr heraus. Rückhaltlos hatte Maja mir innerhalb gut einer Stunde ihr Unglück anvertraut – als kennten wir uns schon eine Ewigkeit. Wir verabschiedeten uns weit nach Mitternacht und verabredeten ein erneutes Treffen in Berlin.

Und so kam es dann zu jener schicksalhaften Begegnung im »Zwiebelfisch« und der alles entscheidenden Frage: »Warum verliebst du dich nicht in mich?«

Ich besuchte Maja in ihrer großen Altbauwohnung in Charlottenburg und schon gleich kam es zu einer irritierenden Situation. Ganz unvermittelt fragte sie mich: »Wärst du bereit, mich zu umarmen, auch wenn ich dir sehr, sehr weh tun würde?« Eine solche Frage war mir noch nie gestellt worden. »Aber klar doch«, gab ich zur Antwort – ohne den leisesten Schimmer zu haben, auf was für eine Frage ich da gerade reagiert hatte.

Früher als erwartet kam die Probe aufs Exempel: Maja war bei mir in Hamburg, wir saßen im »Dorf« und stritten uns wegen irgendeiner läppischen Angelegenheit. Nachdem ich ihr einmal zu oft widersprochen hatte, machte ich Bekanntschaft mit Majas dunkler Seite. Mit einem ausufernden verbalen Flächenbombardement, das von einem völlig irrationalen Furor befeuert wurde, pulverisierte sie alles, was ich für sie empfunden hatte. Ihre Aggressivität hatte etwas Monströses, etwas so Zerstörerisches, dass ich, der ich wie sie zu viel getrunken hatte, schlagartig nüchtern wurde. Das also war er, der Moment, in dem ich sie hätte umarmen müssen … Nun aber war ich nicht dazu in der Lage, und genau das konnte sie mir nicht verzeihen. Ich hatte ihr versprochen, stark zu sein und sie aufzufangen, wenn sie emotional in eine Sackgasse geraten und um sich schlagen sollte – und nun hatte ich sie abgrundtief enttäuscht. Dass auch ich einfach nur schwer irritiert war und auch ich mich ungerecht behandelt fühlte – darum ging es überhaupt nicht. Das Weitertrinken tat ein Übriges und ihr Zorn uferte aus. Keinem einzigen meiner Argumente war sie nun mehr zugänglich. Kaum machte ich auch nur den Ansatz, etwas zu sagen, schon fuhr sie mir dazwischen und verbiss sich in der Vorstellung, dass ich derjenige sei, der ihr etwas Unverzeihliches angetan und sein Versprechen nicht eingelöst hätte. »Du bist die größte Enttäuschung meines Lebens!«, schrie sie und brach dabei in Tränen aus.

Irgendwann fand auch dieser Abend ein Ende, wir schleppten uns erschöpft nach Hause und ich war sicher, dass am nächsten Morgen alles aus und vorbei sein würde.

Als wäre nie etwas gewesen, fragte sie mich jedoch beim Frühstück gut gelaunt und in aufgeräumter Stimmung, ob ich nicht Lust hätte, sie in die Stadt zu begleiten. Sie habe ein paar wunderschöne Schuhe gesehen, die sie sich unbedingt kaufen wolle. Kein Wort mehr von dem, was sich in der Nacht zuvor ereignet hatte, wie sehr wir uns verletzt hatten und wie unversöhnlich der Abend zu Ende gegangen war. Ich konnte mir ihr Verhalten nicht erklären. Gern hätte ich mit ihr darüber gesprochen, stieß mit meinem Wunsch aber nur auf ein störrisches Desinteresse und Maja eröffnete mir, nicht die geringste Lust zu haben, mir irgendetwas zu erklären. Ich war vor den Kopf gestoßen und überlegte mir, wie ich mich jetzt – und wichtiger noch: in Zukunft – verhalten sollte. Doch mir fiel nichts ein. Ich war an meine Grenzen geraten.

62

Uli Tukur und seine Frau Katharina luden mich nach Venedig ein – in ihre kleine Wohnung auf der Giudecca, die einmal einem Gondoliere gehört hatte. Sie gehören zu den großzügigsten Gast-

gebern, die ich je erlebt habe, und sie waren meine besten Freunde
geworden, denen nicht entgangen war, wie verloren ich durch die
Gegend lief und wie unglücklich mich meine Beziehung zu Maja
machte. Bei langen Spaziergängen am Lido konnte ich ihnen mein
Herz ausschütten und sie ließen meinen Kummer geduldig über
sich ergehen. Die Gegenwart der beiden half mir, Ruhe zu finden
und Abstand von allem zu bekommen. Darüber hinaus brachte
mich Ulis intensive Rund-um-die-Uhr-Beschäftigung mit Essen
und Trinken sehr schnell auf andere Gedanken. Schon bald hatte
sich mein angeschlagenes Selbstwertgefühl wieder einigermaßen er-
holt – und glücklicherweise war mir auch das Lachen noch nicht
ganz vergangen.

Ulrich Waller, ein befreundeter Regisseur, den ich noch aus
Frankfurter Tagen kannte, übernahm Mitte der neunziger Jahre
die Leitung der Hamburger Kammerspiele – mit Ulrich Tukur als
Co-Direktor. Er plante ein ganz außergewöhnliches Stück, das in
Frankreich ein Sensationserfolg war: »Kunst« von Yasmina Reza.
Mit Dominique Horwitz, Ulrich Tukur und mir. Ich sollte Serge,
einen Dermatologen und besessenen Kunstliebhaber, spielen, der
seinen Freunden ein ganz und gar weißes Bild präsentiert, das er
sich für sagenhafte 200 000 Francs gekauft hat. In der Debatte darüber, was Serge das monochrome Werk bedeutet und was er in ihm
sieht, vor allem aber in der geradezu hysterischen Auseinandersetzung über die Summe, die er für das Bild bezahlt hat, geraten die
drei Herren in einen heftigen Streit. Die allgemeine Aufgebrachtheit
eskaliert, man kündigt sich gegenseitig die Freundschaft, will sich
nie mehr wieder sehen – und sitzt am Ende doch wieder gemeinsam
auf dem Sofa. Selten war mir bisher ein Stück mit derart intelligenten, Funken schlagenden Dialogen untergekommen: ein wahrhaft
brillanter Schlagabtausch, der seine Komik dem humorlosen, grim-
migen Ernst seiner Protagonisten verdankt. Nicht zu vergessen: die
fabelhafte Übersetzung ins Deutsche von Eugen Helmlé. Ich sagte

auf der Stelle zu und die Premiere unter der Regie von Hans-Christoph Blumenberg, der uns völlig freie Hand ließ und als Regisseur eigentlich nur als bescheidener Berater fungierte, wurde zu einem Bombenerfolg und wahren Kassenknüller. Wir spielten »Kunst« über hundertfünfzig Mal und wir hätten damit noch viele Jahre weitermachen können. Schon nach kurzer Zeit hatte der Abend Kultstatus und noch heute sagen mir ehemalige Besucher der Kammerspiele, dass »Kunst« einer der schönsten Theaterabende ihres Lebens gewesen sei.

Dank dieses außergewöhnlichen Erfolges war meine Begeisterung für das Theaterspielen schlagartig revitalisiert worden und ich war fest davon überzeugt, meine Angstzustände auf der Bühne endgültig überwunden zu haben. Doch ich hatte mich zu früh gefreut. Nur wenige Wochen nach der Premiere ging es wieder los. Eines Abends, während ich in der Kulisse der Kammerspiele auf meinen Auftritt wartete, hatte ich eine makabre Vision: Mein Vater stand hinter mir und wollte mir etwas sagen. Augenblicklich fühlte ich mich wieder wie der kleine Junge meiner Kindertage … »Du kannst es nicht – lass es sein, mein Junge, du kannst es nicht«, schien er mir zuzuflüstern. Als sei das alles ganz real und als sei mein Vater tatsächlich anwesend, forderte ich ihn ungehalten auf, sich auf den Stuhl am Rand der Hinterbühne zu setzten, kein Wort mehr zu sagen und mich in Ruhe zu lassen. Tatsächlich tat er wie ihm befohlen und der Spuk war vorbei. Trotzdem ließ mich der Gedanke nicht los, dass ich mich auf weitere Begegnungen gefasst zu machen hatte.

Die meisten Menschen leben
in den Ruinen ihrer Gewohnheiten.
Jean Cocteau

63

In meiner Beziehung zu Maja hatten sich schon sehr früh Muster herausgebildet, die sich im Laufe der Jahre noch verfestigten sollten. Es war uns zur lieben Gewohnheit geworden, unsere Verbindung mindestens einmal wöchentlich grundsätzlich in Frage zu stellen. Mit aberwitzig destruktivem Eifer diskutierten wir dann über unsere Probleme und setzten alles daran, uns keine Chance zu geben. Etwas anderes als grausam zu scheitern konnten wir uns nämlich nicht vorstellen. Wie gestört wir miteinander umgingen, verdeutlicht eine Situation in meiner Garderobe in den Kammerspielen unmittelbar vor einer Silvestervorstellung von »Kunst«, kurz bevor ich ein gut gelauntes Publikum zum Lachen bringen sollte. Wieder einmal war es wegen irgendeiner im Grunde bedeutungslosen Sache zu einem Streit gekommen – und wieder einmal hatten wir uns wie unter Zwang darauf geeinigt, uns unwiderruflich zu trennen. Mit dieser Situation in der Garderobe im Hinterkopf und angezählt wie ein Boxer kurz vor dem Knockout, musste ich unmittelbar darauf meiner Verpflichtung auf der Bühne nachgehen. In den Augen meiner Mitspieler konnte ich sehen, dass sie sich Sorgen um mich machten. Es war der reinste Horror, zumal Maja sich auch noch in den Zuschauerraum gesetzt hatte und sich bestens zu amüsieren schien. Ich hörte sie lachen und verstand die Welt nicht mehr.

Am nächsten Morgen machten wir einen Spaziergang über die zugefrorene Alster und versicherten uns ein jetzt letztes Mal, dass es aus sei zwischen uns. Maja fuhr zurück nach Berlin und in den Tagen darauf passierte erst einmal nichts. Die Auszeit kam mir vor wie ein lang ersehntes, wohltuendes Durchatmen, als hätte ich es mit letzter

Kraft geschafft, ein Fester zu öffnen, damit endlich wieder frische Luft ins Zimmer kommt.

Nach gut einer Woche rief Maja mich an und fragte gut gelaunt, wie es mir denn gehen würde. Ihr Anruf überraschte mich, er kam völlig unerwartet und ich brauchte ein paar Minuten, um meine Irritation zu verbergen. Maja zeigte sich geduldig und von ihrer besten Seite. Bald schon plauderten wir in heiterem Tonfall über eine Stunde miteinander und ließen dabei das Vergangene außen vor. Wir waren – wer hätte es gedacht – in allem einer Meinung, ließen schließlich, gänzlich euphorisiert von so viel Gemeinsamkeit, alle Bedenken beiseite und verabredeten uns in Berlin, um es erneut miteinander zu versuchen.

So wie andere Menschen sehnten auch wir uns nach Normalität – »normal« aber war nichts in unserer Beziehung. Wir lebten jeder in einer eigenen Wohnung, was den Vorteil hatte, dass wir uns jederzeit aus dem Weg gehen konnten. Obwohl ihre Berliner Wohnung wesentlich größer als meine Hamburger Wohnung war, dachte ich nicht im Traum daran, mit all meinen Sachen nach Berlin zu ziehen. Ich fuhr also nur sporadisch – im Schnitt einmal die Woche – zu Maja in die Hauptstadt. Mal für einen, mal für mehrere Tage, manchmal aber auch für ein, zwei Wochen.

Sooft wir es auch versuchten, nur selten gelang es uns, entspannt miteinander umzugehen. Stets waren wir auf der Hut vor einer unerwarteten Reaktion des anderen. Wir sehnten uns nach Nähe, konnten sie aber meist nicht zulassen, denn unsere Erfahrungen hatten uns misstrauisch werden lassen. Und selbst die wenigen innigen Momente, die es trotz allem auch gab, waren meist nicht von Dauer.

Ich erinnere mich jetzt an eine Situation, in der ich mich Maja nahe fühlte wie nie zuvor. Wir saßen in der Küche, sie hatte sich ein seit Jahren herumliegendes Silvester-Papierhütchen aufgesetzt, alberte herum und parodierte eine Person, die wir beide kannten. Kaum hatte sie ihre komische Darbietung beendet, verlor sich ihr

Blick, sie verstummte und ich sah einen herzzerreißenden Ausdruck von Verlorenheit in ihren Augen – eine tiefe Verzweiflung darüber, dass niemand sie aus ihrer Einsamkeit würde erlösen können. So hatte ich sie noch nie erlebt. Am liebsten hätte ich sie umarmt und ihr zeigen wollen, dass ich für sie da sei und dass sie mir vertrauen könne. Aber ich brachte es nicht über mich, weil ich mir nicht sicher war, ob sie denn eine Umarmung überhaupt zulassen würde. Schon im ersten Jahr unserer Beziehung hatte ich Tagebuch zu schreiben begonnen. Ungefähr acht Jahre später las ich die ersten Eintragungen zufällig wieder – und ich war fassungslos. Die Probleme, die uns schon zu Beginn unseres Zusammenseins zu schaffen gemacht hatten, gab es immer noch. Sie hatten sich weder verändert noch aufgelöst. Selbst nach Jahren der Gemeinsamkeit waren und blieben wir gefangen in sich permanent wiederholenden Verhaltensmustern: Sätze, die den anderen verletzt hatten, wurden bis zum Abwinken diskutiert. Danach zeigten wir uns einsichtig, entschuldigten uns, beendeten den Konflikt und gingen davon aus, dass das Besprochene einvernehmlich geklärt sei. Geklärt aber war gar nichts, denn sobald sich ein neuer Streit anbahnte, gingen wir wieder auf Anfang. Alles fast tausendmal Besprochene, alle hundertfach durchgekauten Vorwürfe kamen abermals auf den Tisch, gerade so, als ob wir sie nie diskutiert hätten.

Es war wie bei Strindberg und seiner Frau. Man kann und will einander nicht verzeihen und anstatt den Weg der Versöhnung zu suchen, werden Anschuldigungen und Rechthabereien so lange wiederholt, bis ein erneuter Schlagabtausch beginnen kann.

1998. Meinen fünfzigsten Geburtstag feierte ich in Hamburg im »Rexroth« mit 50 Gästen. Es war ein schönes Fest, auch wenn ich mir vor Beginn der Feier drei große Gläser Guinness hatte genehmigen müssen, um meine innere Unruhe vor den geladenen Freunden besser kaschieren zu können und souveräner gegen Fragen nach meinem Befinden gewappnet zu sein.

Wenn ich mich richtig erinnere, habe ich an dem Abend kaum ein Wort mit Maja gesprochen. Wir waren ein Paar, das sich selbst an meinem fünfzigsten Geburtstag nicht als Paar präsentierte. Erst am Morgen danach hatten wir wieder Kontakt – in Form eines lautstarken Streits über irgendetwas, an das ich mit nicht mehr erinnern kann.

Eine der schlimmsten Auseinandersetzungen hatten wir während eines Urlaubs in Portugal. Anlass war wie immer ein lapidares Missverständnis, das wir beide zu einer riesigen Sache aufgebläht hatten. Der Zorn darüber, natürlich aber auch der Alkohol hatten Maja ungeheuer wütend gemacht. Sie geriet völlig außer sich, schlug mir ihre Fingernägel ins Gesicht und verletzte mich nicht unerheblich. Auch dieser Tag fand sein Ende, nachdem wir nach stundenlangen, schmerzhaften Debatten halbtot vor Müdigkeit irgendwann eingeschlafen waren. Am anderen Morgen erwachte ich blutüberströmt in meinem Bett auf, Maja neben mir. Kaum hatte sie die tiefen Kratzwunden in meinem Gesicht gesehen, bekam sie einen Weinkrampf, nahm alle Schuld auf sich und wollte sofort alleine abreisen. Ich verhinderte das, kann heute aber nicht mehr sagen, was mich veranlasst hatte, das zu tun. Offensichtlich muss ich mir plötzlich ganz sicher gewesen sein, dass das, was zwischen uns passiert war, uns nun endlich die Chance geben würde, alles hinter uns zu lassen, um zueinander zu finden und uns zu verzeihen.

Und tatsächlich erlebten wir nach diesem Morgen zwei wunderbar friedliche, entspannte Tage miteinander, gingen am Strand spazieren und fühlten uns so eng verbunden wie selten zuvor. Auch Maja dachte, dass wir unsere schlimmsten Zeiten nun endgültig hinter uns hatten. Eine Woche später war der Urlaub zu Ende und schon auf dem Rückflug gab dann wieder ein Wort das andere.

64

Warum kamen wir nicht voneinander los? An guten Tagen konnte Maja ausgesprochen liebenswert sein und Witz und Humor haben. Bedauerlicherweise aber hat das nie dazu geführt, unsere Beziehung zu stabilisieren oder sie auch nur einen Schritt voranzubringen. Von mir behauptete Maja immer, dass man mit mir nicht lachen könne – und tatsächlich habe ich es in all den Jahren mit ihr nur sehr selten geschafft, ihr das Gegenteil zu beweisen. Auf eine Frage hätte ich heute gern eine Antwort: Wie würde Maja, wenn sie noch lebte, unsere gemeinsame Geschichte erzählen – und wie würde ich wohl dabei wegkommen?

Genau wie ich – und wie viele Menschen noch viele Jahre nach dem Krieg – hatte auch Maja eine nicht ganz unproblematische Kindheit. Ihr Vater hatte sie schon früh verlassen, und als schwer erziehbares, aufmüpfiges Scheidungskind hatte Maja es ihrer Mutter nicht leicht gemacht. Besonders in der Pubertät muss sie ihr viel Kummer bereitet haben, sodass es der wohl entnervten Frau irgendwann zu viel wurde und sie sich gezwungen sah, ihr störrisches Kind einem Erziehungsheim anzuvertrauen. Im Heim dann geriet Maja natürlich unter lauter junge Frauen, die ähnliche Probleme mit sich herumtrugen. Und da dort auch Frauen mit erheblicher krimineller Energie untergebracht waren, musste Maja lernen, sich durchzusetzen. Schon sehr bald erfuhr sie dabei, was es heißt, Opfer oder Täter zu sein. Ein paar Jahre später, nach einem missglückten Suizidversuch mit einer Flasche Wodka im Schnee verließ sie im Alter von sechzehn Jahren die Anstalt wieder.

Sich wiederholende Zurückweisungen hatten sie zu einer misstrauischen Frau gemacht. Männer, die ihre Nähe suchten, stieß sie demonstrativ vor den Kopf, um ihnen zu zeigen, dass sie alles andere als liebenswert war. Auch bei mir ließ sie nur äußerst selten Nähe zu und war absolut unfähig, mir zu vertrauen. Wenn ich darauf wütend reagierte, fühlte sie sich in ihrem Misstrauen bestätigt, denn wie sollte sie sich bei einem wütenden Mann geborgen fühlen? Diese trostlosen Rituale, die sich ständig wiederholten, sorgten dafür, dass wir uns im Laufe der Jahre immer weiter voneinander entfernten. Ein einfaches Beenden der Situation jedoch, das sich wie eine Kapitulation angefühlt hätte, kam weder für sie noch für mich in Frage. Keiner von uns wollte als Verlierer gelten. Nicht sie, sondern ich sei das eigentliche Problem in unserer Beziehung, versuchte sie mir ständig einzureden. Ich sei es, der sich völlig gestört verhielte und dringend eine Therapie bräuchte … Sie dagegen sei völlig okay.

Eines Tages überraschte sie mich mit einem Kinderwunsch. Sie sei bereit für ein gemeinsames Kind, sagte sie, aber ich müsse ihr versprechen, die Verantwortung dafür zu übernehmen, weil sie vielleicht mit so einem kleinen Wesen nur wenig anfangen könne. Daraufhin sagte ich in aller Offenheit, dass ich mir das so nicht vorstellen könne – womit sie sich in ihrem Misstrauen mir gegenüber erneut bestätigt sah.

Unsere Auseinandersetzungen kosteten mich enorm viel Kraft und beruflich ging ich auf dem Zahnfleisch, weil mich unser schreckliches Hin und Her auch während der Arbeit belastete. Stundenlange nächtliche, hochgradig anstrengende, aber letztendlich sinnlose Telefongespräche mit Maja raubten mir den dringend benötigten Schlaf, da ich doch früh am nächsten Morgen drehen musste. Meine Energie war aufgebraucht und ich fühlte mich ausgelaugt und erschöpft.

Dann erwischte mich eine Thrombose. Wir waren in Hamburg in der Stadt unterwegs und ein Rettungswagen brachte mich ins Marienkrankenhaus in die Notaufnahme. Der mich behandelnde Arzt verabreichte mir eine Infusion und sagte nur: »Das war knapp. In den fünfziger Jahren wären sie jetzt tot gewesen, da hätten wir Ihnen nicht mehr helfen können.« Ich bekam einen Platz in einem Zweibettzimmer und wurde von der zuständigen Krankenschwester mit Blick auf Maja nach unserem Beziehungsstatus gefragt: »Eine Bekannte«, rutschte es mir heraus. Majas Reaktion darauf war heftig …

65

Sylt, November 1999. In einer Nacht bei Regen und Wind ging Ulrich Wildgruber ins Meer – der Flut entgegen. Er geriet in den Sog einer Strömung und ertrank. Am anderen Morgen spülte ihn die Nordsee zurück an den Strand, wo er, halb eingegraben im Sand, von Spaziergängern gefunden und ausgegraben wurde.

Nur wenige Wochen vor seinem Tod hatte ich Uli in Hamburg im Krankenhaus in St. Georg besucht. Er empfing mich in einem weißen Nachthemd, mit wild zerzaustem Haar und sah aus wie die Wiedergeburt des deutschen Michels. Zur Begrüßung zeigte er mit spitzem Finger auf mich und rief mit theatralischer Empörung: »Da kommt sie, die böseste aller Mäuse! … Ihr habt mich kaputt gemacht!« Ich hatte ihm Blumen mitgebracht, setzte mich zu ihm und sah, dass es ihm sehr schlecht ging. Nach einer schweren Herzattacke war er nun in stationäre Behandlung geraten. Falls sich sein Zustand verschlimmern sollte, vertraute er mir an, würde er etwas unternehmen, denn er wolle alles, nur kein Pflegefall werden. Er hielt Wort. Das Leben hatte ihm nur sechzig Jahre geschenkt. Ich denke oft an ihn und bewundere ihn für den Mut, den er aufgebracht hat, um selbstbestimmt den letzten Weg zu gehen.

Auch mein alter Freund Peter Roggisch, der nur wenige Schritte entfernt von mir wohnte, sollte nur sechzig Jahre alt werden. Eines Tages war er »einfach so« gegen einen Laternenmast gelaufen und hatte sich nicht erklären können, wie ihm das passieren konnte. Darüber hinaus beunruhigte ihn eine Wunde am Fuß, die nicht verheilen wollte. Er suchte einen Spezialisten auf, der ihm nach eingehender Untersuchung mitteilte, dass er einen Tumor im Kopf habe. Es gäbe allerdings eine Möglichkeit, diesen herauszuoperieren, es sei noch nicht zu spät für einen Eingriff. Peters Frau jedoch war anderer Meinung. Als überzeugte Esoterikern hatte sie einen großen, und wie sich zeigen sollte, verhängnisvollen Einfluss auf ihn, denn sie überredete ihn, auf eine Operation zu verzichten und sich stattdessen von einem Naturheilpraktiker mit einer Misteltherapie behandeln zu lassen. Damit war das Schicksal meines Freundes besiegelt. Schon einen Monat später starb er – kurz nachdem ich ihn ein letztes Mal besucht hatte. Nur wenige Tage nach Peters Tod vergiftete seine Frau zuerst den gemeinsamen Hund und dann sich selbst. Zurück zu Maja und mir: Wir beide mussten nach Köln zu gemeinsamen Dreharbeiten für eine Ost-West-Geschichte. Matti Geschonneck hatte uns für »Späte Rache« als ein Paar besetzt, das sich emotional sehr nahekommt. Im Jahr zuvor hatte ich unter seiner Regie den heimlichen Liebhaber von Iris Berben gespielt, mit der ich mich auf Anhieb gut verstand. Warum also sollte es mit meiner allseits hofierten Maja nicht auch funktionieren?

Zum Erstaunen des Teams übernachteten wir in unserem Hotel in getrennten Zimmern, was dann schnell die Runde machte und zu persönlichen Kommentaren führte. »Eine Frau wie Maja lässt man doch nicht allein in ihrem Bett«, ermahnte mich zum Beispiel unser tschechischer Kameramann, den alle nur den »Kater aus Prag« nannten. Wenn du wüsstest, dachte ich nur. Unser beider Rollen spielten wir mit professioneller Distanz. Es gab Situationen, in denen wir uns tief in die Augen schauen mussten, was jedes Mal auf einen internen Wettbewerb hinauslief, wem es besser gelingen würde, das Eigentliche, das uns entfremdet hatte, vor der Kamera zu verbergen.

2001. Nach diesem zweiten und gleichzeitig letzten gemeinsamen Film beschlossen wir, unserer Beziehung eine Pause zu gönnen, während der wir uns zu nichts verpflichtet fühlen wollten. In bestem

Einvernehmen gingen wir auseinander und das Schicksal sollte entscheiden, ob wir es vielleicht irgendwann einmal in ferner Zukunft erneut miteinander versuchen würden. Diese zwei Jahre dauernde, von Maja und mir gewollte Zäsur fühlte sich wie eine richtige Trennung an, und ich wunderte mich nicht im Geringsten darüber, wie sehr ich die freie Zeit genoss.

Endlich war es mir wieder möglich, tagelang überhaupt nicht mehr über Maja nachzudenken. Die beruflichen Angelegenheiten dominierten wieder und ich war zurück in einem Alltag, den ich von früher gewohnt war und der mir gefiel.

66

Bis zu ihrem Tod hat mich meine Mutter über dreißig Jahre lang als treue Besucherin aller meiner Vorstellungen begleitet. Ein ums andere Mal hat sie nach den Aufführungen am Ausgang des Theaters gestanden und auf mich gewartet. »Junge, wenn das dein Vater noch erlebt hätte«, sagte sie dann und nahm mich immer etwas ungelenk in ihre Arme, was mich sehr berührte. Unser Verhältnis war und blieb jedoch kompliziert und unser Beisammensein hatte lebenslang etwas hilflos Bemühtes. Nie fanden wir wirklich zueinander, immer stand ein Rest fehlendes Vertrauen zwischen uns.

Im November 2001 starb meine Mutter in einem Altenheim in Kassel. Kurz vor ihrem Tod besuchte ich sie ein letztes Mal, nachdem sie wieder einmal einen epileptischen Anfall hinter sich hatte. Bei einem dieser Anfälle war ich sogar dabei. Da ich frühzeitig von ihrem Arzt instruiert worden war, ihr als allererste Maßnahme das Gebiss aus dem Mund zu nehmen, wenn es mal wieder so weit sein sollte, zögerte ich nicht lange und half ihr in ihrer Not, sodass sie die Prothese nicht verschluckte. Ihr Begräbnis in Kassel nötigte meinen nach wie vor zerstrittenen Geschwistern ein unvermeidliches Wiedersehen auf. Es war geradezu grotesk zu sehen, wie die alten Muster aus Hollingstedt wieder auflebten, als sie sich unversöhnt am Grab der Mutter versammelt hatten, um sich pflichtschuldig von ihr zu verabschieden.

Vor ihrer Bestattung hatte man die fast Neunzigjährige in einem gekühlten Raum aufbewahrt. Ich wollte meine Mutter noch einmal sehen und suchte sie auf an diesem stillen Ort, der nur für sie reserviert worden war. Vorsichtig ertastete ich ihren Arm und erschrak, wie fest und kalt sich ihre Haut anfühlte. Ihr Tod ging mir jedenfalls näher als der Tod meines Vaters – vielleicht weil ich nun älter geworden war. Es war nicht so, dass ich dachte, sie zukünftig zu vermissen, aber ihr Schicksal ging mir doch sehr nahe, ihr ureigenes Schicksal, das sie geprägt hatte und das ihr vom Leben aufgezwungen worden war. Mich berührte ihr tapferes Durchhaltevermögen in schwierigen Zeiten und vor allem die Art und Weise, mit wie viel Elan sie ihre neu gewonnene Freiheit nach dem Tod ihres Mannes zu nutzen wusste und nicht im Unglück versank.

Wie schon mit meinem Vater, der mir als blutiger Mann etwas sagen wollte, hatte ich auch mit meiner Mutter eine höchst merkwürdige Begegnung. Anders als bei ihm fand diese allerdings erst nach ihrem Tode statt. Ich hatte mich hingelegt und war ein wenig weggedämmert. Da trat die tote Mutter neben die Couch, auf der ich lag, und sagte mit sanfter Stimme: »Es ist alles gut, mein Junge. Mach dir keine Sorgen – es ist alles gut.« Ihr Besuch aus dem Reich der Toten ließ mich ratlos zurück und ich fragte mich, was das Ganze wohl bedeuten sollte –, und abermals bin ich mir bis heute nicht sicher, ob ich das geträumt oder wirklich erlebt habe.

67

2002 drehte ich einen Film fürs Kino mit August Diehl als Partner:
»Tattoo«. Zwei Polizisten, ein alter Hase, der alles schon hinter sich
hat, und einer, der gerade erst von der Polizeischule kommt, jagen
einen perversen Serienmörder. Als Idee nicht gerade neu oder auf-
regend und alles in allem eine ziemlich blutrünstige Angelegenheit.
Robert Schwentke, der Regisseur, wollte unbedingt nach Hollywood
und betrachtete den Film als seine Visitenkarte für Amerika. Tatsächlich wurde ihm schon ein Jahr nach »Tattoo« ein großes Projekt mit
Jodie Foster in der Hauptrolle anvertraut. Die amerikanischen Produzenten mochten »Tattoo«, in Deutschland hingegen fiel er eher
durch.

August, dem ich schon Mitte der siebziger Jahre in Frankfurt als Neu-
geborenem auf dem Arm seiner Mutter begegnet war – als ein Kind
mit riesigen, fast beängstigend wachen Augen –, ist einer der besten
Schauspieler seiner Generation und wir hatten miteinander viel Spaß.
Während der Drehpausen saßen wir in meinem Wohnwagen und ver-
trieben uns die Zeit damit, Peter Zadek nachzumachen, den wir beide
bestens kannten. Wir lachten uns halb schlapp und redeten sogar noch
während der Proben am Set im Zadek-Ton miteinander – was naturgemäß auf verständnislose Blicke und stummes Kopfschütteln stieß.

Nach dem großen Erfolg mit »Kunst« bot mir Uli Waller 2003
den »Totmacher« an. Ein Stück von Romuald Karmakar, das auf
den Gesprächsprotokollen mit dem Massenmörder Fritz Haarmann
basiert, der nach dem Ersten Weltkrieg in Hannover sein Unwesen
trieb und 1925 hingerichtet wurde. Nachdem man ihn guillotiniert
hatte, wurde sein abgetrennter Kopf noch über Jahrzehnte als schau-
riges Medizinpräparat in der Vitrine eines Göttinger Instituts aufbewahrt – eingelegt in Alkohol. Götz George, mit dem ich schon ein
paarmal gedreht und des Öfteren auch ein Gläschen zu viel getrunken
hatte, war mit der Rolle des Totmachers im Kino bereits sehr

erfolgreich gewesen. Was mich aber nicht davon abhalten konnte, es nun am Theater selber zu versuchen.

Für mich war Haarmann ein sentimentaler Gefühlsmensch mit einem kindlichen Gemüt, ohne jedes Unrechtsbewusstsein und immer auf Mitleid aus. Während seines Verhörs mit dem medizinischen Sachverständigen wies er ständig darauf hin, wie sehr ihn seine »Arbeit«, das Morden nämlich und das anschließende Entsorgen der Leichen, überfordert hätte.

Ich lernte den Berliner Fotografen Jim Rakete kennen – einen der besten weltweit, würde ich sagen, der die Probenarbeit für den »Totmacher« dokumentieren sollte. Er war bereits bei der ersten Leseprobe anwesend, um mich schon frühzeitig als Haarmann für das Programmheft zu fotografieren. Ich hatte zunächst keinen Schimmer, wie ich den Triebtäter spielen sollte, denn wir hatten noch nicht einmal das Stück gemeinsam laut zu lesen begonnen. Jim bat mich in ein kleines Nebenzimmer, setzte mich dort auf einen Stuhl, baute keine Lampen auf, sondern begnügte sich mit dem wenigen Tageslicht, und bevor ich überhaupt dazu kam, ein Gesicht zu machen, das meiner Vorstellung der Rolle vielleicht irgendwie hätte entsprechen können, hatte er sein Bild im Kasten. Das Ergebnis verblüffte mich total: Es war ein Portrait wie aus den zwanziger Jahren. Genau so hatte ich mir den schizophrenen Serienmörder vorgestellt … und mit genau diesem leicht indifferenten Gesichtsausdruck spielte ich ihn dann auch. Die Premiere hinterließ einen nachhaltigen Eindruck und mein Haarmann brachte mir einige Anerkennung ein. Und immer werde ich mich daran erinnern, welch großen Anteil Jim Rakete an meiner Interpretation des Serienmörders hatte.

Silvester 2003. Während der letzten Stunden des alten Jahres saßen Uli, Katharina und ich wieder einmal auf der Dachterrasse ihrer Wohnung in Venedig und hatten einen sagenhaften Blick auf die von fahlem Mondlicht erleuchtete Stadt, die wie eine aus der Zeit gefallene Theaterkulisse aus dem dunklen Brackwasser ragte. Wir sprachen über Uli Waller, der in Hamburg das St. Pauli Theater auf der

Reeperbahn übernehmen sollte – eine einmalig altmodische, aber gut erhaltene Spielstätte aus dem Jahr 1865, für die er ein Eröffnungsstück suchte. Und wir hatten eine – naheliegende – Idee. Warum nicht die »Dreigroschenoper«? Ein Stück, wie geschrieben für diesen Kiez. Uli wollte Mackie Messer spielen, ich den Peachum und Eva Mattes und Angela Winkler sollten unbedingt auch dabei sein … Noch in den frühen Stunden des neuen Jahres telefonierten wir mit Uli Waller und der war – wie konnte es anders sein – von unserem Vorschlag überrascht und hellauf begeistert. Die Premiere der »Dreigroschenoper« im Herbst 2004 im St. Pauli Theater wurde ein rauschender Erfolg. Als Regisseur hatte Uli Waller das Stück bestens in den Griff bekommen und auch in musikalischer Hinsicht konnten wir uns hören lassen. Den Peachum spielte ich als knorrigen Dreckskerl – als großkotzigen Unternehmer und schmierigen Jammerlappen zugleich. Uli Tukur spielte den Bandenchef Macheath mit diabolischem Charme und gewohnt grandioser Leichtigkeit. Eva Mattes gab als Frau Peachum eine herrlich ordinäre Kupplerin zum Besten – und Angela Winkler, als Seeräuberjenny die Königin des Abends, verzauberte das Publikum mit ihrem glockenklaren unvergleichlichen Gesang. Am Ende der Aufführung belohnte uns tosender Applaus.

Erkenne dich selbst –
Und alles in Maßen.
Schrift über dem Apollontempel von Delphi

68

Im Laufe der nächsten Vorstellungen der »Dreigroschenoper« bekam ich es erneut mit meiner Textangst zu tun. Wieder einmal hatte ich mir nach einer erfolgreichen Premiere eingebildet, dass sich das

Thema nun endgültig erledigt hätte – das Gegenteil aber war der Fall. Es wurde so schlimm, dass ich mich, um die Aufführungen einigermaßen durchstehen zu können, in ärztliche Behandlung begeben musste. Zu meinem großen Glück bekam ich einen Termin bei Dr. Götze, dem Chefarzt der Psychiatrischen Klinik in Eppendorf. Ein überaus freundlicher, sehr erfahrener Mann und bestens vertraut mit den Ängsten und Neurosen von Schauspielern. Schon Gustav Gründgens – eine (nicht nur) Hamburger Theaterlegende – hatte zu seinen Patienten gezählt.

Bevor Dr. Götze mit der Behandlung begann, ließ er mich wissen: »Lieber Herr Redl, ich kann Sie nicht heilen, das ist nicht möglich. Ich kann Ihnen aber helfen, mit Ihrem nicht ganz einfachen Gepäck zurechtzukommen. Sie werden immer der bleiben, der Sie sind. Auch ich als Arzt kann keinen anderen Menschen aus Ihnen machen. Ihre Aufgabe wird es sein, den Mut aufzubringen, Ihr eigentliches Wesen zu erkennen und es mit einem harten distanzierten Blick zu betrachten. Vielleicht, aber nur vielleicht, werden Sie eines Tages lernen, das, was Sie zu sehen bekommen, zu akzeptieren. Und vielleicht werden Sie irgendwann einmal auch damit leben können.« Dr. Götze, der schon kurz vor seiner Pensionierung stand, hatte meine Not erkannt und mir geholfen, nicht im Zweifel und in Angst zu versinken. Er ließ mich erzählen und stellte mir Fragen, die ich mir bisher nicht gestellt hatte. Fragen, die mich einerseits erstaunten, weil sie so einfach und selbstverständlich klangen, mir andererseits aber einen neuen Blickwinkel eröffneten.

Mit Dr. Götzes therapeutischer Hilfe und einer verträglichen Medikamentierung kam ich im Laufe der folgenden Monate gut über die Runden. Wieder fasste ich Mut, die Freude am Spielen kam zurück, und auch die Hoffnung auf endlich gute Zeiten hatte sich nicht gänzlich unterkriegen lassen. Ich drehte Filme, machte viel Fernsehen, hatte immer schon eine besondere Vorliebe für die Arbeit im Hörspielstudio, lernte neue interessante Leute kennen, bekam reichlich Gelegenheit, mich auszuprobieren und konnte mich über einen Mangel an Arbeit nicht beklagen.

Und ich spielte weiterhin am St. Pauli Theater. Uli Waller, der über die Jahre zu einem künstlerischen Kombattanten geworden war, hatte ein absolutes Kleinod, ein wahnwitziges Lustspiel von Eugène Labiche ausgegraben: »Die Affäre Rue de Lourcine« – mit der fabelhaften Rolle eines skurrilen Vollalkoholikers für mich. Zwei Herren der besseren Gesellschaft entdecken am Morgen nach einer durchzechten Nacht, dass sie offenbar in einen Mordfall verwickelt sind – was sie vollkommen aus der Bahn wirft, denn sie haben eine riesige Gedächtnislücke und können sich an nichts mehr erinnern. Die Premiere war ein wahrer Knaller und gemeinsam mit meinem Partner Peter Franke ernteten wir auch in den laufenden Vorstellungen schallendes Gelächter und viel Applaus. Am Premierenabend war alles wieder da, was mich als Schauspieler glücklich machen konnte: Unbeschwertheit, Leichtigkeit, Spielfreude, keine Text-angst – und ein Publikum, das mir aus der Hand fraß.

Kaum, dass ich mich beruflich wieder obenauf fühlte, ließ der Übermut nicht lange auf sich warten. Mein bester Freund, der Alko-hol, war zuverlässig zur Stelle und beflügelte mich. Die unbewältigte Beziehungsbaustelle in Berlin hatte ich erfolgreich verdrängt und ich ließ mich erneut und chaotischer denn je auf Affären ein. Eines Abends stand eine junge Frau, die ich noch nie gesehen hatte, hinter dem Tresen der St. Pauli-Bar. Sie signalisierte mir ihr Interesse, wir kamen ins Gespräch und keine halbe Stunde später lud ich sie ein, mit mir nach Paris zu fliegen. Zwei Tage später saßen wir im Flug-zeug, bestellten Lufthansa-Champagner und waren bester Dinge. In Paris selbst war unser Glück dann nur noch eine Illusion. Meine jugendliche Begleitung hatte so unverschämt kostenintensive An-sprüche, dass ich jäh zur Besinnung kam. Sie ging mir unglaublich auf die Nerven, nur das Beste war gut genug, und offensichtlich hielt sie mich für ihren Sugar-Daddy. Kurzentschlossen nahm ich mir ein anderes Hotel, gab ihr Geld für zwei weitere Tage Paris und organisierte gleichzeitig ihren vorzeitigen Rückflug. Und dann beschenkte ich mich selbst mit einer erlebnisintensiven Zeit ganz ohne sie.

Zurück in Hamburg nahm mich Ulrich Waller als mein Freund, zusätzlich aber auch als mein Chef, beiseite und ermahnte mich ernsthaft, meinen Lebenswandel zu überdenken und mich auf Damen, die hinter irgendwelchen Tresen stünden und vielversprechende Blicke versendeten, nicht einzulassen. Seine Besorgnis rührte mich sehr, hielt mich allerdings nicht davon ab, einen zweiten Versuch ausgerechnet mit meiner durchgeknallten Tresenbekanntschaft zu unternehmen. Diesmal flogen wir nach Rhodos ans Meer und hielten es ungefähr eine Woche miteinander aus – bis mir ihr Getue erneut zu viel wurde und ich sie wieder mit einem früheren Flieger als geplant zurück nach Hamburg verfrachten ließ.

Das »Cuneo« in der Hamburger Davidstraße ist der älteste Italiener in Deutschland. Seit vielen Jahrzehnten ist es das Lieblingslokal der hanseatischen Künstler- und Journalistenszene. 2005 stand der 100. Geburtstag des »Cuneo« an und das St. Pauli Theater plante eine Jubiläumsveranstaltung, zu der man Franco, den Chef, zusammen mit seiner zauberhaften Tochter Franca, die den Laden heute schmeißt, eingeladen hatte. Ein paar Kollegen und ich hatten uns ausgedacht, Lieder aus der legendären Musikbox des Lokals zum Besten zu geben. Opernarien, aber auch Lieder von Paolo Conte und Adriano Celentano. Ich hatte mir den Sechzigerjahre-Hit »Marina« von Rocco Granata ausgesucht und meine Interpretation orientierte sich nicht an der Originalversion, sondern transformierte das Lied in eine melodramatische Ballade. Als zutiefst verletzter, todunglücklicher Liebhaber hatte ich mir eine schwarze Perücke aufgesetzt – und ich sah aus wie die Karikatur eines Papagallo.

Mein Auftritt war der vermutlich schrägste des ganzen Abends. Der Saal tobte und ich bekam einen Applaus, wie ich ihn in meinem ganzen Leben nicht bekommen hatte. Franca war außer sich vor

Freude und ihr ebenfalls begeisterter Vater versprach mir am Ende des Abends Spaghetti auf Lebenszeit in seinem Restaurant. Wenn man mich fragen würde: »Welchen Moment deines Lebens auf einer Bühne möchtest du noch einmal erleben?«, würde ich mich für diesen Gesangsauftritt entscheiden.

69

Ich springe noch einmal zurück in das Jahr 2003 und stelle fest, dass ich mich an vieles in meinem Leben nicht mehr allzu genau erinnere. Zum Beispiel an das Treffen mit Maja nach unserer Auszeit. In bester Stimmung saßen wir in einem Restaurant und verstanden uns offenbar so gut, dass wir spontan beschlossen, uns nochmals aufeinander einzulassen – wissend um die Probleme, die wir miteinander hatten. Was um alles in der Welt ließ uns zu diesem Entschluss kommen? Ich habe keinen der viele Sätze, die mir unser Verhalten erklären könnten, im Kopf behalten. Keinen einzigen. Dr. Götze würde wahrscheinlich gesagt haben: «Vielleicht, lieber Herr Redl, wollen Sie es einfach nicht wissen?» Wie dem auch sei, ich kam nun wieder öfter nach Berlin und Maja und ich drehten eine weitere Runde miteinander, um uns schon bald darauf wieder in den alten Mustern zu bewegen.

Schon gleich zu Beginn unserer Mesalliance 1996 hatte Maja meine musikalischen Ambitionen mit dem Satz »Das Singen solltest du lassen, das können andere sowieso viel besser« in einen jahrelangen Tiefschlaf versetzt. Um dem, was sie mir unmissverständlich zu verstehen gegeben hatte, noch mehr Nachdruck zu verleihen, spielte sie mir Songs von Grönemeyer und Sven Regener vor. Es war nicht böse gemeint, denn es war ja nur ihre ehrliche Meinung … Dass sie sich aber bei ihrem ersten Besuch in meiner Hamburger Wohnung die Augen ausgeweint hatte beim Hören meiner Lieder, schien sie in der Zwischenzeit verdrängt zu haben. Mit Sven Regener von »Element of Crime« hatte sie zudem einen wunden Punkt getroffen. Als ich »Weißes Papier« zum ersten Mal hörte, war ich verblüfft und enttäuscht zugleich. Das war genau die Musik, die auch ich machen wollte. Und nun gab es sie schon. Was blieb da noch übrig für mich? 2003 also erweckte ich meine musikalischen Ambitionen aus ihrem Dornröschenschlaf und beschäftigte mich noch einmal mit den Villon-Balladen, und dabei kam ein Live-Mitschnitt eines Konzerts in den Hamburger Kammerspielen unter dem Titel »François Villon« heraus. Für das Cover schwebte mir das Bild eines nackten Mannes vor, eines »Vogelfreien«, der in einem winterlichen Wald liegt, schutzlos der Natur ausgeliefert. Vogelfrei zu sein, bedeutete im Mittelalter, ein Mensch zu sein, den man ungestraft töten konnte.

Es war Januar und es war bitterkalt. Zusammen mit dem Fotografen fuhr ich wegen des Covers in den Jenischpark außerhalb von Hamburg, zog mich aus und legte mich nackt auf den zugefrorenen Boden. Beim Überprüfen der ersten Fotos sah es so aus, als läge da am Wegesrand die Leiche eines Erschossenen. Das entsprach jedoch nicht meiner Intention. Daraufhin irrte ich nackt durch den Park und umarmte einen Baum – und dieses Foto eines nackten, einen Baum umarmenden Mannes war dann das Cover. Eine ganze Flasche Amaretto hatte ich trinken müssen, um bei dieser winterlichen Session nicht zu erfrieren.

Die Arbeit als Musiker wurde immer wichtiger für mich. Lange schon hatte ich geplant, eine CD mit selbst komponierter Musik und selbst geschriebenen Texten herauszubringen. Ich hob 25 000 Euro von meinem Konto ab, bezahlte damit bar und im Voraus sowohl die Musiker als auch die Miete für das Tonstudio und nahm zwölf Lieder auf. Text und Musik waren schon Jahre zuvor in Griechenland entstanden und die CD wurde 2005 unter dem schönen Titel »Das wilde Herz« veröffentlicht. Wie es der Zufall so will, habe ich sie erst kürzlich wieder angehört. In meiner Erinnerung schien sie mir viel zu gefühlvoll und viel zu sentimental geraten. Erstaunlicherweise aber berührten mich die meisten meiner Lieder immer noch. »Lieber Tod« zum Beispiel ist gut gelungen, finde ich. Und wenn ich einmal gestorben bin, könnte ich mir gut vorstellen, dass man mich damit auf meiner Beerdigung überrascht.

70

Was es für einen Schauspieler bedeutet, mit einer sogenannten Lieblingsrolle zu scheitern, das widerfuhr auch mir. Unbedingt wollte ich »Onkel Wanja« von Tschechow spielen. Die Hamburger Kammerspiele versprachen mir das zu ermöglichen und ich durfte mir sogar aussuchen, wer das Stück inszenieren sollte. Dummerweise fiel mir dafür eine Kollegin ein, der ich diese nicht ganz einfache Aufgabe aus mir heute nicht mehr nachvollziehbaren Gründen zutraute. Kaum waren die Verträge unterschrieben, stellte sich heraus, dass ich wieder einmal einen Fehler begangen hatte. Meine Regisseurin und ich hatten grundverschiedene Vorstellungen. Sie wollte auf Teufel komm raus alles »Konventionelle« – was auch immer sie darunter verstanden haben mag, auf jeden Fall war es abfällig gemeint – vermeiden. Das begann mit Vorschlägen zu extrem hässlichen und viel zu bunten Kostümen und setzte sich fort in der Probenarbeit mit Regieeinfällen, die den »Wanja« ins Heute zerren sollten, um ihn »dem Zuschauer näherzubringen«, wie die Regisseurin das zu formulieren pflegte. Ich sollte Sachen machen, die gar nicht im Stück stehen. Zum Beispiel verlangte man von mir, Lieder von Leonard Cohen zu singen. Was für ein Schwachsinn! Und dies in einem 1896 entstandenen Text. Ich hielt dagegen, so gut es ging, konnte mich aber nicht durchsetzen, da das Ensemble nicht mitzog und ein rabiates Vorgehen meinerseits das Ende der Produktion bedeutet hätte. Von den äußerst unangenehmen und vor allem nachteiligen Folgen finanzieller Art gar nicht erst zu sprechen. Also kam es zur Premiere und ich setzte eine Rolle in den Sand, die ich über alles liebte und die ich immer hatte spielen wollen. Aber nicht nur ich, sondern auch das Stück und natürlich auch der arme Tschechow gingen an diesem trüben Abend unter.

Schon recht bald danach, 2006, traf sich der Regisseur Kai Wessel mit mir bei meinem Italiener in der Hamburger Schmilinskystraße und bot mir die Rolle des Kommissars in einem »Spreewald-Krimi« an. Ich fand das interessant – endlich mal kein Bösewicht, dachte ich mir –, sagte zu und traf damit eine folgenschwere Entscheidung. Schauspieler, die Kommissare spielen, scheinen in Deutschland einen besonderen Status zu haben. Innerhalb kürzester Zeit erlangen sie einen gewissen Bekanntheitsgrad und werden unweigerlich zu einer Person des öffentlichen Lebens. Die Rolle des Kommissars selbst ist in der Regel keine allzu große Herausforderung. Die Täter geben meistens viel mehr her, sind facettenreicher und ungleich abgründiger. Auf jeden Fall aber musste ich nun, nachdem ich mich für den »Spreewaldkrimi« entschieden hatte, wohl auch davon ausgehen, dass man mich demnächst häufiger auf der Straße erkennen würde.

Nach Beginn des neuen Jahrtausends drehte ich auch etliche Male im Ausland: in England, Portugal, Polen, Österreich, Slowenien, der Slowakei, in Tschechien, in Rumänien, Frankreich, Belgien, Tirol, in Russland – und in den Achtzigern war ich sogar für »Sierra Leone« in Afrika.

Für die Dreharbeiten zu »Krabat« Anfang 2007 verschlug es mich, um von einer Station meiner »Auslandseinsätze« zu erzählen, nach Rumänien. Ich spielte die Rolle eines unheimlichen Müllers, des Meisters von zwölf Gesellen, die er in der Kunst der schwarzen Magie unterrichtet – einäugig mit Augenklappe, einer riesigen Narbe im Gesicht und mit langen schwarzen Haaren. Eine Verwandlung, die mich vor Drehbeginn zwei Stunden schweigend auf einem Stuhl in der Maske ausharren ließ und mich Geduld zu üben lehrte. Wir drehten in den dunklen Wäldern der Karpaten, die im Wind leise raunten und mich mit ihrer Düsternis und Weite mächtig beeindruckten. Jeden Morgen wurden wir viele Kilometer bis zum Drehort gefahren und ich habe am Straßenrand Menschen in einer Armut leben gesehen, die ich mir bis dahin nicht hätte vorstellen können. Besonders erinnere ich mich an das einzigartig restaurierte Sibiu (Hermannstadt), wo wir in einem schon alten, aber immer noch prachtvollen Art-Deco-Hotel untergebracht waren.

In kulinarischer Hinsicht war Rumänien allerdings ein Schock. Bereits zum Frühstück gab es fette Würste und überhaupt fast immer nur Schweinefleisch. Unvergesslich der Besuch in einem sogenannten »Spezialitätenrestaurant«. Die Speisekarte empfahl uns die Delikatesse des Hauses: Schweinehoden in Soße. Zufällig hatte mein Tischnachbar das Gericht bestellt und mir war das Vergnügen vergönnt, mitansehen zu müssen, mit welchem Genuss er die runden Bälle verzehrte, um nicht zu sagen: wegschlürfte. Wissend um die gewohnheitsbedürftigen Koch- und Essgewohnheiten der Einheimischen hatte sich die Produktion nicht lumpen lassen und für das Catering eine Schweizer Köchin engagiert, die hervorragend kochte. Den vielen rumänischen Hilfsarbeitern im Team aber schien ihr feines Essen nicht schmackhaft genug, denn in alles, was ihnen serviert wurde, schnitzelten sie sich ihre mitgebrachten fetten Würste. Um meine Garderobe kümmerte sich eine schon etwas ältere Frau – immer und allzeit auf dem Sprung, mir zu Diensten zu sein. Ein so unterwürfiges Verhalten war ich nicht gewohnt und als ich ihr am Ende der Dreharbeiten etwas Geld zusteckte, küsste sie mir beide Hände.

Beim Fernsehen verdient man gut, was mich hin und wieder auf seltsame Gedanken kommen ließ. Zum Beispiel hatte ich immer den Traum, als Restaurantbesitzer den Chef zu spielen, abends mit den Gästen zu parlieren, einen besonderen Wein zu empfehlen und ihnen einen guten Appetit zu wünschen. Als ich einen Mann aus der Hamburger Gastroszene kennenlernte, der sich meinen Traum bereits an diversen Orten erfüllt hatte, bot ich ihm eine hohe Summe, um in sein nächstes Projekt mit einsteigen zu dürfen. Es ging dabei um eine Art französisches Restaurant in der florierenden Hafen-City, direkt neben dem neuen Spiegel-Hochhaus. Mein Wunschpartner aber war auf Kokain und seine Bilanzen waren ein Buch mit sieben Siegeln – das alles wusste ich natürlich nicht. Erst mein stets gewiefter Steuerberater Hermann Poppensieker, den ich glücklicherweise rechtzeitig eingeschaltet hatte, verhinderte die sich anbahnende Katastrophe. Poppensieker war dem halbseidenen Geschäftsmann binnen kurzer Zeit auf die Schliche gekommen und drohte mir damit, mich nicht weiter zu vertreten, sollte ich nicht augenblicklich von meinen obskuren Plänen Abstand nehmen. Tatsächlich hätte ich all mein Geld verloren, denn nur wenige Wochen später war der Mann, dem ich vertraute, pleite und musste Insolvenz anmelden. Heute geistert er als drogenabhängiger Sozialhilfeempfänger durch Hamburg Altona.

71

Oktober 2008. Auf einer Fahrt von Hamburg nach Berlin blickte ich gedankenverloren aus dem Zugfenster, wieder einmal war es Herbst geworden und die ehemalige DDR zog an mir vorüber. »Hoffentlich ist sie nicht zu Hause«, hörte ich mich sagen. »Das darfst du nicht einmal denken«, schoss es mir augenblicklich durch den Kopf. Da aber war es schon zu spät und ich wusste: Es ist vorbei.

Vorbei. Aus und vorbei. In rasender Geschwindigkeit schossen mir Erinnerungsbilder durch den Kopf – ähnlich wie ich es als Kind schon einmal erlebt hatte, als ich fast ertrunken wäre. Die plötzliche Erkenntnis und die Flut der Bilder hatten mich innerlich aufgescheucht. Ich brauchte ein bisschen Zeit, um mich zu beruhigen und langsam wurde mir klar, was gerade passiert war. Ich war zu einer Entscheidung gekommen – ich hatte es tatsächlich geschafft. Alle ungenauen Gedanken waren mit einem Mal wie weggeblasen und nun wusste ich, was zu tun war.

Maja, die ihn Berlin auf mich gewartet hatte, schien vorbereitet zu sein. Ihr Gesichtsausdruck jedenfalls signalisierte mir, dass sie ahnte, dass es vorbei war mit uns. Auch sie wollte nun nicht mehr darüber diskutieren, wie wir das, was so offensichtlich war, vielleicht doch noch einmal rückgängig machen könnten. Im zwölften Jahr unserer Beziehung war das Ende der Fahnenstange erreicht. Die Trennung hatte über viele Jahre wie ein weißer Elefant im Raum gestanden – und endlich waren wir beide bereit, das Unvermeidliche zu akzeptieren. Nach einem erstaunlich sachlichen und unaufgeregten letzten Gespräch in Majas großer Altbauwohnung machten wir endgültig Schluss.

Meine Sachen hatte ich bereits gepackt und das Taxi, das mich nach Hamburg bringen sollte, schon bestellt. Der Abschied, der zugleich eine Erlösung war, war hochdramatisch, aber es gab kein Zurück mehr.

Allein schon die Art und Weise, wie wir meinen sechzigsten Geburtstag ein halbes Jahr zuvor gefeiert hatten – nämlich gar nicht –, war ein deutliches Signal gewesen, dass wir dem Ende bereits sehr nahe waren. Ein größeres Geburtstagsfest stand nicht zur Debatte. Wenigstens gemeinsam essen gehen wollten wir dann aber doch am Abend. Allerdings klappte auch das nicht, weil Maja schon am Nachmittag keine Lust mehr dazu hatte und über Bauchweh klagte. Und so kam es dann, dass ich mir – an diesem großen Geburtstag – Spaghetti Aglio Olio machte und allein in unserer Küche aß. Lieber allein als allein zu zweit – dachte ich, während meine Mitbewohnerin ausgiebig mit ihrer Mutter telefonierte.

Nachdem Maja mich unter Tränen zum Taxi begleitet hatte – die Endgültigkeit des Abschied machte ihr dann offenbar doch zu schaffen –, stieg ich ein und signalisierte dem Fahrer, unverzüglich loszufahren. Meine wenigen Berliner Habseligkeiten hatte ich in den Kofferraum gepackt. Ich befand mich in einem emotionalen Ausnahmezustand, restlos erschöpft, aber auch unendlich erleichtert. Ich weinte die ganze Fahrt über. Nicht um Maja, nicht um eine verlorene Liebe, sondern um mich und die vielen schwierigen Jahre, die nun hinter mir lagen.

Am Abend telefonierten wir noch ein letztes Mal, versicherten uns, wie zwei Schwerverletzte nach einem Unfall, dass wir überlebt hätten, und wünschten uns alles Gute für die Zukunft. Danach fiel ich ins Bett und schlief sofort ein. Im Laufe der nächsten Wochen und Monate hörten wir nur noch sporadisch voneinander.

Wenige Jahre später, im Januar 2016, starb Maja im frühen Alter von nur 55 Jahren an Brustkrebs. Bis heute habe ich mich nicht überwinden können, ihr Grab zu besuchen.

72

In Hamburg kaufte ich mir gleich am Morgen nach meiner Ankunft eine neue E-Gitarre in einem Musikgeschäft auf St. Pauli. Ich wollte wieder Musik machen und all das nachholen, was ich viel zu lange vernachlässigt hatte. Ich renovierte meine Wohnung, stöberte in den Antiquitätenläden hinter dem Hauptbahnhof nach Sachen, die mir gefielen, und richtete mich völlig neu ein. »Das Chaos ist aufgebraucht. Allein sein ist eine gute Sache«, heißt es bei Brecht. Diesen Satz aus seinem Theaterstück »Im Dickicht der Städte« hätte ich mir gerne zu eigen gemacht. Aber ob das Alleinsein wirklich für mich eine gute Sache wäre? Da war ich mir nicht sicher. Ich hatte keinen

Plan, ich wusste nur: Jetzt werde ich alt, ich werde die Lange Reihe rauf und runter flanieren, »Grüß Gott« sagen, ab und an einen Kaffee trinken oder eventuell auch mal Leute zum Essen treffen – und das dürfte es dann gewesen sein. Mich mit sechzig Jahren nachts ins »Dorf« zu setzten, in der vagen Hoffnung auf eine aufregende Eroberung oder um der großen Liebe vielleicht doch noch zu begegnen – allein die Vorstellung davon hatte etwas Gruseliges. Ich hatte keine Wahl mehr, und also nahm ich mir vor, in Würde alt zu werden und mir das Jammern zu ersparen.

Meine Abende alleine in meiner Wohnung zu verbringen, fiel mir leichter als gedacht. Ich hatte das Beste gemacht, was mir passieren konnte, ich hatte damit begonnen, endlich wieder mehr zu lesen. Diese ungewohnt stillen Tage nach der Trennung, an denen ich mich schon am frühen Morgen in die Lektüre eines Buches vertiefte, waren ein Segen. Ich las Stefan Zweigs »Ungeduld des Herzens«, Gustave Flauberts »Madame Bovary« oder Iwan Gontscharows unvergleichlichen »Oblomow« – stundenlang konnte ich mich in den Sätzen dieser Autoren verlieren. Das, was sie in ihren Werken mit sprachlicher Meisterschaft zum Ausdruck gebracht hatten, berührte mich oft mehr als mein eigenes Unglück. Stefan Zweig hatte ich bis dato nicht gekannt – und nun verschlang ich auch noch all die anderen Bücher, die er geschrieben hatte. Und schließlich stieß ich auf den Roman »Der Fremde« von Albert Camus, einen Roman mit einer außergewöhnlichen Geschichte: Ein Mann begeht einen Mord aus unerklärlichen Gründen, bekennt sich schuldig und wird zum Tode verurteilt. Er akzeptiert das Urteil und verweigert den Besuch eines Priesters, der ihn trösten soll. Am Morgen seiner Hinrichtung begleitet man ihn als Leser hinunter in den Gefängnishof, er steigt auf das Schafott – und öffnet sich der »zärtlichen Gleichgültigkeit der Welt«.

Diese Formulierung war für mich eine Offenbarung schlechthin. Endlich hatte ich nun etwas gefunden, was meinem bisher nur sehr ungenau empfundenen inneren Gefühl von dieser Welt einen Ausdruck gab: Camus' Philosophie des Existenzialismus, die den Glauben an die Existenz Gottes als eine höhere Instanz verweigert, ebenso wie sie uns die Hoffnung auf Erlösung und auf ein Leben nach dem Tod versagt. Wir sind auf uns allein gestellt. Alles, was uns bleibt, ist, Verantwortung zu übernehmen und ein selbstbestimmtes Leben zu führen.

Nicht von ungefähr entdeckte ich Georges Simenon, dessen Romane dem Existenzialismus Camus' gedanklich sehr nahestehen. Simenons Devise war: »Verstehen und nicht urteilen.« Seine Protagonisten sind ganz gewöhnliche Menschen mit durchschnittlichen Fähigkeiten, Menschen, die man in der Öffentlichkeit leicht übersieht. Widrige Umstände lassen sie in eine Situation geraten, die sie überfordert und zu Fall bringt. Und obwohl sie versuchen, sich verzweifelt gegen ihr Schicksal aufzubäumen, scheitern sie letztendlich an sich selbst. »Der Mann, der den Zügen nachsah« ist dafür ein großartiges Beispiel. Simenons erzählerische Kraft und sein einfacher Stil sind einzigartig. Niemand vermag es besser, mit nur wenigen präzisen Worten, die unverwechselbare Atmosphäre eines Ortes zu beschreiben, an dem sich die handelnden Figuren schicksalhaft begegnen. Nicht alle sogenannten »harten Romane« Simenons – es sind über hundert – bewegen sich auf dem gleichen Niveau, aber alle sind meiner Ansicht nach lesenswert.

Eines Abends empfing ich einen Anruf, der mir von einer geplanten neuen Produktion des St. Pauli Theaters erzählte: »Arsen und Spitzenhäubchen«. Das Stück war ein sensationeller »smash hit« am Broadway der vierziger Jahre gewesen, der es damals auf weit über tausend Vorstellungen gebracht hatte. Eva Mattes und Angela Winkler waren als die geisteskranken alten Ladies ausersehen und ich sollte die Rolle des Jonathan, eines sinistren Gangsters mit einem durch zahlreiche verpfuschte Operationen verunstalteten Gesicht, spielen. Wir probten das Stück in Berlin im Frühjahr 2009, das dann bei den Ruhrfestspielen in Recklinghausen zur Aufführung kommen sollte. Da die Besetzung vor allem der Ladys nicht zu toppen war und unser Regisseur Uli Waller ein sehr gutes Gefühl für präzises Timing besitzt, wurde die Premiere im Theater in Marl dann tatsächlich auch zu einem »smash hit« – einem Riesenerfolg. Wir spielten das Stück eine Woche lang vor ausverkauftem Haus, dann kam der letzte Abend und ein letztes Beisammensein nach einer letzten Vorstellung bei einem Italiener in Recklinghausen. Und es war kurz vor Mitternacht.

Das Funkeln ihrer Augen
Und die geheimnisvolle Nacht
Haben mich so wunderbar
Um den Verstand gebracht …
»Sehnsucht«

73

Im Eingang des italienischen Restaurants, der etwas erhöht lag, stand plötzlich eine Frau von bemerkenswerter Schönheit. Sie kam die Treppe herab, hielt inne und schien nach irgendjemandem Ausschau zu halten. Gebannt verfolgte ich jede ihrer Bewegungen. »Was ist denn los mit dir?«, fragte mich Eva, meine Nachbarin zur Linken, irritiert darüber, dass die schöne Unbekannte mich so sehr in ihren Bann gezogen hatte. Ich suchte nach einer Antwort, war für einen Moment abgelenkt und sah dann, wie sich der bezaubernde Grund meiner Verwirrung an den Tisch von Uwe Bohm setzte. Offenbar waren die beiden miteinander verabredet. Sie schienen sich lange nicht gesehen zu haben und bald schon begannen sie lebhaft über irgendetwas zu diskutieren. Ich konnte nicht hören, was sie sagten, konnte aber erkennen, dass sie nicht einer Meinung waren. Kollege Bohm ereiferte sich und geriet offenbar in Erklärungsnot. Plötzlich sprang er auf, eilte die Treppen hinauf dem Ausgang entgegen und ward nicht mehr gesehen. Das war meine Chance.

»Wollen Sie sich nicht zu uns setzen?«, hörte ich mich rufen. Sichtlich überrascht, drehte sich die soeben Alleingelassene zu mir um, schenkte mir einen flüchtigen, fast spöttischen Blick und lehnte dankend ab. Wohl wissend um das Risiko, mir eine saftige Abfuhr einzufangen, erhob ich mich, durchquerte das trotz nächtlicher Stunde immer noch gut besuchte Lokal und setzte mich auf den freien Stuhl an den Tisch der Schönen: »Was trinken Sie?« Sie überlegte, lächelte, ließ ein bisschen Zeit vergehen und sagte dann: »Weißwein.«

Weit nach Mitternacht landeten wir in einer Kneipe, deren bessere Tage offenbar der Vergangenheit angehört hatten. Aber es war der einzige Ort, der noch Gäste aufnahm, da Recklinghausen seine Bürgersteige längst hochgeklappt hatte. Nach einigen Gin Tonics war auch dort »Schicht im Schacht« und wir wankten leicht betrunken hinaus an die frische Luft. Über uns ein riesiger Sternenhimmel, der erstaunlich hell und klar leuchtete. Ich bedankte mich für den gemeinsamen Abend und wir verabschiedeten uns voneinander.

Die Schöne hieß Martina und am nächsten Nachmittag sahen wir uns wieder. Sie hatte mich mit ihrem Wagen abgeholt und wir machten einen Ausflug in das ländliche Ruhrgebiet, in ein mir fremdes Land, das mich mit seinen Bäumen, grünen Wiesen und Hügeln überraschte. Während der Fahrt erzählte mit Martina, dass sie im Schuldienst tätig sei – als Direktorin einer Grundschule in Gelsenkirchen. Ich aber war nicht ganz bei der Sache, da mir bewusst war, wie sehr es mich erwischt hatte: Neben mir saß die Frau, auf die ich ein Leben lang gewartet zu haben schien. Ich konnte es nicht fassen …

Am Abend dann lud mich Martina zu sich nach Hause ein, und dort wartete eine weitere Überraschung auf mich. Sie hatte zwei kleine Söhne – und sie war verheiratet. Die Kinder schliefen schon und ihr Mann schien unterwegs zu sein. Ich war irritiert. Das wiederum irritierte Martina. Was ein unbedachtes Wort in einer ungeklärten, angespannten Atmosphäre anrichten kann, wusste ich nur zu genau. Also hielt ich es für angebracht, das Risiko einer eventuellen Auseinandersetzung mit ungewissem Ausgang unter allen Umständen zu vermeiden und bestellte mir schon bald ein Taxi, das mich zurück in mein Hotel brachte.

Ich hatte eine schlaflose Nacht. Ich musste handeln und schrieb Martina einen Brief. Ich schrieb ihr, dass ich sie unter keinen Umständen verlieren wollte und dass ich mich in sie verliebt hätte. Gegen sieben Uhr morgens stellte ich mich an den Rand einer Ausfahrtstraße in der Nähe meines Hotels. Beiläufig hatte ich am Abend zuvor von ihr erfahren, dass sie dort auf ihrem täglichen Weg zur Schule vorbeikommen würde. Und tatsächlich nahte sie in ihrem Wagen, ich winkte sie heran und überreichte ihr den Brief. Sie sagte nichts, nahm ihn mit ernstem Gesicht entgegen und fuhr davon.

Mit dem bangen Gefühl, dass wir uns vielleicht nie wiedersehen würden, reiste ich am nächsten Tag zurück nach Hamburg. Eine gute Woche später aber rief sie mich an und wir verabredeten ein erneutes Treffen in Recklinghausen. Und dieses Treffen brachte uns dann die Gewissheit: Wir wollten es miteinander versuchen. Wir trafen uns heimlich. Wir trafen uns, so oft es ging, in Münster oder Osnabrück, und jedes Wiedersehen schenkte uns besondere Momente.

Mit Martina begann eine neue Zeit für mich. Mein altes Leben lag offenbar hinter mir – ein Leben, geprägt von Rastlosigkeit und großer innerer Unruhe. Von Stimmungsschwankungen und Alkoholexzessen. Die Selbstverständlichkeit, mit der wir uns aufeinander einlassen konnten, wurde zu einer völlig neuen Erfahrung für mich. Martina akzeptierte mich so, wie ich mich gab, ich musste ihr nichts beweisen, und vor allem mussten wir uns nicht täglich vergewissern, ob wir grundsätzlich etwas voneinander wollten. Wir waren einfach nur füreinander da und wussten von Woche zu Woche mehr, dass wir uns aufeinander verlassen konnten. Wie gesagt: eine völlig neue Erfahrung für mich. Obwohl ich gerade erst gelernt hatte, alleine mit mir zu leben, und das auch als recht angenehm empfand, bin ich mir nicht sicher, ob ich ein solches Altwerden mit ungewissem Ausgang wirklich durchgehalten hätte, ohne mich wieder als den Mann zu sehen, der auf ein verunglücktes Leben zurückblickt. Jetzt kam ich mir vor wie ein Flieger, dem gerade noch im allerletzten Moment, kurz vor der unvermeidlichen Katastrophe eines Absturzes, eine unerwartet sanfte Landung gelungen war.

Ich hatte Uli und Katharina von Martina erzählt und spontan überließen sie uns für ein paar Tage ihre Wohnung in Venedig. Ich war vorausgeflogen und erwartete Martina am Flughafen Marco Polo. Wir nahmen ein Taxi zur Piazzale Roma und stiegen dann in ein Vaporetto, das uns zur Palanca auf der Giudecca brachte. Von dort waren es nur noch wenige Schritte bis zu unserer Unterkunft, wo schon ein exquisiter Tropfen auf uns wartete, den unsere aufmerksamen Gastgeber uns zur Begrüßung bereitgestellt hatten. Wir standen am Fenster der großen Küche und schauten auf die in bläulich-schimmerndem Abendlicht über dem Wasser schwebende Serenissima. Martina schien wie geblendet von so viel Schönheit und ich konnte sehen, wie glücklich sie war.

Es war nur eine Frage der Zeit, bis Martinas Ehemann seiner Frau auf die Schliche kam. Es gab ein Riesentheater, alles kam ans Licht und endete mit der Trennung der beiden. Bald danach lernte ich Martinas Mutter kennen, die mich ohne Wenn und Aber akzeptierte. Auch ihre Kinder Johannes und Paul sahen in mir nicht nur den ungebetenen Gast, der den Vater aus dem Haus getrieben hatte. Sie nahmen auch wahr, dass es ihrer Mutter mit mir gut ging, und zeigten sich erstaunlich unvoreingenommenen mir gegenüber – trotz der für sie keinesfalls einfachen familieninternen Veränderung, die ich durch mein Auftauchen verursacht hatte.

74

Der erste »Spreewaldkrimi«, den wir 2006 drehten, wurde, wie man mir erzählte, vom damaligen ZDF-Fernsehspielchef als »Arthouse-Scheiße« bezeichnet. Der uns so gut wie überhaupt nicht gewogene, zu jener Zeit sehr mächtige Entscheider vom Mainzer Lerchenberg war wohl entschlossen, unserem Format keine weitere Chance zu geben. Ausgerechnet die heilige Quote aber rettete uns. Zur großen Überraschung aller war sie nach Ausstrahlung des Krimis mit fast 7 Millionen Zuschauern so unglaublich hoch, dass sich der fassungslose Chef gezwungen sah, sein Urteil zu revidieren. Wir durften also weitermachen und auch der zweite Film, »Der Tote im Spreewald«, der im Herbst 2009 herauskam, war ein Publikumserfolg und lief sogar auf dem Münchner Filmfest. Mit Thorsten Merten habe ich seitdem einen großartigen, intelligenten Partner an meiner Seite – eine genuine Seele aus dem Osten, der sich seinen kritischen Blick auf die Gesellschaft bewahrt hat. Selbst der Wiedervereinigung ist es nicht gelungen, seine zutiefst linke Gesinnung zu unterwandern.

In den Jahren danach konnten wir die Reihe Dank des stabilen Rückgrats unseres Redakteurs Pit Rampelt und des beharrlichen Engagements unseres Produzenten Wolfgang Esser fortsetzen – und bald schon eilte dem Format ein ausgezeichneter Ruf voraus. Die Kritiken waren fast ausnahmslos hervorragend und alle Filme der Reihe sind inzwischen auf diversen Festivals gezeigt worden. Ein Kritiker der »Welt« schrieb: »Kommissar Krüger ist eine Figur, wie sie – da sind wir jetzt mal ganz Arrogant – das amerikanische Fernsehen an menschlicher Tiefe nicht in hundert Jahren hinbekäme.« Ein bisschen übertrieben – aber gefreut habe ich mich trotzdem.

Krüger ist eine klassische Altersrolle. Einen Eigenbrötler zu spielen, den das Leben zu einem Aporetiker gemacht hat, der sich jeder unverbindlichen Konversation entzieht und sich mit schweigendem Ernst beharrlich und unnachgiebig in menschliche Abgründe begibt, das kommt mir sehr entgegen. Krüger ist wie Simenon: Anstatt die kriminelle Energie eines Menschen sofort zu verurteilen, versucht er erst einmal, sie zu verstehen. Ich muss mir nie groß etwas ausdenken für meinen Kommissar … um ihn zu spielen, genügt es, einfach nur ganz und gar bei mir zu sein – was allerdings oft leichter gesagt als getan ist.

Vor einiger Zeit war ich mit Martina auf Rügen und fand es anrührend, wie oft ich besonders in der ehemaligen DDR – »na Donnerwetter nochmal, das is ja unser Krüger!« – erkannt werde. »Sie sind doch eener von uns!« Es ist wirklich erstaunlich, wie häufig die ehemaligen Ostdeutschen mich allen Ernstes für einen der Ihren halten.

75

Wie schon mein Vater litt auch mein Bruder zeit seines Lebens unter schweren Depressionen. Wenige Wochen vor seinem Tod im Jahre 2010 hatte man zwei Tumore in seinem Kopf und einen weiteren, ungewöhnlich großen in seiner Schulter entdeckt. Geschwulste, die nicht mehr zu operieren waren und die sein Sterben beschleunigen sollten … Zusammen mit meiner Schwester Monika besuchte ich ihn. Wir waren schockiert, als wir ihn sahen, denn sein nahes Ende stand ihm ins Gesicht geschrieben. Es war grau und eingefallen, als läge ein unheilvoller Schatten über ihm. Schon ein Jahr bevor man den schrecklichen Befund diagnostiziert hatte, war es für ihn zu einer bedrückenden Gewissheit geworden, dass er seinen Beruf als Schauspieler würde aufgeben müssen. Die Angst vor dem Versagen auf der Bühne hatte Wolf zunehmend zugesetzt und ihn letztendlich besiegt. Regelmäßig suchte ich ihn im Laufe seiner letzten Wochen in einer Berliner Klinik auf, wo er unter ärztlicher Aufsicht stand, sich aber trotzdem relativ frei bewegen konnte. Als ob ihm der fatale Krebs nicht schon genug angetan hätte, litt er zusätzlich unter einer heftigen Paranoia, die ihn zu zwanghaften Handlungen trieb. Er hatte den Fernseher in seinem Zimmer mit einem Bettlaken verhüllt, da er besessen von der Idee war, dass ihn bösartige fremde Mächte unaufhörlich beobachteten. Während er, unbeholfen wie ein kleiner Junge, versuchte, mir seine Ängste begreiflich zu machen, entging es ihm natürlich nicht, dass ich ihm seine Phantasien nicht glaubte. Und ich sah, wie sehr ihn die Verzweiflung darüber, dass er mich nicht überzeugen konnte, vereinsamen ließ. Er tat mir unendlich leid und ich wusste nicht, wie ich ihm helfen oder was ich ihm sagen sollte.

Wir gingen in ein Café, in dem nur ganz wenige Leute an drei oder vier Tischen weit weg von uns saßen. Schon das war ihm zu viel und er sagte: »Komm, wir gehen – die schreiben alles mit!« Er erzählte mir, dass er sich am Morgen eine Zeitung gekauft und darin den wortwörtlichen Abdruck unseres Gesprächs vom Vorabend gelesen hätte. Als ich ihn dann bat, mir den Artikel zu zeigen, sagte er nur: »Das sollte ich lieber nicht tun.«

Wir machten lange Spaziergänge und immer wenn er bereit zu sein schien, sich von dem furchtbaren Versprechen, das ihm als Sohn auferlegt worden war, zu befreien, hielt er inne, sah mich wie abwesend an, um sich dann doch wieder dem jahrzehntealten Gebot des Vaters zu unterwerfen.

Wolf starb mit 71 Jahren in einem Berliner Hospiz – gepeinigt von wilden Wahnvorstellungen und im festen Glauben daran, dass russische Soldaten unten im Haus den Empfang besetzt hielten und im Begriff waren, die Treppen hinaufzukommen, um sein Zimmer zu stürmen. Als Fünfjähriger war er einmal zusammen mit seiner Mutter und anderen Flüchtlingen auf der Flucht vor der Roten Armee aufgegriffen worden. Die Soldaten stellten die Gefangenen an eine Wand und kurz bevor man sie exekutierte, war ein bellender

Befehl zu hören, der sie urplötzlich abkommandierte und sie nicht mehr zurückkehren ließ. Und obwohl die vor Angst gelähmten Überlebenden somit auf wundersame Weise gerettet worden waren, verharrten sie noch über eine geschlagene Stunde dort, wo man sie hingestellt hatte – aus Furcht vor einer Rückkehr des Kommandos.

Die Beerdigung meines Bruders fand an einem klirrend kalten Januarmorgen unter azurblauem Himmel und bei strahlender Sonne auf dem Stahnsdorfer Friedhof außerhalb von Berlin statt. Bei der Ankunft der Trauergäste bemerkte ich einen Mann, der sich mühsam aus einem Auto herausschälte und dem seine Körperfülle schwer zu schaffen machte. Die große, fast unförmige Gestalt hatte ein vom Alkohol aufgedunsenes und zerfressenes Gesicht und erst als sie schon fast vor mir stand, konnte ich sie identifizieren. Es war Frank-Patrick Steckel, dem das Leben wohl massiv zugesetzt hatte. Sein schrecklicher Anblick machte mich verlegen. Steckel schien das bemerkt zu haben, denn er grüßte nur kurz, unterband so eine eventuell peinliche Nachfrage meinerseits und begab sich dann in die kleine Kapelle zu den anderen.

Otto Sander, Wolfs langjähriger Weggefährte an der Schaubühne – auch auf seinem Gesicht hatte der Alkohol im Laufe der Jahre seine Spuren hinterlassen –, las einen Text vor, den mein Bruder kurz vor seinem Tod verfasst hatte: »Was ist Gott nur für ein Mensch?« Otto hatte Tränen in den Augen und ich konnte mich des Gefühls nicht erwehren, dass ihn der Tod Wolfs weniger erschütterte als sein unvermeidlich eigener, den er während seiner Lesung vor Augen zu haben schien. Der Weg von der Kapelle zu Wolfs Grab war eisig und glatt und ich trug seine Urne. Fast wäre ich ausgerutscht – und fast wäre es zu einer unfreiwillig komischen Situation gekommen, die meinem Bruder allerdings sicher gefallen hätte.

76

2011 probierte ich im St. Pauli Theater mal wieder ein neues Stück: »Sonny-Boys« von Neil Simon unter der Regie von Ulrich Waller. Ein Broadway-Klassiker mit zwei Bombenrollen. Es geht um zwei alternde Schauspieler, die sich nie ausstehen konnten, aber ein Leben lang gemeinsam auftraten – als semiprominentes Komikerduo in weder besonders komischen noch halbwegs erfolgreichen Sketchen. Sie sind der Inbegriff abgetakelter Varietékünstler, die sich im Alter ihre Misserfolge schönreden und die Schuld für ihr Unglück stets beim anderen suchen. Für Gerhard Garbers und mich war das eine großartige Herausforderung und das St. Pauli Theater hatte wieder einmal einen unterhaltsamen Abend im Angebot.

Im selben Jahr fuhr ich zu Dreharbeiten nach Moskau. Völlig zerfallene, verwahrloste, endlose Vorstädte und ein Zentrum mit einem geradezu abartigen Kontrastprogramm auf den Straßen: bitterstes Elend contra Turbo-Kapitalismus. In den weltberühmten Mosfilm-Studios drehten wir »White Tiger – die große Panzerschlacht«. Ich spielte den deutschen General Wilhelm Keitel, der gegen Kriegsende die Kapitulation unterschreibt. Regie führte Karen Schachnasarow, ein international anerkannter Meister seines Fachs und ein, wie ich schon bald erfahren sollte, guter Freund Putins. Gleich am ersten Abend wurde ich von ihm eingeladen und musste mich einem wortkargen Fahrer anvertrauen, der mich zu einem teuren Restaurant in der Innenstadt chauffierte. Dort angekommen, platzierte man mich an einen großen Tisch, an dem ich nur von Männern umgeben war, und mich beschlich das ungute Gefühl, dass keiner der Eingeladenen sich wirklich wohl fühlte. Der gute Freund Putins hatte die alleinige Aufmerksamkeit der Anwesenden – sobald er etwas sagte, wurde augenblicklich agiert oder reagiert. In diesem klammen Klima von Angst kam keine Freude auf – und als nach dem Essen der Wodka serviert wurde und in den Gesichtern der Männer um mich herum zu lesen war, dass das jetzt dauern würde, verabschiedete ich mich mit einer Ausrede und floh in mein Hotel.

Bei den Dreharbeiten selber erlebte ich den Regisseur als geduldigen Beobachter, und überhaupt gingen alle im Team höflich und respektvoll miteinander um. Für die Auszahlung meiner Gage war ich nach Drehschluss in ein Nebenzimmer gebeten worden und bekam sie dort bar auf die Hand. »Der Rest ist Ihr Problem«, so der knappe Kommentar eines undurchsichtigen Kassenwarts, den mir eine nicht minder undurchsichtige Assistentin ins Deutsche übersetzt hatte.

77

Auf der Suche nach Texten für meine musikalischen Ambitionen beschäftigte ich mich mit den »Blumen des Bösen« von Charles Baudelaire. Dessen Biographie, vor allem aber dessen dunkle Poesie hatten mich schon in meinen Jugendjahren fasziniert. Als Dichter steht Baudelaire für einen Epochenwechsel: Als einer der Ersten überhaupt befasst er sich Mitte des 19. Jahrhunderts mit dem großstädtischen Leben. Er thematisiert die sexuellen Obsessionen der Pariser Bohème, deren alkoholische Exzesse und deren Sucht nach Rauschgift. Zusammen mit Vlatko Kucan – einem ganz hervorragenden, glücklicherweise aber auch sehr eigenwilligen Hamburger Musiker – und zwei weiteren musikalischen Improvisationskünstlern machte ich mich an die Arbeit. Wir ließen es im Studio tatsächlich darauf ankommen: Ich hatte meinen Text, die Musiker hatten ihre Instrumente, es wurde nichts vorgegeben, keiner wusste, was passieren würde, und wir legten einfach los. Das Ergebnis unserer gemeinsamen Sessions, das wir auf einer CD präsentierten, würde ich ganz bescheiden als Glücksfall bezeichnen. Schon bald darauf traten wir mit unserem Programm vor Publikum auf. Zugegeben:

Die morbide Großstadtpoesie längst vergangener Tage interessierte nicht wirklich viele Menschen, aber die, denen »Die Blumen des Bösen« etwas bedeuteten, kamen voll auf ihre Kosten.

Ich verwirklichte danach noch einen weiteren, lang gehegten Plan: Balladen zu veröffentlichen, mit denen ich Geschichten aus meinem Leben erzähle. Mit eigenen Texten, die ich im Lauf der vergangenen Jahre geschrieben hatte, und einer selbstkomponierten Musik im Gepäck ging ich ins Studio, setzte mich mit meiner Gitarre vor das Mikrofon und spielte und sang erst einmal alles auf gut Glück ein. Danach begann die eigentliche Arbeit, als es darum ging, die richtigen Arrangements zu finden. Und wieder vertraute und baute ich auf Vlatko, der mittlerweile ein guter Freund geworden war. Wir waren sehr produktiv, gingen gemeinsam durch Höhen und Tiefen und spielten elf Titel ein.

»Gedicht« zum Beispiel erzählt vom nächtlichen Wunder meiner Begegnung mit Martina. Beim Singen dieser Ballade stellte ich mir vor, inmitten einer hügeligen irischen Landschaft zu stehen – mit einer irischen Melodie im Ohr. »Paris« beschreibt das Abenteuer mit jener Frau, die ich in der St. Pauli-Bar kennengelernt hatte, und »Vorbei« resümiert mein Zusammensein mit Maja. Mein liebstes Kind auf der CD aber war und ist »Sehnsucht«:

»Wenn der Sommer wütet und alles verblüht
Und eine sengende Hitze regiert
Wenn nicht eine Wolke vorüberzieht
Und mein sanftes Gemüt die Geduld verliert

Dann sehn' ich mich nach der Winterzeit
Die mir schon immer die liebste war
Nach Kälte und wohliger Geborgenheit
Nach einem Himmel – hell, blau und klar

Ich sehn mich nach Bildern aus Kindertagen
Als alles noch überschaubar schien
Nach geheimen Orten und verbotenen Fragen
Nach Krähen, die vorüberziehen

Nach einem schneebedeckten Baum
Der einsam in unserem Garten stand
Nach einem alten Lattenzaun
Mit dem ich ein dunkles Geheimnis verband

Ich glaubte, dass hinter der Bretterwand
Die Welt wirklich zu Ende war
Und dass man in einem Abgrund verschwand
Und für immer und ewig verloren war

Ich sehne mich nach dem feinen Geruch
Von Brot und Kuchen und rauchigem Speck
Und danach, wie ich mich vor fremdem Besuch
Verkroch in meinem Kellerversteck

Nach kristallkalten Tagen sehn' ich mich zurück
Und langen Spaziergängen im Schnee
Nach dem seligen, unbeschwerten Glück
Auf einem zugefrorenen See

Nach dem leisen Rauschen von Bäumen
Nach eisiger Luft und einer schützenden Hand
Nach all den vielen Kinderträumen
Auf die ich nie eine Antwort fand.«

Mit der »Sehnsucht«-CD überraschte ich Martina und Katharina in
Venedig am Abend vor meinem fünfundsechzigsten Geburtstag. Uli

war wie so oft unterwegs, und die beiden Frauen hatten eine kleine Feier für mich arrangiert und mich gegen Mitternacht mit brizzelnden Wunderkerzen und einer zu Herzen gehenden Gesangseinlage beglückt. Nachdem sie mir dann ausgiebig gratuliert hatten, spielte ich ihnen meine Lieder vor. Und alles war so wunderbar, dass für mich der Abend nie hätte zu Ende gehen dürfen.

Zurück in Hamburg befasste ich mich ein allerletztes Mal mit den François Villon-Balladen. Nicht weniger als die Summe meiner langjährigen Erfahrung schwebte mir vor, eine ultimative Interpretation, die dem Hörer auf der Zunge zergehen sollte wie alter Wein nach langer Lagerung. Dieses Mal verzichtete ich auf mittelalterliche Instrumente und entschied mich für ein laszives, leicht schleppendes e-gitarrenlastiges Arrangement. Das Ergebnis bekam den schönen Namen »Louise« – und auch diese, meine letzte CD, ist mir, glaube ich, gut gelungen.

78

Bereits am ersten Abend unserer Begegnung hatte ich Martina prophezeit, dass ich sie eines Tages heiraten würde. Sechs Jahre später war es dann so weit. Wir saßen im belgischen Brügge in einem Restaurant mitten auf dem Marktplatz der Altstadt, aßen Muscheln mit Pommes Frittes und tranken belgisches Bier dazu. Spontan erhob ich mich, kniete mich vor sie hin und fragte sie mit lauter Stimme: »Willst du mich heiraten?« Höchst erschrocken sagte sie augenblicklich: »Ja«, sicherlich auch, um zu vermeiden, dass ich nicht noch mehr öffentliches Aufsehen erregte, als ich es ohnehin schon tat.

Am 24. Oktober 2015 dann lösten wir unser Versprechen auf Schloss Lübbenau im Spreewald ein. Wir feierten unsere Hochzeit, Uli und Katharina waren Trauzeugen und Petrus schenkte uns einen

goldenen Oktobertag. Nach der Trauung machten wir eine Kahn-
fahrt durch die sagenumwobenen Fließe jenes märchenhaften Wal-
des, der bis heute mein beruflichen Revier geworden ist. Über uns
leuchteten die Blätter riesiger, prächtiger Bäume in den buntesten
Herbstfarben, wir tranken Wein und sangen altbekannte Lieder.

Am Abend wurde uns dann im weinrot tapezierten Balkonzimmer
des Schlosses ein Festmahl, krosse Ente mit köstlichem Rotkohl, serviert. Danach hielt Uli eine kleine Rede auf uns, das Brautpaar griff
zum Akkordeon und sang ein paar Lieder aus seinem umfangreichen
Repertoire. Gänzlich unverhofft öffnete sich die Tür und Natascha
Petrinsky, eine befreundete Opernsängerin aus Venedig, trat ein, um
uns mit einer ergreifenden Liebesarie zu überraschen. Natascha war
heimlich angereist und hatte sich den ganzen Tag über im Schloss
verstecken müssen, um diesen besonderen Moment zu einem gelungenen Coup zu machen. Und so war dieser Abend für Martina und
für mich ein Abend für die Ewigkeit.

79

Die Bühne steht für sich. Nichts bleibt auf ihr zurück von einem
Schauspieler – nur ein paar Erinnerungen vielleicht. Und auch die
verflüchtigen sich im Laufe der Jahre. Es ist so banal wie wahr: Einer
Bühne ist es egal, wer auf ihr gespielt hat. Es ist ein ewiges Kommen
und Gehen: Heute wirst du gefeiert, aber schon morgen erinnert
man sich nicht mehr an dich. Der Film hingegen schafft es immerhin, eine darstellerische Arbeit zu konservieren. Und wenn der
Schauspieler Glück hat, ist es ein guter Film, der ihn vor dem Vergessen bewahrt. Vor nicht allzu langer Zeit ist »Kaisersturz« ausgestrahlt worden. Darin spiele ich einen Mann, den ich eigentlich gar
nicht spielen wollte, eine Rolle, zu der mich der Regisseur Christoph

Röhl erst hatte überreden müssen: den Friedrich Ebert … Heute sagen viele, dass der alte Reichspräsident eine meiner besten Rollen gewesen sei.

Wie sehr sich die Welt, in der ich aufgewachsen bin, im Laufe meines Lebens verändert hat, habe ich gerade erst wieder in einem meiner letzten »Spreewaldkrimis« – »Totentanz« – gesehen. Ein kleines Dorf in Brandenburg. Die Alten sterben und die Jüngeren sind keine Hoffnungsträger. Von der magischen Schönheit melancholischer Landschaftsbilder umgeben, zeigt der Film den Zerfall unserer Gesellschaft in allgemeine digitale Trostlosigkeit – und auch, wie sehr sich unsere Gesellschaft diesen Zerfall selbst zuzuschreiben hat.

80

2018, Drehtage in München. Es war ein Sonntagabend, ich lag auf meinem Hotelbett und wollte ins Bad. Auf dem Weg dorthin hatte ich beträchtliche Gleichgewichtsstörungen. Unsicher tappte ich über den Flur und kam mir vor wie ein betrunkener Matrose auf einem schwankenden Schiff. Ich suchte nach Halt und griff ständig ins Leere. So etwas hatte ich noch nie erlebt und ich spürte, wie Panik aufkam. Um mich zu beruhigen, legte ich mich wieder ins Bett – und glücklicherweise schlief ich schon bald darauf ein. Am nächsten Morgen, die Schwindelgefühle hatten glücklicherweise nachgelassen, musste ich drehen und flog danach am Nachmittag nach Hamburg zurück. Dort angekommen, suchte ich meinen Internisten auf, der mich zum Neurologen überwies und der wiederum behielt mich gleich da. Ich kam auf die Intensivstation, nachdem man mir mitgeteilt hatte, dass ich kurz vor einem Schlaganfall gestanden hätte – wegen eines Gerinnsels in meinem Kopf. Dem Ernstfall konnte Einhalt geboten werden, und schon zwei Tage später wurde ich wieder entlassen. In St.

Georg setzte ich mich auf der Langen Reihe in ein Café und schaute mir das Treiben der Leute an. Ich saß und staunte und mir war, als wäre mir mein Leben noch einmal neu geschenkt worden.

81

Monika, meine ältere Schwester, war gestorben. Über viele Jahre hatten wir nur wenig Kontakt gehabt. Ein Leben lang und selbst noch im hohen Alter zeigte sie sich kaltherzig, stur und unversöhnlich ihrer Familie gegenüber. Bis zu ihrem Ende beschäftigte sie sich vornehmlich mit steinalten Schuldzuweisungen und beharrte darauf, stets in allem recht gehabt zu haben. Mit ihren beiden Töchtern hatte sie sich heillos zerstritten und zeigte sich nie bereit, auch nur den kleinsten Schritt auf sie zuzugehen. Und so starb sie dann einsam, allein, zutiefst verbittert und mit der traurigen Gewissheit, dass ihr im Leben nichts als Unrecht widerfahren sei. Gisela, ihre verhasste Stiefschwester, hatte es da besser getroffen. Sie ist vor kurzem mit ihrem Mann nach Lübeck gezogen und lebt dort ein ruhiges, beschauliches Leben in einer Alten-WG.

Zusammen mit Uli Tukur habe ich mir einen langgehegten Wunsch erfüllt. Immer schon wollten wir mit einer gemeinsamen Lesung deutscher Balladen und Gedichte auftreten. Und so war die Premiere im St. Pauli Theater 2021 für uns eine Verbeugung vor dem Reichtum und der Schönheit unserer deutschen Sprache. Wildfremde Zuschauer bedankten sich bei uns im Anschluss an die Vorstellung für einen Abend, der für sie zu einem besonderen Erlebnis geworden war. Einem Abend, mit dem wir hoffentlich noch touren, selbst wenn wir schon sehr alt sein sollten.

Ein kurzes Fazit meines Schauspielerlebens: Eine regelmäßig wiederkehrende Unzufriedenheit mit dem Erreichten lässt mich fragen:

Habe ich wirklich alles versucht im Rahmen meiner ureigenen Möglichkeiten, die mir zur Verfügung standen? Bin ich meinen künstlerischen Ansprüchen denn gerecht geworden? Antwort: nicht immer. Ein selbstbestimmtes Leben als Schauspieler erfordert Mut und Durchsetzungsvermögen. Eigenschaften, auf die ich mich oft, aber eben nicht immer verlassen konnte. Ein selbstbestimmtes Leben verlangt überdies danach, die schwierigen Herausforderungen auch meistern zu *wollen*. Und auch damit hatte ich nicht selten meine Probleme. Sei's drum.

Komm, lieber Tod
Komm tanz mit mir
Den letzten Tanz
Tanz ich mit dir.
»Das wilde Herz«

82

Oft denke ich an die Geschichte des alten Reichspräsidenten Hindenburg, der todkrank in seinem Bett lag und seinem Leibarzt, dem damals berühmten Professor Sauerbruch, die Frage stellte: »Ist Gevatter Hein schon im Zimmer?« Woraufhin ihm dieser entgegnete: »Nein, Herr Präsident, aber er geht schon ums Haus.« Wie mag sich der alte Hindenburg gefühlt haben, als Sauerbruch ihm diese Antwort gab?

Ich erinnere mich oft auch an Lino Ventura, den ich jüngst wieder einmal im Fernsehen gesehen habe. Sein wunder, tieftrauriger Blick am Ende von »Tödliche Angst«, einem seiner letzten Filme nur wenige Monate vor seinem Tod, ging mir durch Mark und Bein.

Ahnen wir Menschen, wenn es so weit ist? Bei Elefanten jedenfalls scheint das so zu sein. Sie ziehen sich zurück, um dem Tod allein zu begegnen. Im letzten Kapitel »Schwanengesang« seines Buches: »Mein letzter Seufzer« schreibt Luis Buñuel: »Wir müssen mit einem Rätsel sterben«. Wenn er mit diesem »Rätsel« die allgemeinen Ungewissheit meint, wohin die Reise geht, wenn es vorbei ist, dann kann ich damit leben. Ich denke, ich werde es hinnehmen, nicht zu wissen, was mir bevorsteht, und natürlich ist mein Abschied von dieser Welt unumgänglich. Der Tod hat mich immer schon fasziniert und als junger Mensch habe ich sogar mal mit dem Gedanken gespielt, Totengräber in Irland werden zu wollen. Mittlerweile denke ich täglich an das Sterben und noch macht es mir keine Angst.

Mein Bruder hat mich vor Jahren einmal auf die Essays von Michel de Montaigne aufmerksam gemacht – besonders auf den Text »Philosophieren heißt sterben lernen«. Montaigne schreibt: »Hab keine Angst vor dem Gevatter. Setz ihn dir auf die Schulter und mach ihn dir zum Freund. Hab ihn jeden Tag bei dir und lass ihn entscheiden, wann es so weit ist.« Wenn es eines Tages dann tatsächlich so weit ist, werde ich mich daran erinnern, wie es war, als ich am Morgen nach dem Aufwachen in die lächelnden Augen einer Frau schaute, in die ich bis ans Ende meiner Tage verliebt war.

Mein Dank für Ermutigung und Unterstützung während des Schreibens geht an: meine Frau Martina, Katharina John, Jim Rakete, Burghart Klaussner, Klaus Pohl, Ulrich Tukur, Vlatko Kucan, Christoph Hauptmann, Giuseppe di Grazia, Thorsten Merten und Paul Sundheim. Ganz besonders danke ich meinem Lektor Rainer Weiss.